アラカンの黄金王都
ミャウーのキリシタン侍

ミャンマーの小西行長残党説

沖田 英明

『アラカンの黄金王都ミャウーのキリシタン侍
——ミャンマーの小西行長残党説』

目次

第三章　ミャウーのキリシタン侍――小西行長残党説　263

プロローグ

「チャイントン（Kyaing tong）へは、もう陸路では行けませんよ」

「え、それはいつのことですか？」

「現在のことですよ。今では空路しか許可しないんです」

「三年前には、タイ側から陸路で行けたのに……」

「僕も五年前に、チャイントンに陸路で行っていますよ」

「その情報は間違いないんでしょうか」

「去年、ミャンマーのマンダレー、パガン、インレー湖、そして、シャン州（Shan State）の地震のあったタチレク（Tachileik）に行った時に友だちから聞きました」

「なぜなんでしょうか？　タチレクまで行く、あんなに素晴らしい道路を造っておきながら、今になって陸路の通交を止めるなんて……、シャン州の抵抗戦線と政府軍との間に、また戦闘でもあったのでしょうか」

「私にはわかりません、よくあることですから。ミャンマー政府に聞いてみてください。それに関してかどうかわかりませんが、新首都ネピドーからシャン州を通って中国の国境まで、地下トンネルが掘ってあるとの噂がありました」

「まさか、ネピドー(Naypyidaw)からシャン州の国境まで、八〇〇キロもあるんですよ。何の目的で、そんな長いトンネルを掘ったんですか」

「全くわかりません、単なる噂ですから。ヤンゴン市民は噂が大好きなんです」

「そう言えば、二〇〇九年、ネピドーに、コンクリート製の大規模な地下施設を造っているとの欧米の新聞報道があったけど、北朝鮮の兵士がいる現場の写真を見て、緊急用のヘリコプターや小型飛行機の格納庫か、またはミサイル攻撃を受けた時に避難するシェルターのようだと言う解説者もいましたね」

「だけど、その年には、新しいパコダの建立を祝う式典が新首都で盛大に行われ、国営新聞もこれをトップに取り上げました。ミャンマー国民の間では連日その話で持ちきりだったので、根も葉もないそんな噂は、いつの間にか消えてしまったようです」

小田原駅では汗ばむほど蒸し暑かったのに、少し勾配のあがった湯本の駅の空気はひんやりとしていて、首筋や背中にすっと冷たさが走る。

私たちは、風が心地よく吹き抜けていく箱根湯本駅のベンチに腰掛けて英語で話していた。

時折、薄紫の山藤の小さな花びらが、かすかに感じる甘い香りをのせて、急ぎ足の観光客の間を抜けるようにホームに舞ってくる。

彼はオランダ人で、日本に来たのはこれで二回目だと言った。

金髪を無造作にバサッと切り落とし、鼻は高く彫りが深い顔だちをしている。眼は切れ長で、潤んだ青い瞳がじっと私を見つめている。口も小さくまとまっている、端正な顔だちだ。そして、背も高く痩せ型でスラリとしている。

しかしよく見ると、右頬に二ヶ所、左の頬に一ヶ所長い刃物で切ったような傷がある。その傷は、太く黒い線となって光っているので、見る人に近寄りがたい痛々しい印象を与える。

少し前、二十五歳くらいの欧米人と思われるこの青年が、小田急線の小田原駅ホームで声をかけてきた。


「ユモトからゴウラに行くには、この七番ホームで待っていればいいのですか」

「いや、このホームではありません。今度の箱根湯本行きは、待合室の先にある十一番ホームです。その電車は、七番と十一番から出ます。そして強羅に行くには、湯本で乗り換えなくてはいけません。ちょうど私も湯本の日帰り温泉に行くので一緒に行きましょう」

彼はポロマークの薄黄色のTシャツと、EDWINという英語のラベルが付いたベージュのデニムのコットンパンツを穿いていて、靴は赤いラインの入ったアディダスのスニーカーだった。

私が感心したのは、彼の身なりがひどく軽装だったことだった。小さなショルダーバッグをかけ、女子高生がひょいと持ち運ぶような小振りなデイパックを背負っていた。

彼は日本に十日ほど滞在して中国の上海に飛び、そこから雲南に出て、ピックアップトラックでベトナムに行く予定だと言った。

「この人は、世界のバックパッカーの一人だな！」と、その身なりを見て私は直感した。

「今まで、中国のマカオ、マレーシアのマラッカ、タイのアユタヤなどを巡ってきました」と彼は楽しげに話してくれた。

私は出会ってから最初に彼が「国はオランド（Holland）」と言った時に、思わず手を差しのべ握手を求めた。江戸時代から日本とオランダは、長い通商と友好の歴史があり、朱印船時代をテーマに勉強している私は日頃からこの国に強い関心を抱いていたのである。

「少しお時間をいただけませんか」

私は駅の階段の真上にあるカフェを指さして、「あそこで何か飲みながら、もう少し話をしましょう」と強引に彼を誘った。

時間がないと言って断ってくるかと思ったが、彼はにこっと笑って、「ビールでも飲みますか」と指でジョッキをつくって飲む仕草をした。

構内のエスカレーターを上って、ホームを跨ぐように建っている、横断歩道橋の手前左側の「箱根カフェ」と書かれた看板の店に入った。

「日本のビールは旨いですね。僕はキリンが好きです。スシのなかではカルフォルニア巻きが美味です」

私は慌ててお寿司のメニューやビールの種類を眼で追ったのだが、パンやハム、ソーセージが主体のカフェで、生ビールの銘柄はサッポロだった。

「すみません。スシやキリンがなくて。サッポロのドラフトビアで我慢してください。何かおつまみを取りましょう。お腹はすいていませんか」

「何でもいいですよ」と言ったのだが、私は食品が並べられている棚から、煮込みハンバーグとシーフードピラフ、そしてポテトサラダをトレーに載せてレジに並んだ。

奥のカウンター席の天井から、角が丸い長方形の白熱蛍光ライトが並んで吊り下げられていて、ホームを見下ろすガラス窓の下には、赤と灰色の小さな登山電車の模型が置かれている。

左右の新緑がまぶしい小高い山の間にカマボコ型の屋根がかかって、その下には弓なりに曲がった湯本駅のホームがあった。細長い席の奥の窓際に座ると、二人はビールや食べ物が載ったトレーを分けあった。

「乾杯する時には、オランダでは何と言うのですか」

「チアーズでいいんですよ」

我々はグラスを高く上げて飲みだした。

彼がオランダ人だと知ってから、聞いてみたいことがあったので思いきって尋ねた。

「パガンやマンダレーの他には、どちらの土地に行かれたのでしょうか」

「一年前には、アラカン（Arakan）の王都と言われたミャウー（Mrauk U）にも行きました」

「ミャウー」と聞いて私の頭の血がはげしく騒ぎ出したのだが、彼はすまして言った。

「とても静かな良いところですよ。世界遺産のパガンみたいに干上がって赤茶けた台地ではなく、萌えるような緑の森のなかに古のパコダが点在しているので、欧米人やミャンマーの新婚さんが、そっとお忍びでやってくるところです」

「ミャウーと言う都は、日本人には全く知られておりません。世界遺産でないとあまり興味を示さない国民なんですよ」

「このハンバーグはかなりいけますね……」と言って彼は箸でキャベツもつかんだ。

私は次の言葉を待ちきれずに一方的に喋りだした。

「ミャウーで、日本の侍のことを聞きませんでしたか」

そして、さらにゆっくりと、

「キ、リ、シ、タ、ン、サ、ム、ラ、イ、あのう〜、ク、リ、ス、チャ、ン、の、サ、ム、ラ、イ、のことです」

と、咳き込みながら話した。

彼は無表情を装ってビールをしっかり飲んでいたが、急に大きく首をふり、おもむろに答えた。

「え、ん？　ニホンのサムライのことなんか何も聞いていません。有名なパコダ巡りばかりしていましたから……」

私はがっかりしたのだが、何か手がかりを掴もうと気をとりなおし、しつこく尋ねた。

「それでは、日本人ではなく、十七世紀頃にミャウーにやって来た外国人のことで、何か聞きませんでしたか」

「そういえば、十七世紀のポルトガル人の町と、倉庫や宮殿が描かれている絵ハガキを見せられました」

「ポルトガル人が町を造っていたんですか」

「そうです。しかしその町の風景の絵は、ポルトガル人が描いた絵ではないんです」

「ええ～、どこの国の人が描いたんですか」

「オランダ人のペインターが描いた絵です」

「なぜ、オランダ人が描いた絵だとわかるんですか」

「それは、絵の一番上に“A　R　A　K　A　N”と表示してあるリボンのような形が、オランダ商館時代、インドネシアのバタフィア（Batavia／ジャカルタ）などで、絵描きが絵の上部に印したリボンのマークと全く同じ形だったからです」

興奮のあまり息を弾ませうわずった声で私は言った。

「そう言われれば、以前読んだ本のなかに、一六〇〇年頃、オランダはアラカンに商館を置いたと書かれていたのを思い出しました。十七世紀に、ポルトガル人やオランダ人がアラカンのミャウーに行ったことがわかれば、日本人の町跡やキリシタン侍を探す上での、重要なキーポイントになります」

私は痛く感激してビールの追加を頼んだのだが、彼はしきりと時計に眼を落としながら、「もう結構です。ゴウラに行く時間だからこれで失礼します」とポツリと言った。

これからがいよいよ本題だと意気込んでいた私は、その言葉を聞くと胸の鼓動がジンジンと大きくなって、息を飲んだまま茫然と黙してしまった。

「あなたはここで飲んでいてください。今日はドウモアリガトウ」と言うなり、彼はバッグを手に引っ掛け、出口に向かって駆け足で出て行った。

眼を凝らしてホームを見ていると、混雑する人混みのなか、彼は売店の横で立ち止まり、こちらを振り向いて軽く手を振った。私もイスから立ち上がると、思わず手をあげ、ガラス越しに「旅の幸運を！」と小さな声で叫んだ。

真っ白い最新型のスマートなボディをまぶしいほど光らせ、汽笛を長く響かせて、一番線に特急ロマンスカーが速度を落として入ってくる。

いつものように、「箱根の山」の曲が風にのり構内に流れたのだろう。停車している車両の端に立っている、長い髪を後ろで一つに結んだ太目の女性が、赤い旗を高く掲げ、笛を吹く動作をした。列の最後尾にいた背の高い彼の姿が、三番ホームで待っていた強羅行きの赤い登山電車のなかに消えた。

世界を歩く旅人の出会いと別れは、ミステリアスな恋と同じで、ほんの一瞬、お互いの共有する時間のなかで交差する。そして、遠い異国の地で、別れた人と偶然再会することは奇跡に近いことだと言われている。

電車が動き出して彼が視界から消えても、私は店のガラス窓に顔をくっつけるようにして、ホームを行き交う人の群れのなかにその姿を探していた。

二〇一〇年六月、中国の雲南省の西端にある国境貿易特区の瑞麗《ルイリー》では、ミャンマーとの貿易が盛況になり活気に溢れている。軍政時代、ミャンマーの国内には検問所が多数あり、行く先々で

「通行料」などを徴集されたが、二〇年ぶりの総選挙が近づくにつれ移動が楽になり、自由に出入りができるようになった。この異境の地でも、少しずつだが状況は変化してきている。だが、一九八八年のデモの際、「伏鉢」を高く掲げ政府からの布施を拒否した僧侶への圧力が今でも続いていると、ヤンゴンからこの地にやってきた貿易商の談話が新聞で報道された。

縦に切った二本すじの飛行機雲が、勢いよく中空に昇ると、やがて霞んで風に流され、天空の雲ひとつない青空のなかに吸い込まれていった。

その遥か下には、頂に数本の鉄塔のある山が迫り出してきて、中腹の潅木類の茂みがくっきりと緑の濃淡をつくりだしている。

箱根の芦ノ湖からゆったりと降りてきた早川は、湯本の駅前に出ると大きく川幅を広げて流れ、駆け抜けるような昨日の驟雨の影響か、幾つもの渦を巻いていた。

大小の飛石にぶつかり、白く砕けて飛び散る水面を見ながら、初夏の陽光をたっぷり浴びて小田原方面に引き返し、両側の小さな崖の間から湯本に向かって車が湧き出てくる国道一号線をぶらぶら歩いて三枚橋をゆっくりと右折した。

箱根旧街道の芦ノ湖に抜けるくねくねと曲がるつづら折りの道は「早雲通り」と呼ばれ、山に向かう坂の勾配が急にきつくなる。

黒染の僧衣で、「観音」と書かれた編み笠を被った雲水が、鉄鉢を胸に抱え、家の戸口で若者と親しそうに立ち話をしている。

箱根小学校の校庭を右に見て、あえぎながら上っていくと、こんもりとした森のなかに白山神社がぽつんと佇んでいて、右の奥には名刹の早雲寺がある。

しばらく歩くと、左側の路肩に「箱根中宿」のバス停留所があり、その上に「歓迎　滝通り温泉郷」と書かれた看板が右の方向を指していた。その細い道には、そば旅館、中華屋、唄えるスナック、小料理屋、魚屋、雑貨屋などのこじんまりとした商店が細々と並んでいる。この温泉街に向かって下りていく急な坂道には、「弥坂」と書かれた標識が立っている。

坂を下ると、早川に合流する須雲川が水草を揺らして流れていて、上流の「湯場」から川沿いの温泉街を抜ける滝通りには、「弥栄橋」が架かっている。橋の周辺は、毎年十一月の文化の日に行われる、湯本の最大の祭り、「箱根大名行列」を撮影する人気のスポットとして有名なところだ。

坂を上って戻り、奥湯本方面に向かうと、本街道の反対側の沿道に、低い屋根と緑色のトタンが周りを囲んでいる、まるで町の銭湯のような浴場がある。

間口は三間で、奥行きが四間の木造平屋建ての浴舎が、山里のなかでひっそりと建っている。中央の四角なクリーム色の壁には真っ黒な太い字で「弥坂湯《やさかのゆ》」と書かれていて、人目を引きつけている。

その下に、「湯」の文字が入った藍染の暖簾がかかっていて、入り口の大きな引き違い戸は開けっ放しになっていた。

ここは今では町営温泉になっているが、つい最近まで、町の組合員が四十五年間も自主的に湯を管理し運営してきた温泉場である。

昔は主に地元の人が利用する共同浴場だった。名湯と言われる奥湯本温泉郷の源泉から、熱い湯を長いパイプで引いている。

外観こそ地味だが、清潔で気持ちの良い温泉施設で、最近は一般客の利用が多くなってきた。なかに入ると中央に番台があり、鼻筋が通った丸顔でぽっちゃりとした女性が座っているが、この女性は愛想が良いので、特に女性客に人気がある。

脱衣所の曇った硝子の引き戸に、「かけ流し温泉・アルカリ性単純泉で、加温設備がありませんので大事に使ってください」と書かれた紙が貼ってある。

番台からすぐに脱衣所に入れるように、木製のガラスの引き戸が建て付けてある。浴室は天井が高く、奥行き三間、幅二間半で、開いている窓の上には風でそよぐ薄緑の山が連なっていた。浴槽は直径三メートルくらいのタイル貼りの丸型で、下に一段の踏み石がめぐらされている。湯は四十五度くらいで、わりとさらさらとしている。

季節の変わり目には、身体中が我慢できないほど痒くなるアレルギー湿疹の治療のために、私は時々この温泉場に来ている。

特に顔面が引きつるように何度も四方に引っ張られ、その痛さで眠れぬ日が続くのだが、この湯につかると痛みがやわらぐ。湯からあがると休憩室で一眠りするのが習慣になっている。

すこぶる暑い夏や、つめたい雨が多く降った秋を過ぎても私はしばらく弥坂湯へ通っていた。見た目は若い、どう見ても六十歳くらいにしか見えない。頭の毛が黒くふさふさとしている。

体系は小柄で丸まっていてズングリとしていたが、左に少し曲がった角ばった顔の細い眼は垂れ下がっていた。だが、目尻にはしわがないのである。

その人とは、湯本駅でオランダ人に会った半年後、新年を迎えた霙《みぞれ》交じりの寒い日にこの弥坂湯で知り合った。

ここの温泉場は日中はほとんど客がいない。観光客も少なく、地元の人が来るのは朝早くか夕方だった。

重いアルミの引き戸をゆっくりと開けると、淡い湯気のなかに八十歳くらいのやたらニコニコしている人が、円い湯舟の縁に腰をかけていた。

浴室の窓は締め切られていたが、遠くで遠雷のような音がしている。ガラス窓から射しこんでくるやわらかい陽ざしを受けて、浴槽からあふれでた湯が雲母のように煌いて白いタイル地の上をゆるゆると流れている。側溝を流れる水の音がまろやかさを増してきた。また遠くで雷鳴のような鈍い音がした。

私は湯に浸かり、思い切り手首を動かすと声をかけた。

「何の音ですかね」

「雪の前触れの音ですよ。雷さまがこの先の山の頂上辺りにいるんでしょう、この雪おろしの雷が騒ぐと里雪が舞うのです」

雪催《もよ》いの日が近づいているこの辺りはもうそんな寒さなのかと、この人の博識ぶりに大いに感心した。

「小田原市内に住んでいるんですけど、地元の人は、遠くの重たい雲のかぶった箱根の山を見上げて雪が降っていると言うのです。周りはよく晴れているので信用しないでいると、そのうちに、カチャカチャとタイヤチェーンの音を響かせて、屋根に雪をかぶった車が湯本から走ってくるので、びっくりしたことが何度もあります」

「雪は天からの贈りものだが、年々暖かくなってきて、降る雪が街灯に照らされて光の塔のように見える幻想的な光景もとっくに失われてしまったし、冬の朝に立ち上る白い湯気もかなり薄くなって横になびいているだけですよ。だが、年を取ってくると、周りの景色はゆっくりしてくるのに、時間はどんどん通り過ぎて行きますな」

浴槽から流れ出る音さえもこだましそうな透明な静けさのなかで、二人はひそひそ声でしばらく世間話をしていたが、会話が途切れると、彼は急に湯から出て湯口の前に立ち、荒っぽくうがいを始めた。

やがてその人は、入念に身体を拭くと「お先に」と言って早々と出てしまった。

だが、帰りがけに番台の女性がそっと教えてくれた。この女性は心遣いの優しい奥さんで、休憩室から私が何度も繰り返しお湯に入るので、のぼせて倒れるのではないか、といつも気にとめてくれる。

「先ほどお湯に入っていたあの人は、偉い先生なんですよ。東京の大学教授だったようで、〇〇〇のテレビの文芸講座によく出ていたそうです」

「え、あの人が大学の教授だったなんて……、人は見かけによらないものですね」

「あたしは知らなかったんだけど、うちの主人が覚えていたんです。でも気取っていなくて、気さくで温厚な良い人ですよ」

「そんなに有名な人なんですか。顔面がゆるんでいて、全体に輝きを失った隠居老人にしか見えなかったけど……。私も本が好きなので、一度、疑問に思っていることを相談してみようかな」

そして、何度か顔を合わせているうちにだんだんと親しくなり、洗い場にある二つしかないシャワーを譲りあったり、昨年、私が出版した本を無理やりあげたりしていた。


三月初めのある日、私は風呂からあがって、いつものようにパソコンを持って七畳半の休憩室に入ると、狭い部屋のなかには、パジャマ姿でごろんと横になって、うつろに陰っていく山襞を首を伸ばしてぼうと眺めている先生がいた。

頬がうっすらとピンク色している。

石油ストーブが畳の端に置かれていて、その上に竹の棹が渡されてタオルなどの洗濯物がかかっている。そのストーブには、ほんのりと湯気の出ているやかんがのっかっていた。

日頃から思いつめていた私は、先生の顔を見るなり意を決して、「ミャンマーにいたと言われる、キリシタン侍」のことを訊いてみた。

「先生、ちょっとこの資料を見ていただけませんか」

「あまり難しいのは苦手だよ。何を調べているの。また外国の日本人町のことか？　あの本はやたらと面白かったよ」と言ってペラペラとページを捲っていたが、読み終わると重い口をやっと開いた。

「君は鳥になったことはあるか」

「何を言っているんですか。あるわけないでしょう」

「フムフム……。でも、今までに外国人になったことはあるでしょう」

「先生、大丈夫ですか。私は生まれてから日本人以外になったことはありません」

「そこが問題なんじゃよ。こんな裏づけのない資料では、十七世紀の侍のことなんか現地に行っても皆目わからないだろう。君はビルマ語が話せるのかね？　留学の経験はあるの？」

「いえ、ビルマ語どころか英語もろくに話せません」

「それではまず、ビルマの歴史を調べなければならない。そのためには語学の勉強を始めることだね。究極のところ、鳥のことは鳥でしかわからない。ビルマのことは、ビルマ人にしかわからないということだよ。特に埋もれてしまった外国の歴史などを再現するのは、特別なパワーやテクニックが必要なんだ」と言ってしばらく眼を瞑り、やがて薄目を開いて訊ねた。

「君は幾つになるんだ？」

「もうすぐ七十ですけど……」

「残念！　その歳で勉強をし直してももう遅い。そんなわけもわからない話でミャンマーの奥地に行く時間があるのなら、近くの図書館に行って本でも読みなさい」

「お言葉ですが、時々、図書館には新聞を読みに行っております」

「行くだけではだめだ。何を読むかだ。それに、君が考えているテーマが最悪だよ。アジアの旅を扱う本は、今では若い人に人気がない」

「なぜなんですか。円高で海外旅行ブームだと聞いておりますが……」

「行くのは近くの韓国や香港などの買物ツアーだけで、不潔、遅れてる、危ない、などと言って、今時の若者は他のアジアの国に出て行かないんだよ」

「先進国と言われる欧米の国でも、最近は、日本から留学する学生が少ないと出ているのを新聞で読みましたが……」

「何でもインターネットでわかる世のなかになってしまったんだ。現実とバーチャルな世界が曖昧になってしまって、勉強もろくにしないで、あやふやな知識だけであたかも人生が成功するという甘い幻想が社会に幅をきかせている」

「そう言えば、有名な学者たちの、○○時間で頭が良くなる本などが町にあふれていますね」

「若者にロマンやアイデンティティがないんだよ。今更、センチメンタル・ジャーニーの本なぞ書いても見向きもされないぞ」

全く言うことがやたら哲学的なんだから。理解に苦しむ私は心のなかで舌打ちしてふてくされ、しばらく横を向いていた。

「だから、地元の東海道の幻の古地図とか、北条一族の知られざる墓々などのテーマの方が気が楽なんだよ」

「でも、それらのテーマこそ研究されていて、何も新しいことは出てこないのでは……」

「そんなことはない。よくテレビに出る、○○○などの著名な歴史学者も、日常は、古文書などの多彩な資料を読み解いて、その時代の人々の私生活まできちんと把握しているぞ。今や歴史の本でも、そのまま書いては駄目なんだ。現代に通じる組織論とか、人間工学までの幅広い知識が要求されるのだ」

　聞いていて、私はやっぱり無理かなと思い、次第に不安な気持ちがちくちくと胸を刺してきて、焦点の定まらないうつろな視線を窓の外の暮れかかった朧な景色に向けていた。

「どうした、やる気がなくなったのか。だが、どんな場合でも神様は可能性の道を用意してくれている。君の場合は、学歴、職歴、文歴、おまけに何か人と違う知恵や特殊な芸歴もない……。しかし、はっきりとはわからないが、その謎の〝日本人の侍〟を見つけ出す可能性がある」

「その可能性とは、いったい何なんですか。もったいぶらないで早く教えてください」

「そんなに眼を吊り上げるんじゃない。それは昔から言われている、馬鹿と天才は紙一重だという諺だ」

「え？　おっしゃる意味がよくわかりませんが……」

「人間はとことん夢中になると、心のなかのマイナス思考が消える。偉大なる徒労がもしかして金に化けるかも……。その単純きわまりない無知な君の斑色の脳細胞が、今までの常識を覆すかもしれない」

「そのお言葉では、私はまだドアホの領域にいるんですね」

「本当に大事なのは知識やテクニックではない。真実に近づこうとするやる気なのだ。あなたには、普通の人にはない隠れたオーラがある。それに、もって生まれたかなりいい加減な性格もあるようだ」

「先生、これ以上、私のぐうたらな性格のことを言わないでください」

「君、いい加減と言われても悪くとってはいけない。この言葉の本来の意味は、良い音を出すには、弦を強く張っても弱く張ってもダメだということで、ブッダの尊い教えから凡人が学ぶ大事な仏教法話なのです」

私はどういうわけか言葉のマジックで洗脳されたのか、先生をうっとり見つめ、薄ら笑いを浮かべて小さく何度も頷いた。

それは何も深く考えない自分の悪い癖なのだが、お調子者の私は、なぜか先生の言葉でぐっと気持ちが軽くなり、がぜん元気を取り戻した。

「君がアラカンのキリシタン侍や日本人町を発見するその可能性は、ゼロか、たった一パーセントかもしれない。しかし、少しでも可能性があるのであればやるしかない。ここで考えていたって仕様がない。今の時代、待っていたのでは何も起こらない。行ってみなければ始まらないのだよ。現地に行くか行かないかは自分で決めろ。大事な用があるから出るぞ」

ぶっきらぼうに言うと、先生はタオルをぶらさげてアコーディオンカーテンをさっと開け、脱衣場の方に足早に行ってしまった。

よし、この上はミャンマーの奥地に出かけていって、ポルトガル人町や日本人町の痕跡を訪ねるしかない。

だが心の奥底では、やみくもに行って何にも出てこなかったらどうしようかと思って悩んでいた。

その矢先、二〇一一年三月九日に、ミャンマーのヤカイン州（Rakhine State）で銃撃戦があったことを新聞が報道した。

アラカン解放軍（ALP）と政府軍がヤカイン州管内で衝突し、銃撃戦が起こり双方に負傷者が出たと書かれていた。

この地方でも、反政府ゲリラが横行している事実を知って愕然とし、年金しか貰っていないのに拉致されたらどうしようなどと考えて、不安におののきジクジクと悩み、まだミャンマー行きをためらっていたのだ。

そのうえ、翌々日の十一日に大規模な地震が東北と関東地方を襲った。

地震と津波による大災害により、死者、行方不明者の数が一万人を越え、毎日死傷者が増えてゆき、この災害の未曾有の悲劇の実態が少しずつ判明してきた。

さらに、福島の原発事故による放射能の汚染などが報道されて、日本全体がパニックに陥った。

私はテレビに釘づけになり、深夜になると部屋に仰向けに寝転んで、先生やオランダ人の顔を交互に思い浮かべ、また被災された人々のことを考え、口のなかで、行く、行かないを繰り返していたが、「老いたる私の寿命はそんなに長くはない。今、行かなければ二度とチャンスは来ないだろう」と考えた。

そして、歴史の真実への扉の鍵は必ず現地にあるはずだと、やっと決心を固め、急に畳から起き上がり、デカくて重い尻をよいしょと引き上げ、迷いを吹き飛ばすように鼻からフゥーと大きく息を吐いた。

翌日、コソコソと旅の準備をしていると、誰かがやって来て、コンコンとドアを叩いた。開けると、自治組合の役員で、町の安全、安心パトロール隊の副隊長をしている近所の女性だった。厚化粧で小皺を隠してはいるが、白いお化粧の下から隠し切れない黒いシミが無数に浮き出ている。その婦人は顔を横向けにしてずかずかと部屋に入ってきた。

この人は、日頃から、

「あたしは、亡くなった有名な講釈師の○○○○の愛弟子だったんだよ。地方公演の舞台に立つと、『待ってました』という掛け声とともに、おひねりが無数に飛んできて顔にあたり、痛いから眼をつぶって手探りで釈台を引き寄せ、張り扇をポンポンと打って涙ながらに絶叫したら、それが大うけだったのよ。浅草の木馬亭にも出たことがあるんだ」

とふれまわる、口が達者な年増の女性である。

彼女は､悪酔いしそうな安物のハーブ入り香水の臭いをぷんぷんさせながら､私に向かってぐっと顔を近づけ、

「オキジィ、何しているの。あ〜あ〜、またボケてるな。片方の靴下の柄がまるっきり違うじゃない。それにパスポートなんか出して、東日本に大震災が起こって、このところ暗い話ばかりで社会に不安と不信が高まっているご時勢に、よく外国なんぞに行けるわね。しかも、お年寄りのくせにたった一人で出かけるなんて、またアルコール依存症の国際風天のビョーキが再発したのかしら……」

と言って、気味が悪いほど私をじっと見つめ、わざとらしく長すぎるつけ睫毛をピクリと動かした。

「毎日が空虚で、よるべない老人のアイドル！　濃いめの化粧で異様に輝いている巡回マドンナさま、お言葉を返すようですが、海外に旅行に出るのは、古い日本人の町を探索に行くためですよ」

「止めてよ、私を愚弄するその呼名！」

と言いながら、真っ赤なぶあつい唇をへの字に曲げ、まんざらでもない卑屈な笑みを浮かべて言った。

「それに、いい歳をして、そんな絵空事のような話を夢中で追いかけなくても、日本にいて、被災地の復興のためにボランティアとして奉仕しようという気はないのですか。あ、思い出したわ。働いている近所の娘さんたちが、本当のお爺さんみたいな心根の優しい人を探しているから、また貸しイクジィをしてみません？」

「よ～くわかりませんが、イクジィと言うのは子守のことですか？　しかも、また貸しというのは、不特定多数の娘さんの幼児を相手にするんでしょう」

「あなた、子守のデリバリーなどと言って馬鹿にしてはいけません。今までの経験を生かして、オシッコやウンチを早めにキャッチして、奉仕の心でおしめを取り替えたり、おんぶや抱っこの他に、つねられても決して泣かず、お馬さんごっこなどをして一緒に遊べば良いのです」

「無賃で他人のお子さんたちを受け持つなんて、しがない老人の私にはできないし、もし泣きやまない子がいたらどうするんですか。私がウツになってしまいそうです。若い時でさえしたことないのに、今さら嫌々してもねえ」

「大丈夫よ、専門の保育のスタッフがそばについているんですから。お子さんと毎日楽しく生活していれば、ウツなんかにはなりません。でたらめな自分の人生を嘆き、落ち込んだまま、ここでオタク状態を続けていると、いずれ新聞に載ってしまう、可哀想な孤立死を迎えることになりますよ！」

「ですから、思いきって、これから遠い外国に旅に出る予定なんです。申し訳ありませんが、はっきり言ってそのイクジィに自信がありません」

「なぜ、困っている娘さんたちに協力ができないんですか。あなたの不健全なその精神に、私が〝活〟を入れてあげます」

「身内でもないあなたが、そこまでおせっかいをするのは、どういうわけなんですか」

「ラァ、ララ、ラァ、ラ〜、よくぞ訊いてくれました。本当のことを言うと、マンションの管理人さんから、地域の安全の問題として内密に相談があったんですよ。深夜になると窓辺に立って、三人の男女の声色を使って身をゆすり、泣きながらお芝居を演じていると言うじゃありませんか」

「ああ、もう嫌だ、これ以上聞くに耐えられない！　お願いだから、このまま放って置いてください……」

「そうは問屋がおろしませんよ。異常な行動を繰り返すあなたには、今こそ心のケアが必要なのです。日本が一大事の時に、町から逃げ出してろくでもない旅に出るなんて、そんなわがままは通用しません。とうに失った絆の力の回復をめざし、〝凜〟として再スタートをする機会なのです。アレッ、よく見ると今日は顔面にシワが寄ってない！」

「シワがないのは、虫に刺されたので、引っ掻いた顔中に、バンドエイドをくまなく貼り付けていたからなんです」

「おかしい、何かそわそわして落ち着きがないわね！　まさか、あれだけやめた方がいいとアドバイスした、あのインチキくさい高齢者婚活クラブのワケアリお見合いパーティーに、懲りずにまた出かけるんじゃないでしょうね。明日また来るから、よく考えて返事をするように……」

と、社会貢献の参加を半ば強制するような言葉をかけられた。

しかし翌日、私は重そうな二段のデイパックを背負い、まだ寝静まっている家々の間にある街灯も点いていない夜明けの裏道を抜けて、国道一号線に出ると立ち止まり、辺りをキョロキョロと見渡した。

以前に、パトカーに乗った仕事熱心な二人の若い警察官から、「夜ごとに町をうろつく、身寄りのない徘徊老人か？」として疑われ、執拗な職務質問をされたことがあったので、若者向けの野球帽を眼深くかぶり、サングラスを鼻の上にかけ直すと、白く浮き上がった隅櫓や鈍く光る石垣に沿って高く伸びた樹林が、どんよりとした水面に黒い影を落としているお堀端を大股で歩き、消えそうな灯りが青白く瞬いている小田原駅に向かった。

無謀とも思えるミャンマーへの体当たりの突撃取材を敢行したのである。

弥坂湯で先生に見せた資料のコピーは、次のような内容である。

「竹山道雄の小説、あるいはこれを映画化した『ビルマの竪琴』でビルマを思い起こす人が多いかも知れない。しかし、日本とビルマの関わりは、竹山が小説で描いた太平洋戦争を遡ること四世紀、一六一八年（元和四）ころから始まっている。東南アジアの戦乱に追われた日本人がマラッカからビルマに逃げてきたのが、そもそもの端緒である。これ以降ビルマの西北のアラカンに日本人町がつくられた。

一六三〇年ごろ同地を訪れたポルトガルの宣教師マンリケは、レオン・ドノを首領とする日本人のキリシタン武士団に出会う。マンリケは日本人たちに福音を授け、教会堂建立に力を尽くした。レオン・ドノたちはアラカンの王に仕えていたが、一六三八年にこの王が死去すると、新王が旧王の一族を皆殺しにした、とビルマの史書は伝えている。旧王についていた日本人たちはどうなったのであろうか。

さらに、江戸幕府の『鎖国』断行後、アラカンの日本人町は次第におとろえていった[*1]」

ミャウーのポルトガル人町を描いたポストカード

＊1　『海外交流史事典』富田仁《とみたひとし》（日外アソシエーツ、一九八九年）

第一章　ポルトガルが制していた、アジア航路とマラッカ

マンリケをインドのゴアに派遣した
アウグスティノ会とは、どんな修道会なのか

日本に初めてアウグスティノ会の宣教師が来朝した記録は、秀吉の時代で天正の頃である。『キリシタン大名』から抜粋する。

「一五八四年（天正十二年）ルソンから商船が一隻平戸の港へついた。

同船には、アウグスチニ会のフランシスコ・マンリケ（Fr. Francisco Manrique）とフランシスコ会のディエゴ・ベルメオ（Fr. Diego Bermeo）等が乗りくんでおり、松浦氏（法印・鎮信）はこの二人を引見して、先ず聖堂をたて援助の手をさしのべると約束し、同時に、宣教師の派遣をこうた。

松浦氏の勧誘が何をいみするかは、語らずしてあきらかであろう。

なほ同船にのっていたパブロ・ロドリゲス（Pablo Rodriguez）は長官に書翰をお送り、フィリッピンにおける日本伝道熱をあふつた。

そこで在フィリッピンのスペインの宣教師たちは、同地に在住する日本人、ならびに、かって

日本にいた経験をもつポルトガル人を集めて日本の国情を研究し、日本布教は可能であるか否かの問題を検討する一方、既に宣教師派遣の準備をすすめていた。

この時に、グレゴリウス十三世の勅書が発表されたのである。

下世話にいふ、堰かるれば燃えたつのが人情といふもの、これに刺激されて、フィリッピンでは日本伝道熱が急にたかまり、ゼズス会では、教皇に対し勅令の撤回運動をおこし、同時に司教サラザール（Salazar）より在日本のゼズス会へ抗議書をおくつた。

あたかも、この夏日本では、秀吉の追放令をくらつて対策に腐心していた最中であつた。ゼズス会では早速これに回答をあたへると共にローマの総長にあて丶報告書をおくった。フィリッピン側では、国王にこれをうつたへ、同時に日本へ修道者をおくる努力をつづけ、たがいに鎬をけづつてあらそっていた。

とにかく他の修道会の参加問題で、ゼズス会の人々が苦しんでいる時、秀吉は、その対策の一環として、フィリッピンとの交渉を開始した。

秀吉はやうやく国内の統一をはかり、今や〈高麗入り〉〈唐入り〉を公言し、さらにす丶んでインドへも攻め入る意図のあることをほのめかしたが、先づその手始めとして、小琉球、すなわち、スペイン領ルソンとの間に交渉を開始した」*1

肥前平戸の領主である松浦法印《まつらほういん》・鎮信《しげのぶ》（天文十八年［一五四九］〜慶長十九年［一六一四］）は、松浦氏第二十六代当主で、天正十五年、父の隆信に従って秀吉の九州平定に参戦し、天正十七年に出家して「法印」と称した。文禄元年（一五九二）に秀吉が亡くなるまでの六年間、朝鮮に出兵していた戦国時代の武将で、海外を巡る平戸貿易の全盛期時代をつくった大名である。

松浦鎮信に、慶長十二年（一六〇七）と慶長十五年（一六一〇）、パタニ（太泥［現在のタイ国パッターニ］）渡航のための朱印状が幕府より下附された。

パタニに向かう船は、当時最も貿易量が多かったシャムのアユチヤ（タイ・アユタヤ）にも航海をしていた。

ポルトガル人が中国のジャンク船に頼らずに、貿易のためにポルトガルの船で来航したのは天文十五年（一五四六）のことで、鹿児島の山川港に入港した。

やがて、九州の大隈、日向、豊後、平戸、府内、阿久根、口之津、長崎、五島、天草などで、順次、貿易が開始された。

松浦鎮信によって、シャムやパタニなどとの貿易が本格的に行われ、以後続々と、朱印船が東南アジアに送られ、彼は南洋貿易時代の先駆者となった。

松浦党は、文永十一年（一二七四）、蒙古襲来の文永の役と弘安四年（一二八一）の弘安の役で、松浦一族の領地であった平戸や鷹島（松浦市）を踏み荒らされた苦い経験にもとづき、小領主が一致団結して同盟を結んだ集団の名称である。戦乱のなかで結局二人の大名が生き残ったが、このうちの一人の平戸松浦氏は、本拠地平戸を中心とした六万二〇〇〇石の大名として存続し、江

＊1　『キリシタン大名』吉田小五郎（至文堂、一九五四年）

戸二七〇年を無事に生き延びて、明治維新に至っている。

また、ゼズス会とは、一五四〇年に設立されたカトリックの主流派である「イエズス会（イエスキリスト会）」のことである。

天文十八年（一五四九）以後、イエズス会の宣教師が続々と日本にやってきた。

イエズス会は、ポルトガル政府の支援を受けて、ポルトガル国王から布教のための財政的援助を受け、その資金でマカオから生糸を輸入し、日本で売ることで莫大な活動資金を得ていた。その宣教師のなかには、スペイン人やイタリア人もいた。

では、日本ではあまりなじみのない「アウグスティノ会」とはどのような修道会なのか。

十二世紀頃からカトリック教会の主流派のなかでは、真の改革運動が起こり、そこで求められたものが修道生活の刷新の動きだった。

厳しい信仰生活を実践しようとした者たちの活動の場から、新しい修道会が次々と生まれ、十一世紀の中頃に「聖アウグスティノ修道会」が創設された。

そして、十三世紀にフランシスコ修道会やドミニコ修道会が設立され、それらの修道会は「托鉢修道者の個人の私有財産を一切認めない」という清貧をめざす修道会で、一般民衆に真実の教えを説いていた。やがて各会の修道士たちは、商人や探検家とともに布教のために未開の土地へ続々と伝導の旅に出て行くようになった。

彼らは、一五三四年になるとマラッカ海峡の沿岸にカトリックの伝道所を設置している。

一五四二年には、フランシスコ・ザビエル（St. Francis Xavier［一五〇六～一五五二年］）を中心とするイエズス会の伝道団がゴアの南西部に教会を建てた。

その後、アウグスティノ会は、ポルトガルが支配していたインドのゴアに宣教師のマンリケを布教のために派遣したのである。

聖アウグスティノ修道会の伝道団は、一五六五年に当時のスペイン領だったフィリピン諸島で最初の布教を開始して、その地域の住民をキリスト教に改宗させることに成功した。

ザビエルと巨大組織イエズス会

その頃、修道会で最大のイエズス会は、ポルトガルの植民地建設に伴い、世界中のあらゆる国で布教活動を開始した。

この時期にアジアで活躍した宣教師のなかで、もっとも偉大な人物は、スペイン人のフランシスコ・ザビエルである。

日本に初めてキリスト教（天主教）をもたらしたザビエルは、十六世紀にスペインとフランスの国境沿いにあった、「ナバラ」という王国の首都から、東南東へ約五四キロ離れた町で一五〇六年に生まれた。彼は成人した後、ローマ・カトリック教会に入り修道会の会員となった。

当初は、会の東インド管区に属し、布教活動に従事していたと言う。

一五四〇年に教皇庁が、新しい修道会として「イエズス会」を認めたが、その中心メンバーはイグナティウス・デ・ロヨラ、そして、ザビエルらの七名であった。

当時、ポルトガル国王ジョアン三世は、東インドに向かう宣教師を厳しく人選していた。

この時にザビエルが選ばれ、東インドでの布教事業に参加することを命じられたのである。

彼は海外の土地で精力的な布教活動を開始していった。

その布教活動は、インドのゴアからマラヤ半島（マレー半島）、そして、そこから東方のモルッカ諸島にまで及んだ。

そのザビエルが、マレー半島のマラッカまで来た時に、「北の方には、豚肉を食べず、いろいろ珍しい祭りを行う民がいる」という風聞に接した。それはおそらく「日本《ジャポン》」（ジパング島）についての最初の情報であったと思われる。

一五四七年、ポルトガル人の船長ジョルジュ・アルヴァレスから「先ごろ噂になった日本という国」の人たちを紹介された。

彼らは、海賊か放浪者と思われる日本人で、鹿児島出身のヤジロウとその仲間であった。

ヤジロウの素性は明らかでないが、殺人を犯して逃亡中であったとか、海賊である倭寇の王直と深く関わりがあったとも言われている。

ともかく、ザビエルは、ヤジロウらから日本のことを聞くに及んで、日本に強い関心を抱いたようだ。

そこで、ザビエルは直ちに日本への伝道を決意したのである。

ヤジロウらをゴアに送ってキリストの教えを勉強させ、布教の準備を整えると、大いなる希望を抱いて日本をめざした。

同伴者はスペイン人トーレス神父、若いフェルナンデス修道士五人とヤジロウ（パウロ）ら日本人三名がいた。

一五四九年（天文十八）八月十五日、「海賊船」と名づけられた帆船に乗ったザビエルの一行八人は、鹿児島湾に錨を降ろし、小舟に乗り換え強引に上陸した。

彼らを引見した薩摩の藩主、島津貴久は、ザビエルが香辛料などの南蛮貿易品を持ってきたので、迷いに迷った末にようやく領内での布教を許可したと言う。

小さな住院を得たザビエルらは、島津氏の菩提寺「福昌寺」の境内に立って説法を始めた。

この地から、平戸、島原、大分、山口、京都などにキリスト教が広まっていったのである。

しかし一五五〇年（天文十九）、ポルトガルの船が長崎の平戸に入港すると、一転して島津貴久はキリスト教を禁じた。

ポルトガル船入港当時の平戸の領主である、第二十五代当主「松浦隆信」（享禄二年［一五二九］～慶長四年［一五九九］）は、ポルトガル人を喜んで受け入れた。

ザビエルは、鹿児島を去る前に二度平戸に行っている。

長崎県平戸市には、「平戸ザビエル記念協会」があり、松浦史料博物館前の通りには、「フランシスコ・ザビエル像」や隆信からこの地を与えられ屋敷を構えた「五峰王直像」が手を大きくかかげて立っている。

なおオランダは、慶長十四年（一六〇九）にヤックス・スペックスを館長として、平戸に商館を置いている。

ザビエルは、上京して天皇に謁見し、公式に布教の許可を得ようとしたが、会見はかなわなかった。

だが、山口の守護大名である大内義隆、豊後の大名・大友宗麟などがザビエルを保護し、布教を許可した。

仏教徒らによる受け入れ拒否や過激な迫害を受けるなか、一年半足らずの滞在中に、約四〇〇〇名の信者を得たと伝わっている。

ちなみに、洗礼を受けた宗麟の受洗名は「フランシスコ」であり、彼は深くザビエルに傾倒していて、「F　R　C　O」の印鑑をつくらせて商いに用いていた。


十六世紀の後半に、カトリック教会に属する有力な男子修道会の一つであるイエズス会は、日本でも積極的に布教活動を始めた。

一五七九年には、マカオから東インド管区巡察師のアレッサンドロ・ヴァリニャーノ（一五三九〜一六〇六）が来日して、本格的な日本での布教に乗り出した。

彼の最も偉大なる事業は、天正十年（一五八二）から十八年（一五九〇）にかけての天正遣欧使節の派遣である。

日本のキリシタン信徒から、若い青年たちである伊藤マンショ、千々石《ちぢわ》ミゲル、中浦ジュリアン、原マルチノらの十三歳前後の四人を選抜して、ローマ法王の使者としてヨーロッパに派遣した。

渡航先のポルトガルに関して述べれば、彼らは一五八四年、苦難の末にこの国の首都であるリスボンにようやく辿り着いた日本の天正遣欧使節の一行が一ヶ月ほど滞在したイエズス会の教会が、現在でもその威容を誇っている。バイロ・アルト（高い地区）にあるサン・ロケ教会（Igreja de São Roque）で、十六世紀初頭、イタリア人建築家によって建てられた。

イタリア・バロック様式の教会で、教会の奥には、有名なジョアン・パプティスタ（Capela de São João Baptista）の礼拝堂がある。

瑠璃、めのう、モザイクなどで飾られたリスボンでも有数の美しいチャペルでイタリア・バロック芸術の傑作である。

天正遣欧使節の一行も、ここで厳かにお祈りをしたと言われている。

この使節の一行は、一五八四年九月、城壁に囲まれたアレンテージョの古都であるエヴォラ（Evora）を訪れ、市民や大司教の熱烈な歓待を受けた。

使節の伊藤マンショと千々石ミゲルは、この街のカテドラル（Se）で、パイプオルガンの腕前を披露した。

彼らが八日間滞在したイエズス会のエスピリト・サント学院の建物は、現在は公立高校として使用されている。

また、ベレンと市西部には、発見のモニュメント（Padrão de Descobrimentos）がある。

一九六〇年に、エンリケ航海皇子の五〇〇回忌を記念して造られたモニュメント前の広場に大理石のモザイクで、大航海時代の世界地図と各地の発見の年号が刻まれている。このなかに日本地図と日本発見の年号もある。

日本が発見されたのは、一五四一年（ポルトガル船が豊後に漂着した日）の八月と記録されている。

一五四九年には、カトリック布教のためにイエズス会修道士のフランシスコ・ザビエルが鹿児島に上陸した。

ザビエルは二年後に離日するが、この時、鹿児島藩出身の洗礼名ベルナルドという信徒が同行した。

その後、ザビエルと別れたベルナルドは、一五五三年頃に単身でポルトガルのリスボンにやってきた。

彼はポルトガルの土を踏んだ最初の日本人となった。

ザビエルが、日本人のヤジロウと劇的な対面をしたマラッカの丘の「聖母教会」は、天井が崩れ落ち壮大な廃墟となって、今なお同地にひっそりと佇んでいる。

「セント・ポール教会」（St. Pauls Church）と呼ばれていて、以前にフランシスコ・ザビエルの遺体が安置されていた教会である。

この教会は、オランダやイギリスの度重なる攻撃により崩落してしまった。それらの瓦礫が散乱している礼拝堂跡を見下ろすところに、ザビエルの銅像が正面にひときわ高く立っている。

一八四九年には、ザビエルに敬意を表して、オランダ広場の近くに、ゴシック建築様式の「サン・フランシス・ザビエル教会」（St. Francis Xavier's Church）が建てられた。

またフィリピンでは、聖アウグスティノ会が建てたサン・アウグスティン教会が残っている。

そして、商人であるポルトガル人の日本への来航は、天文十三年（一五四三）、シャムから脱国したポルトガル人二名が乗船していたジャンク船がマラッカに寄航した後、マカオに向かう途中台風で流され、種子島に漂着したことに始まる。

この時、五島列島の福江島を根拠地としていた海賊である中国（明）の五峰王直（汪直）船長と、二人の脱走したポルトガル兵（後の商人）らから、日本に初めて鉄砲が伝えられた。

明が海禁政策を長く続けるなか、王直は、沿岸から遠く離れた高砂（台湾）の海域で明からの渡航船などを相手に出合貿易を行っていた。

だが、ポルトガル人のアントニオ・ガルワンの著書によると、ポルトガル人の種子島到着は、一五四二年（天文十一）と記されている。これによって、西欧との接触が始まり、その一年後にポルトガル船は薩摩に来航し、やがてポルトガルの商船が続々と新しい市場としての日本を訪れるようになり、ポルトガルの日本貿易の独占時代が続くのであるが、約五十年後にオランダにとって代わられる。

当時のポルトガルの貿易は、インドのゴアを根拠地として、シャム（タイ）のアユタヤ、中国沿岸のマカオ、東京《トンキン》（ベトナム）、交趾《コウチ》（ベトナム）、ルソン（フィリピン）のマニラなどの港を往復して、ヨーロッパの銀製品や毛織物、中国産の生糸や絹織物などを日本に持ち込み、日本の銀や銅などと交換していた。

その後、オランダがイスパニア（スペイン）から独立し、しばらくの間、東南アジアの各地でスペイン、ポルトガルの連合国とオランダやイギリス、日本を交えた熾烈な貿易戦争を繰り広げるのである。

一五六五年、太平洋航路が開拓され、慶長九年（一六〇四）朱印船貿易が始まる。


当時、ポルトガルが占領していたマラッカと、マカオ及び日本との関係は、慶長十一年（一六〇六）に、オランダのマテリエフ提督が十一艦隊を率いてポルトガル領マラッカを攻撃した時、在留の日本人約三〇〇人（大部分が日本を追われたキリシタン教徒かその関係者と思われる）が、ポルトガル人を援けてよくこれを防ぎ、遂にマテリエフ艦隊を海上から撃退したことが伝わっている。

当時のマラッカにも、十七世紀以前から相当の日本人が移住していたと考えられている。

慶長十八年（一六一三）、伊達政宗が慶長遣欧使節を派遣する。

慶長十九年（一六一四）一月、徳川幕府は「禁教令」を発令する。同年十一月、高山右近、小西如安（内藤如安）、原マルチノら一四八名のキリスト教徒がマニラやマカオへ追放される。

長崎の福田の港からマニラやマカオ行きの船に強制的に乗せられた外国人は、イエズス会、フランシスコ会、ドミニコ会、アウグスティノ会の四修道会の宣教師たちであった。

元和八年（一六二二）、スピノラ、木村セバスチャンらが長崎で処刑され、翌年、シモン遠甫らキリシタン五〇名が江戸で火刑にされる。

さらに徳川幕府の禁教が厳しくなり、数百人のキリシタンが日本を脱出し、ポルトガルが支配していたマカオにも来ていたと言われている。

しかし、キリシタンにとってこの地も安住の地ではなく、ポルトガル人商人や宣教師らのアジア人への差別や偏見、そして、倭寇を懸念する明国が、日本人のマカオ滞在に脅威を感じて、ポルトガル人に対して、日本人をマカオから追放するように圧力をかけてきたため、布教と貿易を優先するポルトガル商人たちは、自分たちの保身を考え、日本人キリシタンをマカオから締め出す政策をとり始め、追われた彼らはマラッカを経由して、シャム、ベトナム、カンボジア、ルソンなどに流れていった。

寛永元年（一六二四）、スペイン船の来航が禁止される。

一六三八年、セイロン（スリランカ）にある、ポルトガルの根拠地の要塞をオランダが支援するセイロン王の軍に占領され、彼らはこの地を追われた。

長崎から中国沿岸にあるマカオを経て、インドのゴアを結ぶ定期航路の中間点にあったマラッカ港は、この時、マラッカ王国を弱体化させたポルトガルの繁栄とともに全盛期にあった。

幕府は寛永十五年（一六三五）には、第五次鎖国令で、日本人が海外に出ることや外国にいる日本人の帰国を禁止した。さらに外国船の入港を長崎の平戸に限定した。

寛永十六年（一六三九）には、ポルトガル人は宣教師や商人を問わず、一切、日本から退去するように命じられ、ポルトガル船の日本への入港も禁止され、ポルトガルは日本との貿易を完全に断たれた。

一〇〇年に亘って日本に出入りしていたポルトガル人は、この後に商用で来航してもこの命令によって平戸へ寄航することができず、マカオに帰帆させられた。

一六四〇年（寛永十七）、カピテン・モールのパチコを特使としたマカオからの通商の再開を求めて来日した使節団に対し、幕府は特使以下、六一名の乗組員を処刑し、ポルトガル船は長崎沖で焼き捨てられた。

日本から追われたポルトガルは、やがて貿易の面でも、アジアから次第に撤退していくのである。

さらに、ポルトガルの衰退を決定的にしたのが、一六四一年のオランダのマラッカ占領である。東洋に進出して以来、オランダはポルトガルを眼の敵にして、海上で船舶の捕獲などを繰り返し、バタヴィアから軍艦を派遣して、マラッカやマカオの海上封鎖を断続的に行った。マラッカは何とか持ちこたえていたが、一六四〇年以来、ポルトガルに貿易を独占されて不満を持っていたアチェやスマトラ沿岸諸国のスルタンが反乱をおこし、オランダはこれを援助して大規模な攻撃を行い、マラッカを陥落させたのである。


現在でも、マラッカには、十六世紀頃の船乗りの子孫たちが安穏に暮らすポルトガル人村がある。ウジョン・パシール地区（Ujong Pasir）では、十六世紀にマラッカにやってきたポルトガル人の子孫たちが生活をしている。

そこは、オランダ広場から海岸沿いを歩いて三十分くらいのところにあり、現在では、ポルトガル・スクエアー（Portuguese Square）と呼ばれている。

その一角に小さな広場とリスボンなどという名のポルトガル料理店が数件あり、普段は静かな場所だが、毎年七月下旬になると「サンペドロ祭り」が開催され、ポルトガル伝来の民族舞踊が公演されて、人が溢れるほどの賑わいをみせる。

当時は、ヨーロッパの船乗りや水兵、兵士などが地元の女性と結婚して子孫を増やしていたが、やがてポルトガル本国から女性を同伴する者が現れた。出稼ぎのため単身で母国からやってきた女性も地元の男性と一緒になり、同地で繁栄を続けた。

兵士の数が少ないため、これを増強しようと企てたポルトガル政府も積極的にこの国際結婚を奨励していたが、一六四一年にポルトガル人に取って代わったオランダ人にほとんどのポルトガル人が追い出された。

それでも、一部の人たちは頑強に居座り続けた。彼らはカトリック教徒であるために新教徒《プロテスタント》のオランダ人に迫害を受けて過酷な運命を辿った。かろうじて同地に踏み止まったものの、一八一八年にオランダに代わってイギリスがマラッカを支配するようになると、ポルトガルの子孫たちの暮らしは、さらに追い詰められ困窮を深めた。

だが、いろいろな迫害にもかかわらず、ポルトガル人は、イギリスが認めた「宗教の自由」を主張し、カトリックの祭りや儀式を復活させて今日に至っている。

また、オランダ人の子孫もマラッカに住んでいる。その子供たちは、オランダ系マレー人として、マレーシア政府にマレー人としての認知を求めている。

ポルトガル人ほど纏まっていないが、彼らの顔や身体を見ると、コーカサス地方の彫りの深い顔だちと美しい色白の皮膚をしている。

これらの欧亜混血児たちは、デ・ウィット（de Witt）、ファン・フィツェン（Van Huizen）など、ポルトガルやオランダの祖先たちが使っていた名前をつけられている。

マラッカの中心地には、オランダ広場（Dutch Square）があり、オランダが統治していた十七世紀から十八世紀に建てられた赤煉瓦色の建物が周囲を囲んでいる。その付近に、マラッカを象徴するオランダの「キリスト教会」（Christ Church）があるが、そこには、「最後の晩餐」の壁画がある。

なお、日本人がマラッカに村や町を造っていたことを証明する史料や日本の建築物などの遺跡は、残念ながら今のところ発見されていない。

めまぐるしく変貌する ミャンマーの古都ヤンゴン

ハノイを経由して三〇人ほどの乗客を運ぶベトナム航空のプロペラ機は、ぶあつい鉛色の雲を抜け、デルタ地帯の薄いココア色をした川面に夕闇が迫る頃にやっとヤンゴン空港に着いた。

イミグレの担当者は、日本人だとわかると「別室へ行け」と、スクーリニング検査をしている後方を指さした。

そこには、白衣を着てマスクをした五、六人のミャンマー人が、板の長机を前にして、何やら楽しげに話しこんでいた。左の脇の小箱の上には、既に二人の日本人が立たされて両手を広げている。

放射線量を測るガイガーカウンターを持った白衣を着ている白マスクの係官は、頭の先から足もとまで、こまめに計数機を男の身体にあてて測定し、指す針の方向を見ている。

「なんでこんなことをするんでしょうか。経費をかけて測っても、基準を越える放射線が出るわけないでしょう」と、私は後ろに並んでいる男の人に話しかけた。

「怖いんじゃないの？　ミャンマーに放射線を浴びた人を入国させたら、国が全滅するとでも思っているんですよ。中国なんかもっとひどいですよ。国内線でも、日本人だけは入念に放射線の測定をしていますが、持ち物のなかまで開けて一つずつ取り出し、時間をかけて測っているそうですよ」と、その人は舌打ちをしながら話した。

「どうかしているね。まあ、ここは外国だからしょうがないけど」と、我々は立ったまま愚痴を言い合っていた。

私の番になると、係官は嫌になったらしく、ソソクサと測って「オーケーネ」と笑って言った。測っていた時間はわずか三分だった。

イミグレの通過は、前よりもだんだんと早くなってきている。荷物は既にベルトコンベアーの上でクルクルと回っていた。

ミャンマー人で、日本で仕事をしていると言う若い女性が声をかけてきた。飛行機のなかでは隣の席にいた人だ。

「大丈夫でしたか？」

「ありがとうございます。無事通過しましたが、それよりも、税関申告用紙に、ＵＳドル二〇〇〇ドル相当額以上の外貨を持っていたら記入するように書いてありましたけど、それ以上持っていたのに何も書かずに来てしまったのです。バッグを調べられるかと少しハラハラしましたが、無事通過しました」

「今時、いろいろな外国を旅行する時代に、こんな申告をさせても意味ないですわね。それでは、いい旅をしてください」と言って彼女はロビーの方に去っていった。

タクシー乗り場では、三人の男が私を取り巻いて市内まで十五ドルと叫んでいる。

三年前には十ドルだったのが、もう五ドルも上がっていたのか。この国では、ドルをチャットに変える公定レートは、今でも町の相場より極端に低い。

ミャンマーの多重為替レートはかなり複雑で、外貨の投下資本の自国通貨換算時などに適用する公定レートは、一ドル五・五K（チャット）である。

また、空港内の両替カウンターでの政府公認ルート（外貨兌換券〝FEC〟適用）は、一ドル四五〇Kで、実勢レートは一ドル約八三〇K前後で交換できる。

現在のところ一Kは約〇・一円である。

最近では、ドルの力が落ちて、場所によってはドルよりもチャットだけの支払いを求めるホテルや商店も出てきた。

レートの換金最高額は、ヤンゴン市内のスーレー・パヤー周辺に屯《たむろ》している闇ルート屋で、一ドルを八〇〇チャットくらいで交換できる。地方へ行くほど交換する利率は悪くなる傾向がある。

したがって外国人は空港内の銀行では両替をしない。

出口からタクシー乗り場を横断すると大きな道路があり、そこで流しのタクシーを捕まえると五〇〇〇チャットで市内まで行ける。

ドルに換算すると約五ドルなのだが、チャット札がないことをいいことに、十ドルもよけいに取られるのである。しかも、呼びかけてきた人は帳面にきちんと時間や客の国名を書いている。たぶん、この十五ドルから何ドルかもらうシステムになっているのだろう。

現在、ミャンマーでは「ドル安チャット高」となっている。

このところ、対ドルの上昇率は二〇%を超えている。このため高級スーパーなどでは、近隣諸国からの輸入品を値下げしているが、平均給与が月三〇〇〇円くらいの一般庶民が、おいそれと外国商品を買えるはずがない。それどころか、食用油、米など庶民の生活必需品はじわじわと値上がりしているのである。

タクシーのくたびれた車はやはりエアコンなしで、窓は相変わらず全開にしていた。

変わっていたのは、アスファルトの広い道路のところどころに、ショートカットの若い女性が外国の最新のリップスティックを持ってにっこり微笑んでいる姿の看板があり、行き交うバスの車体に、飲料水メーカーなどのカラフルなコマーシャルの写真などが大きく描かれていたことだ。

繁華街には、時折、白い半袖シャツの若者が携帯電話を持って立っている。

圧倒的に古い車の列のなかに、ピカピカの日本の新車などがたまに混じっていた。

広い交差点には、ノキアの携帯電話を片手で持ったミニスカート姿の女性がアイスクリームを食べ、にこやかに微笑んでいる看板もあった。

幹線道路の街灯の照明電球が前よりも増えている。いちだんと街が明るくなってきたことを感じる。

しかし、本当にヤンゴンは繁栄をしているのか。どうも腑に落ちないのである……。

交差点で渋滞する車の間をすり抜けて、少年らが脇に、二、三日遅れの英字新聞の束を抱え、高級車の窓を叩いて行くのも相変わらずの光景だ。

目抜き通りにあるイギリス時代のゴシック建築やドーリア式の塔頭も、汚れた薄いクリームの白い漆喰がはげて斑に黒ずんだままである。

さくらタワーの上の帯状の薄い紫がかった群雲は、形が崩れて、ヤンゴン市内の南端のＩＷＴ(Inland Water Transport)がある桟橋の方向に押し流されている。

黄昏から夕暮れにかけてゆっくりと時が流れて、繁華街を黄金色に染めていた夕日は、今、闇のなかに吸い込まれるように沈んでいこうとしている。

かつて、英国官吏のモーリス・コリスが判事をしていた、三角の高い塔のある円形ドームを持つ最高裁判所のくすんだオレンジ色の観音開きの窓も閉まったままだ。それを支える両側の高い柱列のタイルは、一部が欠け落ちていて、黒ずんだコンクリの地肌をむき出しにしている。緑苔や黄色い羊歯の実に覆われた赤レンガの壁も汚れたままだった。

これらの建物は、今までに手入れをしたという兆候は見られない。

歩道は、地震の後の液状化現象のように、敷石が持ち上げられたり砂地が出てコンクリートに亀裂が入っている。

その上を歩くロンジー（ミャンマーの伝統的な巻きスカート）姿の人たちは、赤くさびた鉄条網の監視所のある出入り口を横に見ながら、汗をふきふき気ぜわしく歩いていた。

だが、今やミャンマーは変わったのだと政府関係者はこぞって言う。

「二〇一〇年の総選挙で、ミャンマーは民主国家だということがわかったでしょう。あの西洋かぶれの頑固でわがままなアウン・サン・スー・チー女史も、とうとう軟禁状態を解かれた。そして、豊富にあると言われている、石油、天然ガス、銅、木材などの天然資源は、タイや中国、インドまでもが購入している。我が国は、時が止まったノスタルジックな国ではなく、『アジア最後のフロンティア』と呼ばれる経済発展を推進する国なのだ」と、言って胸を張る。

また、「この不透明な為替制度を改正し、投資誘致に向けて、外資企業に対して土地の所有を解禁する。これは、三月に発足した新政権が米欧に対して関係改善を打ち出したものである」と、政府高官が日本の経済新聞に表明した。

これまで、軍事政権の民主化や人権問題を理由に、米欧や日本はこの国に様々な経済制裁を科してきた。

現在は、民主化勢力との対話も進行しているから、早く経済制裁を解禁してもらいたいのだ。東南アジア諸国連合（ASEAN）の経済共同体として競争力をつけるため、経済発展を急ぎたいとの考えを改めて示したと言われている。

私は、現代社会に毒されていない、古い伝統文化を持つこの国がたまらなく好きだ。

だが、ようやく民主化の一筋の光が射しこんできたこの国は、平和のまま、時の流れのように静かに変貌していくのだろうか。

鉄格子つきのくすんだ窓が並んだ古いビル街に入ると、車が小刻みにふるえて停まった。

窓の外をよく見ると、ブルーのズボンに白いヘルメット姿の警官が交差点の中央の丸い台に立ち、渋滞の車の列を手さばきと笛で巧みに誘導している。

しばらく停車した後、騒音と怒号でざわめく大通りを車はまたノロノロと動き出した。

私はタクシーの運転手に、ゲストハウスの名前や所在地の出ている地図を見せていたが、彼は裁判所を過ぎた頃から急にそわそわしだした。

いきなり車を止め、降りて通行人に道を聞いている。戻ったところでよく聞いて見ると、彼はマンダレーの田舎から最近ヤンゴンに出稼ぎに出てきたことがわかった。

不審に思った私は、薄暮の空に光輝いているスーレー・パヤーのあるマハーバンドゥーラ通りの角で降ろしてもらった。

そこには、賑やかな人通りに沸き返る混沌とした私の好きなヤンゴンの下町の雰囲気が漂っていた。

日本の祭りに並ぶ屋台や出店の風景が、どこまでも延々と続いているのである。

やたら鳴らす車のクラクションの音や、壊れたマフラーから出る轟音で、汗ばんだ胸が押しつぶされそうだ。

インド人や中国系の人たちが多い町の中心地にやってきた。

この通りのバスや車が錯綜する歩道には、絞りたての砂糖黍《きび》ジュース、インド仕込みの辛いカレー、麺入りスープ、中国風の揚げパン、海外の映画や音楽のビデオ、海賊版のCD、DVD、雑貨など、ありとあらゆる食べ物や商品が、屋台や簡易テントを張った机が並ぶ舗道の下に無造作に並べられている。

ハエがブンブン飛び回る、野菜や魚などを売る青空市場も、今日は人出が多く、竹籠を持った買物客で往来はごった返している。

店の前のプラスチックの小さな丸イスにどっかりと腰を落として話し込んでいる、汗ばんだTシャツとロンジー姿の男たち、白いブラウスにタメイン（女性用のロンジー）姿の女性は、魚や野菜の値引き交渉に夢中になって、口から泡をとばして叫んでいる。

路上で遊んでいる子供たちの笑い声が遠ざかるのと入れ違いに、薄ぼんやりとした青い宵闇がゆっくりと路地裏に忍び込んできた。屋台から露店へと、ポータブル発電機から各出店にケーブルが網の目のように張りめぐらされ、その先の細い電線にぶら下がった色とりどりの豆電球がチカチカと点滅しだした。

通勤帰りの人たちを乗せたぎゅう詰めのミニバスが次から次へと道端に止まり、陽に焼けたロンジンを尻からげにした車掌らが真っ先に飛び降りて、行き先を大声で怒鳴りあっている。

このデコボコの通りには、やけにしぶとく纏わりつく重たい空気や、じわじわと両腕に汗ばむ熱気、薪を燃やしているコンロの煤煙、葉巻のむせるような強い刺激臭、甘酸っぱい香辛料の香り、エンジンオイルの臭いなどが混じった、息がつまりそうな淀んだ空気が充満している。

この雑踏のなかで、遠くまで聞こえるような物売りの調子の外れた声が路地から響いてきた。

「甘くておいしいスイカだよ〜」

「買っておくれぇ〜、一切れたったの一〇〇チャットだよ」

「あたいのスイカが甘くなかったら、お金はすぐに返すよう〜」

樹皮の粉で作った「タナカー」と言う日焼け止めクリームを頬に白く塗った若い女性の甲高い声の間を縫うように、荷物を抱えて、私はセントラル・スーパー・マーケットに向かって、段差のある歩道を躓《つまず》いたりしながら歩いて行った。

歩道すれすれに通るバスのマフラーから抜けたけたたましい音、街灯に取り付けられたスピーカーから流れるテンポの速い若者向けのポップスの曲など、この路地はやたらと騒々しかった。

ここでは、あらゆる音が混じって漆喰の剥げたビルにぶつかり、大きく反響して人混みのなかに飛び込んでくる。

トーキョー・ゲストハウスは、スーレー・パヤーから西に向かうマハーバンドゥーラ通りを歩いて、角にあるセントラル・スーパーマーケットの前を右に折れ、ボアウンキャゥー・ストリートに入り、そこから南に向かって十メートルも進んだ道路の反対側にある。

大家の許可を得ているのか、サリーを巻いたインド人風の女性がどっしりと座るゲストハウスの階段付近の両側には、寝具の商品が山積みされているので入り口がわかりづらい。

しかも、白いセメント壁が灰色斑に変色して薄汚れたビルは、歩道の道路側から太いコンクリートの支柱を二階まで伸ばしているので、この下にある赤い字の「トーキョー・ゲストハウス」の看板はかなり見づらいのである。

おまけに、なんとか入り口がわかって狭い吹き抜けの階段を上って行っても、黒いしみが浮き出た内壁を前にして、鉄の手すりがついた暗い階段を上りながら左に右に廻らされるので、ビジターはここで不安に思って帰ってしまうだろう。

かつて、「チェーホフやレフ・トルストイの時代」に活躍した、B・Aギリャロフスキーが書いた「帝政末期のモスクワ」の写真に出ていた、ロシアの裏町にある古いビルのようでもある。

しかし、重厚なドアを開けて二階にあるフロントの前に立つと、皆さんは、このゲストハウスの内部の豪華さや清潔さにびっくりすることと思われる。

玄関の入り口や各部屋の扉もチーク材を使っていて、明るいリビングルームは三面にガラス窓が入っている。

食堂兼ロビーからベランダに出られるようになっていて、このイスに座って、通りに集まるタクシーやトラック、学生や勤め人などが慌しく往来する光景を、日がな一日見ていても決して飽きない。

室内の机の上には、日本の旅行者が書き残した情報ノートが何冊も置かれていて、旅行に役に立つ情報が満載である。

そしてトイレはもちろん室内のベッドに至るまで、しっかりと掃除が行き届いている。

ここは、世界のバックパッカーが集まる数少ない「聖宿」の一つなのである。

悲しいことであるが、タイのチェンマイにあった、日本人御用達のゲストハウス「プラザ・イン」は、元外国船の船乗りで、伝説のバックパッカーとして有名であったオーナーの小野さんが、欧米人に譲渡して日本に帰国してしまったという。

また一つ、漂泊の日本人が立ち寄る、数少ないアジアの溜まり場として愛好されてきた安心して泊まれる宿が消えてしまった。

トーキョー・ゲストハウスのエアコン付きの部屋は、一泊九ドルから宿泊できる。従業員もフレンドリーで、かなり達者な日本語を話すので、長旅に疲れたバックパッカーに「ビルマのオアシス」と言われるほど人気が高い。

オーナーは金子さんと言って、若い頃から世界を飛び廻ってきたバックパッカーの神様みたいな人である。タイにもマッサージのお店を持っている。

ここに集まる客は日本人ばかりではない。アメリカの音楽家、チェコの映画監督、マレーシアの画家などの、有名な芸術家がオーナーを慕ってやって来る。

私は今まで、クイーンズ・パーク・ホテルをヤンゴンでの定宿としていたが、フロントにいた日本語を話すお気に入りのエーミヤさんがいなくなったので、しかたなくここにやって来たのだ。それに、クイーンズ・パーク・ホテルは、以前は一泊十ドルくらいで宿泊できたのに、今では十五ドル以上に値上げしたことも、日本人が泊まらなくなった原因の一つだそうだ。

宿泊した翌日、みそ汁つきの日本式の朝食を食べた後、食堂にいたら、増築したらしい隅の小部屋から五十年輩の男の人が出てきた。

彼は戸口にいた従業員の青年に向かって、午後の便でタイへ向かうと言った。

日本茶を飲んでいると、この人が声をかけてきた。

しばらくの間、被害が広がっている日本の大震災が二人の話題になった。

日本の震災の莫大な被害の状況を知ると、彼は目を潤ませた。ずっと我慢していた涙のようだった。

「ところで、私はタイを廻ってヤンゴンでゴロゴロとしていたのですが、あなたは観光に来たのですか」

「いや、キリシタン侍の取材のために来ました。私は三年前、シャン州のチャイントンにいる侍の子孫の話をまとめ、『ミャンマーの侍山田長政』という本を出しました。あなたは、シャン州のチャイントンやヤカイン州のミャウーに行ったことはありますか」

「私もかなりのビルマ好きですが、その二つの町には行ったことがありません」

「あなたは、この国にアラカン国（Arakan）という昔からとても強い国があったのを知っていますか」

「『アラフォー』『アラフィフ』や還暦を迎えた人たちを呼ぶ『アラ還』とも違うミャンマーのアラカンのことですか……。そうだ、思い出しました。アラカンと言うのは、ヤカイン州と呼ばれるイスラム教徒が多く住んでいるところでしょう」

「そうです。アラカンは、十八世紀の末にビルマの王国に併合されるまで、約五〇〇年も独立を保ってきた強大な国だったのです」

「でもアラカン族は、インド人みたいなキツイ顔だちの人が多く、性格もやたらと気性が激しいので、ヤンゴンの人たちから少し嫌われているようです」

「最近も、ヤカイン州で反政府組織と政府軍が密林で戦火を交えたと、日本で報道されましたが、そんな危ない土地でも安全に旅行ができますか」

「バングラデシュ国境沿いでは、時々、反政府ゲリラが出るようで、危なくてローカルバスには乗れませんが、政府の許可した乗り物なら大丈夫ですよ」

「州都のあるシットウェーまでは、確か飛行便や船便があるはずで、そこから古都のあるミャウーまでは、フェリーで約七時間もかかるそうですね」

「そんな危ないところへは、私は行ったことがありません。日本で地方の小学校のパートの教員をしている自分はこの国のことはよう知りません」

「あなた、ねえ、長い間タイやミャンマーを旅行しているのだから、少しはアラカンのことについて聞いたことがあるでしょう……」

「よく知りませんが、都市部の住民の話では、つい最近まで、あそこには豹、虎、大錦蛇、足長蝙蝠などの猛獣がウヨウヨ跋扈していて、人が樹の下を通ると持っているセンサーで人間の体温をかぎつけ、上から襲いかかる巨大な山ビルもいるそうですよ」

「食いついたら離れないヤツで、血を吸うとヒフが真赤にふくれあがり、やっと剥がしても血が溢れて止まらない、あの悪魔のようなヒルがいるのですか」

「この地方の人々は、文明の世界から置き去りにされてたようで、荒涼としたジャングルにひっそりと隠れて住んでいるようです」

「ということは、鉄道もなくて、廻りを荒々しいアラカン山脈やでかい海で行く手を遮られているからなんでしょうか」

「ヤンゴンの人でもあまり行ったことがない、ミャンマーでも未開の大荒野が続いている場所だそうです」

「何だか顔が熱くなって不安と恐怖で下半身が震えて興奮してきました」

私はコップの水を一杯飲むと立ち上がり、ひときわ高い天井を見上げて、これからの旅の途中では、きっとたくさんの過酷で悲惨なことが待ち受けているのではないかと思って深いため息をつき、イスを引き寄せて座り直した。

「それらの侍の話は、いったいいつのことなんですか」と彼が声を落として訊いてきた。

「両方とも十七世紀の話ですよ。チャイントンの侍に関しては私の本を読んでください。ミャウーの武士団のことは、今のところ少しの文献でしかわかっていません」

「それで、日本の侍が仕えたアラカンの王様は、何という名前なんですか」

「チリッダンマ王と言って、一六二九年頃にアラカン国を統治していたのですが、実在を証明する王が寄贈したパコダが見つからないのです」

「それはどういうことなんですか。そんな有名な王様なら、パコダの一つや二つは建立していると思うのですが……」

「それが、日本の資料では全く見つからないのです。ミャウーの歴代の王様のことについては、次のようなことしかわかっておりません。まず、十五世紀に建てられた王宮は、ミンブン王によって造営され、八万体の仏像と黄金や宝石で飾られた豪華な木造の建物だったこと。

この王は、ミャウー一の第一の名所であるシッタウン寺院（Sittaung Temple）を五三五年に建てたのです。また、一五五三年から一五五六年にかけて、ミンブン王の息子のディカ王がコータウン・パヤーを建立しています。そして、一五七一年には、ミンパラウン王がダッカンゼイン寺院と、一五九一年に仏典の図書館であるピタカタイを造営しました。さらに一五九八年には、ミンラザヂー王がアンドー・テイン寺院を再建したことくらいしかわかっていないのです」

「私もガイドブックで見たことがあるのですが、かなりのパコダや寺院が世界遺産のパガンにもあります。ミャウーには日本人が仕えた王様のパコダがないのですか」

「現地に行かないとわかりません。日本で調べてわかったことは、侍を護衛兵にした王がいたことだけです」

「そりゃあ、大変にきつい旅ですなあ。ところで、今お幾つなんですか。え、六十八歳？　私の方が若いが、たった二つ違いですよ。あなたは、ここのオーナーの金子さんと同じ歳ですね。ここには、いろいろなバックパッカーの人が来るが、七十近い老人がミャンマーの奥地に一人で取材に行くなんて聞いたことがない。しかも何が起こっても不思議でない、この国の危険地帯でもある土地に単身で行くなんて！」

「私もヤカイン州のシットウェーまでは飛行機で、その先のミャウーまではフェリーでしか行けないことはもちろんわかっております。まあどこでも奇人か変人としか思われないので平気なんですが、その前にフェリーでパテインまで行きたいのですが、この新年にあたって間違いなく船に乗れますでしょうか」

「オーナーさんに聞いてみたらいかがですか」

と彼が話しているところへ、本人と思われる老人がリビングにひょいと顔を出した。

知り合いらしい彼からひととおり事情を聞くと、短く刈った坊主頭に手をあてた金子さんは、厳しい口調で私にこう言った。

「なんで、そんな悠長なことを言っているのですか。今日は四月の九日だけど、ミャンマーの新年はもう始まっているんですよ。この時期、故郷に帰って十五日からの新年を祝う人たちで飛行機も列車も満員になってしまうので、早くキップの手配をしなければミャウーには行けません。ましてや、万が一フェリーなんぞに乗って行ったら、途中で降ろされていつ着くかわかりません」

私はその言葉を聞いて急に思い出したのだが、以前にタイのチェンマイで暮らしていた頃、タイの正月の四月の十五日に最北端のメーサイに行こうとしてバスターミナルを訪れた時のことだが、切符を求める長蛇の列に並んで、やっと自分の番が来た時に、カウンターの女性から「バスはローカルもエアコンの急行も満員です」とすげなく断られてしまった。

ところが後で到着したバスが発車するのを見ていると、後部にかなりの空きがあるではないか。しかし、彼女らに乗せろと抗議をしても無駄だった。それは、正月を楽しみにして帰郷するタイ国民を優先させてバスに乗せようとして、外国人お断りのおふれが出ていたからであった。

「ミャンマーの後で、ベトナムまで行く計画なんです」と私は慌てて叫んだ。

「キップの手配をお願いします。もちろん飛行機で結構です」

彼はすぐに旅行社に電話を入れたが、三十分待ってもなかなか返事がこなかった。前のテーブルに、肘をついていた長身の日本人の青年が突然低い声で話し出した。

「金子さん、昨晩、八時頃停電して大変だったんです。一時間くらい電気が止まりましたよ。でも今回は意外と早く電気が点いたので、さすがだなと思いました。日本に計画停電の手配のうまいミャンマー人を連れて行けば苦情なんてこないでしょう。停電は電力不足が原因なので仕方がないことなんでしょうが……」

「私の住んでいるところは、停電はありませんでしたよ。まあ、このところ、ヤンゴンも電気の需要が増えているので……」

この話を聞いていた私は、何の予告もなしに急に電気を止めたり、通電の時間も定かでないこの国の電力状況はただの無計画停電ではないかと思った。

そして、金子さんは言わないが、私はヤンゴンの中心部に近い地域にある、英国占領時代にはモーリス・コリスなどの高級官吏が住んでいた「ゴールデン・バレー」と言われている地区では、めったに停電がないことを知っていた。この付近には、現在、軍の幹部たちの広いお屋敷があると伝えられている。

また軍事政権は、ベンガル湾（Bay of Bengal）沖に埋蔵されているシェール天然ガスの配給を条件に中国の雲南から電力を供給されているので、ヤンゴン市内の停電は今では解消したと公言している。この精度の高い天然ガスは、最新の米軍の武器との交換条件でタイにも供給されていると言われている。

やがて一時間くらい経つと、やっと電話が鳴った。

シットウェー行きは、十日のパガン航空で帰りは十八日のマンダレー航空だった。二時間後にやっと航空券を手に入れた私は、金子さんに感謝を申し上げた。

金子さんは、細い眼でじっと私を見つめて言った。

「私も長くこの国にいますが、チャイントンやミャウーには行ったことがありません。無茶をしないでくださいよ。そして、この国では余り目立ったことをしてはいけません。冗談でも、政治のことを批判してはいけませんよ」

「それは、何回も失敗しているのでよくわかっております」

「この国の有名なコメディアンが、調子にのって政府の閣僚をコケにしたようなことを言ったため、懲役五〇年の刑を受けて今でも刑務所に服役しているんです。あなたもミャンマーが好きなんでしょう？　本当の微笑を持っているこの国にいつでも来られるように！」

「そうですね。東京のミャンマーレストランでも、隣で誰かが聞いているようでうかつなことを口走れませんから」

「無事で帰ってらっしゃい。取材の成功を祈っております」と、彼は声を絞って言った。

渋みのある古武士のような金子さんの声には、人を慈しむような優しい響きがこもっていた。

ここのオーナーは、細かなことまで気を配る人だ。そして、くるくる変わるミャンマーの状況にも的確なアドバイスを与えてくれる。そして、誰に対しても親切で丁寧な応対をする。

表通りで一度見かけたが、服装はつま先までの長い麻の中国服を着ていた。大きな歩幅でゆっくりと歩いていた足取りは、軍事政権が主導してきためまぐるしく変わるミャンマーで、したたかに生きてきた大人の風格を感じさせる。痩せ型で、きゃしゃな身体をしており、世界をまたにかけて歩いてきたパワーがどこにあるのだろうかと思われるほど、静かな話し方をする人である。


ミャンマー軍事政府は民主化へ向けて次のような取り組みを始めた。


二〇一〇年十一月七日、一九九〇年五月以来、二十年ぶりの総選挙を実施した。

そして、十三日には、軍時政権はアウン・サン・スー・チーさんを自宅軟禁から解放した。

二〇一一年、四十九年ぶりに国会を招集する。

二月四日には、新大統領にテイン・セイン首相を選出した。

三月三十日には、テイン・セイン氏が大統領に就任する。

八月十九日、テイン・セイン大統領とアウン・サン・スー・チーさんが会談を行う。

この時点から、ミャンマー政府は民主化に向けて具体的な行動を起こした。

二〇一一年十月十二日、ミャンマー政府は、恩赦を与えた政治犯を含め、刑に服している六三五九人の釈放を開始した。

このうち、政治犯は一八六人が開放され、このうちの一〇〇人は民主化運動指導者アウン・サン・スー・チーさん率いる国民民主連盟（ＮＬＤ）のメンバーであると言う。

ＮＬＤの政治犯は約二〇〇人と見られているので、今回この半数近くが釈放されたが、一九八八年の民主化デモに参加した学生や労働者、そして二〇〇七年の民主化デモに参加した僧侶、一般市民、学生などは、現時点で恩赦の対象から外れており、日本にいる民主化運動の活動家たちは、これはスー・チーさんの信頼を得る目的だけではないのか、そのことによって米政府や欧米諸国の制裁解除を実現し、外資の進出に結びつける狙いがあるのではないか、と言っている。

今回釈放された政治犯のなかに、国民に人気のある著名なコメディアンのザガナー氏が含まれていた。彼は二〇〇八年のサイクロン被害で軍政の対応を批判するコメディを演じ、逮捕されて刑務所に拘置されていた。

また、二〇〇七年の民主化要求デモを指導し、軍政に逮捕されたアカボウーさんは、政治犯の恩赦で三年七ヶ月ぶりに釈放され、自宅で次のように語った。

「刑務所では拷問を受け病気になった。まだ四二人の仲間が刑務所に残っている。今度の改革は半分しか信用できない。政治犯の全員の釈放と国民和解の実現が不可欠だ」

そして十二日、ミャンマーの英国大使がアウン・サン・スー・チーさんと会談し、今後とも他の政治犯の釈放を求め、政府の出方を見守り連絡を密にすると言う。

なぜ、ミャンマー政府の役人や欧米の外交官は、スー・チーさんとばかり話して、その後、政府はすぐに「政治犯の恩赦」などを決めるのか。

日本に亡命している人たちを含め、その他の民主勢力は、政府との交渉は一切なく、事情をよく聞かされていない状態なのである。

現地の政府系労働組合の幹部も、「こんなに政治犯以外の犯罪者に恩赦を与えたら町の治安はどうなるのだ」と声を荒げる。

そこには、スー・チーさんと政府高官との「何らかの暗黙の取り決めがあるのではないか」と憶測する現地ジャーナリストもいる。

だが、ミャンマーは確実に民主化に向かっている。

十一月十七日、ASEAN首脳会議において、ミャンマーが二〇一四年に議長国になることを各国が承認した。

十八日、オバマ米大統領は、インドネシアのバリ島で声明を読みあげ、「ミャンマーでは、長年の暗黒を経て、改革の明かりがともり始めた」と語り始め、政府側が、一部政治犯の釈放やスー・チーさんとの対話を開始したことについて、「最も重要な改革」と評価し、クリントン国務長官を十二月にミャンマーに派遣し、テイン・セインが大統領やアウン・サン・スー・チーさんとの会談を行うと述べた。ミャンマーに派遣された長官は、二日の記者会見で、「米国民が尊厳してやまないスー・チーさんにお会いできて光栄だと述べ、彼女が長年の軟禁生活にも負けずに民主化を訴え続けた愛国心が多くの米国民の心を掴んだと称賛した。

一方で、スー・チーさんが率いるNLDは、ヤンゴンの本部で幹部会議を開き、昨年の総選挙をボイコットして失った政党資格を再登録すること、二〇一二年の国会の補欠選にスー・チーさんを含む候補者をたてることなどを決定し、スー・チーさんはヤンゴン選挙区から出馬することになった。

ニャン・ウィンNLD幹部も「改革のスピードが速まってきた」と民主化への期待感を示したようである。

日本の玄葉外相も経済使節団を伴って十二月にミャンマーに入り、彼はテイン・セイン大統領やアウン・サン・スー・チーさんと会談を行った。

二〇一二年一月十三日、ミャンマーのコ・コ内相は、首都ネピドーで記者会見して次のように語った。

「アウン・サン・スー・チーさんが率いるNLDが提出した政治犯のリストを分析した結果、まだ服役中と判断した四三〇人のうち、三〇二人を十三日に釈放した。残る一二八人は良心的な受刑者(政治犯)ではなく、深刻な罪を犯した刑事犯である。もはや政治犯は我国にいない」と胸を張って述べた。

今回の恩赦のなかには、民主化勢力が長い間釈放を求めてきた学生運動家のミンコー・ナイン氏、八八年世代の学生グループの幹部、僧侶のガンビラ師、少数民族であるシャン族の民族運動家クン・トゥン・ウー氏などが含まれている。また自宅に軟禁されていたキン・ニュン元首相も解放された。

さらに、タイ国境沿いに追い込まれて、政府軍に最後まで抵抗していた少数民族のカレン民族同盟(KNU)とも、歴史的な停戦を結んだと発表した。

スー・チーさんは、ヤンゴン近郊のコムー選挙区から四月に行われる連邦議会補選に出馬する。この四八の議席に対して、NLDは全ての議席に立候補者を出すが、他の野党は資金面から多数の候補者を出すのは難しいと見られている。

現状の選挙制度を変えなければ、NLDと軍政の翼賛組織を継承した与党の連邦団結党（USDP）の間での選挙戦となり、民主的で公正な選挙とはとても言えないだろう。

いろいろな国を歩いてきたが、アジアの国のなかではミャンマー人が日本人の性格に一番近い。人間や自然を慈しむ愛情がとても強いのだ。

日本は平和になり、所得も増え、庶民は過酷な重労働や疫病などの病気から抜け出したが、今では成金主義がはびこり、日本人はいつの間にか自然を愛でる心をどこかに置いてきてしまった。

やがてミャンマーに到来する完全なる民主化後、忍び寄る金融資本主義の貧富の格差と価値観の多様性は、この国の人たちが持っている「心やさしき謙虚な性格」をも蝕んでしまうのであろうか。

また、急激な開発はこの国の豊かな森林をねこそぎ破壊するのではないか。

フランスのジュペ外相から、ドゴール勲章を授かって涙ぐむアウン・サン・スー・チーさんの姿を衛星テレビで観ていると、この国の将来を慮って喜びと悲しみが混ざる複雑な気持ちになった。

バングラデシュ国境沿いのアラカン王国

十七世紀に入ると暹羅《シャム》（タイ）や呂宋《ルソン》（フィリピン）、交趾《コウチ》（ベトナム）、柬埔寨《カンボジア》などの東南アジア諸国に、日本人町が次々と誕生していった。

秀吉の時代から南蛮貿易が始まり、次第にその国での自治や治外法権が認められた日本人町は、徳川家康の朱印船貿易で大きく飛躍したが、やがて、徳川幕府の鎖国政策により時を経て消滅していった。

豊臣秀吉や徳川幕府によるキリシタンへの弾圧などによる政策の転換が、海外の日本町の形成や消滅に大きく関わっていたのである。

天正十八年（一五八七）秀吉のバテレンの追放を皮切りに、豊臣家滅亡の後、慶長十八年（一六一三）には、江戸幕府が全国にキリシタン禁教令を発して、全ての宣教師を国外へ追放する。

さらに全国にある教会を破壊して、キリシタンへの弾圧は過酷を極めた。

追放された人たちや迫害を逃れる為に日本を脱出したキリシタンたちは、アジアの国々に安住の地を求めたのである。

こうして、さまざまな経緯を経て、東南アジアの各地に集まった日本人たちの手で、次第に日本人町が造られていった。

主要な都市としては、フィリピンの「ディラオ」「サン・ミゲール」、ベトナムの「フェフォ」「ツーラン」、カンボジアの「ピニャール」「プノンペン」、ミャンマーの「アラカン」、タイの「アユタヤ」などがある。

なお、マカオにも日本人町があったようで、日本語名の付いた小さい通りが幾つか現存していると言う。

これらの都市のなかで、当時の日本人町の状況が全くわからないのが「アラカン」(Arakan)なのである。

ちなみに、日本で言うところのアラカンの意味は、「阿羅漢」(Arhan)のことで、サンスクリット語の小乗仏教の最高の地位を表す小乗の聖者として祀られていて、その寺は、羅漢寺、五百羅漢寺などの名称で人々に親しまれている。

この地に仏教が伝来したのは、紀元前のことだと言われている。セイロン(スリランカ)からではなく、インド中部から、バングラデシュを越えて、釈迦の二人の弟子がアラカンに伝道に訪れたと伝わっている。

アラカンの寺院には、サンスクリットの経文やマハムニ仏も残っている。

なお、「ブッダ」(Buddha/ガウタマ・シッダールタ、紀元前四六三〜三八三年頃)は、インド国境に近い、ヒマラヤを望む険しい土地であるシャカ国というネパールの小さな町「ルンビニ」で生まれた。

青年になるとシッダールタ王子は出家し、荒野でのつらく厳しい修行の後、ついに「悟り」を開き「ブッダ」(悟りの人)となった。

以後、ブッダは、四五年間インドを中心に精力的な伝道の旅に出かけ、ブッダを敬う弟子が各地から集まってきた。ブッダのサンガ(僧団)は次第に大きくなり、大衆に支持され、日ごとに信徒が増えていった。

その布教の途中で病に冒されたが、病身をおして長い旅を続け、クシナーラの地に至り、サーラの木（沙羅双樹）の間の床に身を横たえた。

最後に、修行者たちを呼び、

「形あるものはすべて滅びるのである」

「自分の死後はその教えを師とせよ」

と話され、静かに入滅された。

ブッダの入滅後、荼毘に付された灰はクシナーラにあるヒランニャヴァティー川に流され、遺骨を納めた仏舎利は八等分されてインド全域からセイロンにまで伝えられたと言われている。

そのブッダの弟子が布教のため、遠くのインドから陸伝いで「アラカン」にやってきたと言うのである。

またアラカンで思い出されるのは、先の太平洋戦争では、インパール作戦に先立ってアラカン防衛戦の突破をめざした日本軍最強の第五十五師団が、イラワジ・デルタの補給基地からインド国境の前線に向けての牛車による弾薬や物資の輸送を、この「アラカン山脈」に阻まれて断念している。

「聖なる軍馬」などと呼ばれ、歓呼の声に送られて日本から連れて来られ、アジアの各地で転戦して来た歴戦の馬たちは、この峻険な山岳地帯でとうとう力尽き、身を震わせて高く嘶き、大粒の涙を流しながら次々に谷底に転落していったと『ビルマ軍記』のなかでは語られている。

「アラカン」は地方の名称で都市の名ではない。

アラカン地方というのは、現在のミャンマーのヤカイン州（Rakhine State）で、イラワジ川（エーヤワディー川）の西、ヤカイン山脈（アラカン山脈）を越えたベンガル湾沿いの南北四〇〇マイル（約六四〇キロ）の地域を指している。

北はインドと国境を接するカチン州[*1]（Chin State）で、この辺りのアラカン山系は世界最大の多雨地帯でもある。年間降雨量は六六五〇ミリを超えるので、米作に最適の気候となっている。

チン民族が暮らすこの山系は、三〇〇〇メートルを越すビクトリア山をはじめ、二〇〇〇メートルの険しい山が連なっている。

さらに南に下って、ヤカイン州に入っても、延々と一〇〇〇メートル級の山々が続いている。天候が悪く視界が不良の際、飛行機が少し航路を外れてカチン州上空まで入ると、突き出した尾根を覆う雲海から、フワフワとした花びらのような雪が舞ってくる幻想的な光景が見える時があると言われている。

そして、西南部はバングラデシュと国境を接している。

紀元前から建国されていたアラカンは、古くからインドとの結びつきが極めて強かった。

当時、バングラデシュの海岸地方は「ベンガル」あるいは「ベンガリー」と呼ばれていた。アラカンは外洋を航行する帆船を持っていたために近隣諸国との貿易が盛んであった。急峻な山脈に阻まれ、ベンガル湾の沿岸には良港があり、海上交通の要所であったアラカン地方は、歴史的にも文化的にも、地理的、気候的にも、ビルマとは違った独特の風土を造ってきた。

アラカンの言語的特長は、ビルマ語と違って、日本語のように「綴り」どおりに発音する。ビルマ語とは全く違うので外国語といっても言い過ぎではない。

彼らは、紀元前にインドから陸伝いにやって来たと思われる。その理由は、アラカン・ナーガリー文字（サンスクリット文字とパーリー文字が混合している文字）の碑文が現存していることだ。また出土している彫刻のほとんどに、円型に浮き彫られたシヴァ神（インドの破壊の神）の戦いの像が多数あること。

アラカン人と言われている人たちは、細身で目がきつく、その肉体的特長からインド系人種と呼ばれていること。また、アラカン第三期ヴェザリ（Wethali）王朝の第九代アーナンザワ王（King Anatha-wa）の頃から、第一期ピンサ（Pyinsar）王朝の第六代ポンナカ王（Ponnaka）までの名前の最後が、「チャンドラ」と言うバラモン（婆羅門）の言葉で終わっていることなどである。

十世紀頃になると仏教寺院が造られるようになり、そのなかに細長い塔を持つ回教寺院が混じっていた。

インドからの仏教伝来も早かったが、ビルマ最初の統一国家のパガンの影響力があったとも考えられている。

＊1　ミャンマー最北端のカチン州（Kachin Street）には、この国の最高峰、カカボラジ山（Hkakabo Razi／標高五八八一メートル）が聳えている。ヒマラヤに続くこの山の麓でも、黄色いバナナの実にうっすらと雪が積もることがある。「ヒマラヤ」とは、サンスクリット語に由来していて、「ヒマ」は雪、「アラーヤ」は棲家で、「雪の棲家」を意味する。

ビルマ族のパガンの都は、釈尊入滅の七〇〇年後に造られたと言われ、歴代五五人の王によって支配された。

この王たちのなかでも、初めて統一国家を創立したのが、パガン王朝のアノーヤター王（Anawrahta［一〇一四〜一〇七七年］仏寺建立者、パガンに四四〇万以上の仏教建築物を奉納した）で、彼は、南ビルマの高僧でモン族のモンシン・アラハンの勧めで密教的色彩の濃いアイージ教から上座仏教に改宗した。

その強力な軍隊でモン族の都タートンを攻略し、ビルマ族の勢力は遠くのアラカンにも及んだ。当時のアラカンの王は、この国へ朝貢をしてかろうじて独立を保っていたようだ。

全盛を誇った王都パガンは、十三世紀後半からモンゴルの「元」の侵攻を受け、一二八七年に敗北しパガン王朝は滅亡した。

アラカンはパガン王朝の崩壊後に、一時、シャン族に支配されたが、また貢物を贈って王国を保ち、シャン族の衰退後に完全にその支配を脱した。

そして、一七八五年に、ビルマ軍のボウドーパヤーに滅ぼされるまでの約三五〇年もの間、強大な独立国を保っていたのである。

現在のヤカイン州の州都は、シットウェー（Sittway）で、十八世紀まで小さな漁村だった。当時、この地方は「アキャブ」（Akyab）と呼ばれていた。

十九世紀初頭、イギリスとビルマとの間に紛争が起こり、一八二四年の英緬戦争で敗北したビルマはアラカン（ヤカイン）とアンダマン海沿いにあるテナセリム地方を失った。

英国は、シットウェーを本格的な貿易港として開発して整備した。

　このシットウェーから約七〇キロ北上したカラダン川の流域に、十七世紀頃、アラカン王国の首都で「黄金都市」と呼ばれた都があった。それが現在の「ミャウー（Mrauk U）」で、当時は、「ムロハウン」（Myohaung）と呼ばれていた。

　インワ時代（アヴァ王朝）の一五五五年頃から、ムロハウンの都はミャウ・ウー（Mrauk U）と呼称されるようになった。ビルマ語読みでは、「ミョアウン」で、要するに、アラカンは独立国の名で王都は「ミャウー」だったのである。

　ここまではわかったのであるが、肝心のミャウーにいた日本人の侍や日本人町についての詳細な記録が、日本の文献では全くわからないのである。

　また、アラカンと交易していたと言われるポルトガルやオランダの貿易の実態も不明であった。「イギリス商館の日記」「出島オランダ商館の日記」及び「長崎オランダ商館の日記」などを調べてみても、オランダがアラカンに商館を置いた場所がわからなかった。

　但し、オランダが、当時アラカンと貿易をしていた記録やこの地に商館を置いた年代は次の二つの資料からわかった。

「後インドでは、政治的情勢は不安であったが、いちおうの成功をおさめたといえよう。アラカン（現在のビルマ）では一七世紀の前半にはロジェ（営業所）をもったし、ペグー（シャムの西）の商館は一六三五年に設置されたが十年後には閉鎖されている」*1

「コンデマル海岸と、東南アジアの港」の地図では、やはりベンガル湾に面して、「アラカン」という地名が書かれている。

『日本の100人　山田長政』の「長政の生きた時代」の年表では次のとおり。

「1627・寛永4・37（長政の年齢）・
ペトロ岐部がアユタヤに入る
カンボジアが通商を要求する
幕府がアンナン国王の国書に無礼な文面があるとして棄却する
台湾人が来朝して幕府にものを贈る
長政の交易船が長崎に入港する
安南国《アンナンコク》（ベトナム）で鄭《チン》氏と阮《グエン》氏の抗争が始まる
オランダ東インド会社がビルマに商館を建てる
水野守信が管内のキリスト教徒340人を捕らえて処刑させる*2」

以上のことから、どうもよくわからないアラカンに行って探求したいという私の願望は強く膨れあがっていったのである。

二〇一一年四月九日、私はパガン航空のフォーカーフレンドシップ機で、ヤンゴンからヤカイン州のシットウェーに向かった。

シットウェーへの陸路での移動は外国人には許可されていない。ヤンゴンからエアーパガンや、エアーマンダレーのプロペラ機に乗るか、ヤンゴンからタウンゴッ（Taunggok）までバスで行き、タウンゴッからシットウェーまでフェリーで行ける。また、ヤンゴンのアウンミンガラーバスセンターからタウンゴッまで路線バスで行くのと、ヤンゴン中央駅からバガン（Bagan）行きの列車に乗り、途中のピィ（Pyay）で降りて、そこからローカルバスでタウンゴッまで行く方法がある。

もちろん、地元の人はヤンゴンからシットウェーを経てミャウーまで行くローカルバスを使用している。

午前十時半に、三〇分ほど遅れてミンガラドン国内空港を飛び立ったパガンのプロペラ機は、どこまでも続く水田地帯を飛んで「イラワジ・デルタ地帯」に出た。

このデルタ地帯は、ミャンマーを代表する穀倉地帯だが、たびたび大型のサイクロン（台風）に襲われる。

二〇〇八年五月二日から三日にかけて、巨大なサイクロン「ナルギス」が、この国のデルタ地

＊1　『オランダ東インド会社の歴史』科野孝蔵（同文館、一九八八年）「3　東インドにおける貿易戦略」の「東インドにおける商館の機能と性格」より

＊2　『日本の100人　山田長政』（デアゴステーニ・ジャパン、二〇〇七年）

帯イラワジ管区を襲い、甚大な被害を及ぼした。死者、行方不明者は十四万人、被災者二四〇万人という災禍だった。

その影響で、海水の浸入がひどかった水田では稲作ができないので、農民は農業をあきらめ、村民ごとヤンゴンなどの大都市に出稼ぎに出て行き、帰ってこないため消滅してしまった村が数多くあると言う。

ヤカイン州の州都シットウェー

しろがね色の大きな高層雲の狭間に入ると、機体がガクンガクンと縦に揺れだし、シートベルト装着のランプが点灯した。かなり酷い揺れがしばらく続いたのは、デルタの海側から吹いてくる乱気流のなかに突入したのかもしれない。

イラワジ河の下流は、幾つもの支流が小さな河川となってベンガル湾に注いでいる。

そこには東西二五〇キロ、南北三〇〇キロの広大な、世界でも有数のデルタ地帯が広がっている。

アラカン族は、ミャンマーの西南部に位置するヤカイン山脈（アラカン山脈）とベンガル湾の間に挟まれた弓上の陸地、及び海上に点在する島々に分散して住んでいる。

丸窓から覗くと、くねくねと曲がった河が蛇行していて、朝の陽ざしがどこまでも輝き、黒褐

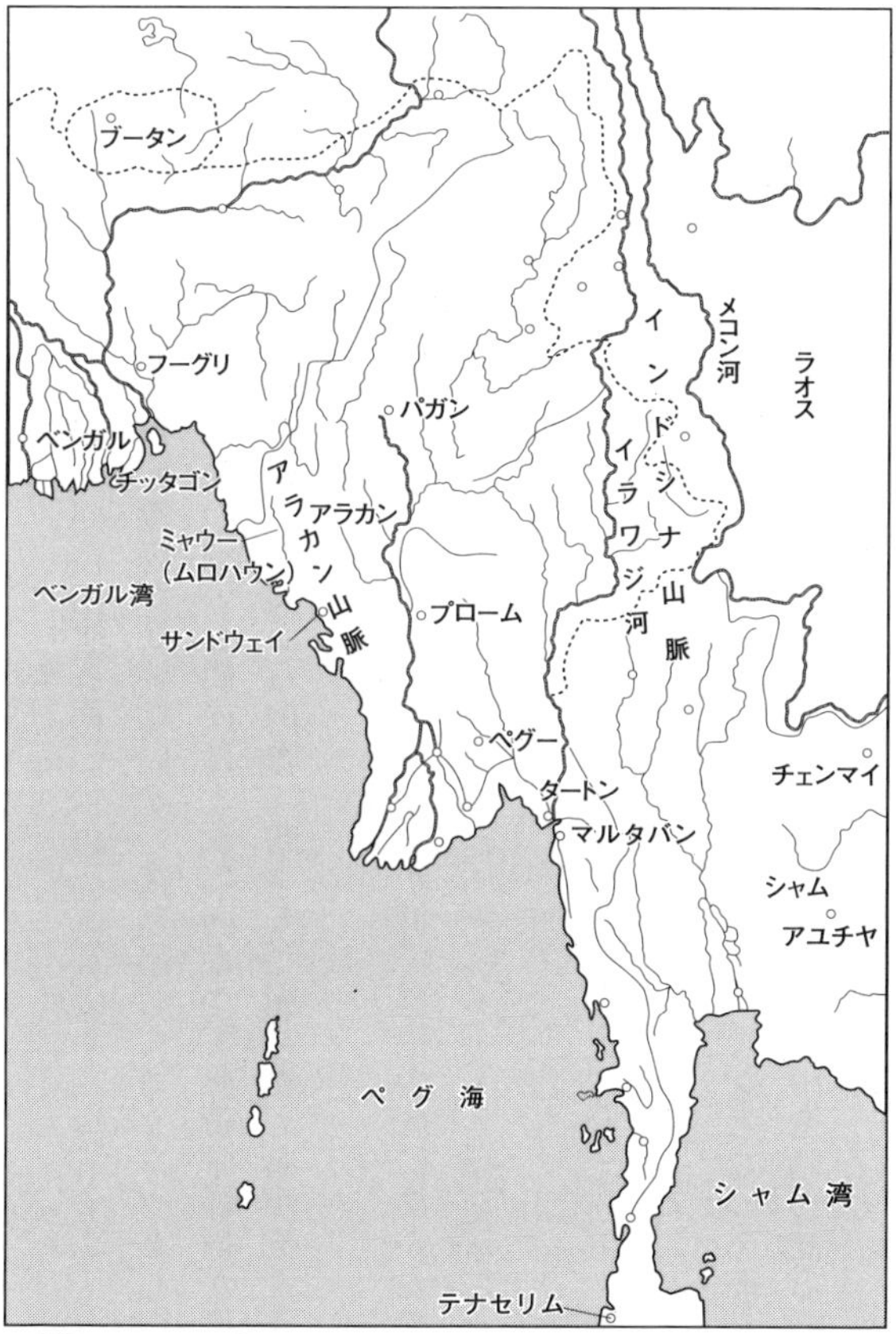

17 世紀のアラカンの位置

色の細い軌跡を描いていた。

大きなイラワジの本流をいっきに飛び越えると、根幹が太くて、背の高い潅木に覆われた山の連なりが現れた。

背丈が低い高山植物が一面に山肌を覆い、緑の絨毯をすっぽりとかぶせたようなV字型の谷を持つ山峡が迫ってきた。標高が高いせいか、突き出したゴツゴツとした岩の襞まで手に取るように見える。アラカン山脈の深い谷間には、天に向かって熱帯常緑樹が高さを競い合っている。高木のタマリンドの樹林の谷間から山脈に向って、赤く燃えあがるような太陽が、見え隠れしながらゆっくりと移動している。

そのはるか下には、縁だけが明るい灰色の雲が低い尾根の底に浮かんでいた。

飛行機が高度を下げて、山腹から勢いよく迫っていた大きな黒鉛色の積乱雲のなかに入ると、もう何も見えなくなってしまった。

少しまどろんで気がつくと、飛行機は海の上を飛んでいるようだ。この辺りでも年間降雨量、六〇〇〇ミリ以上の雨が降る。冬には、陸地からベンガル湾に向かって北東風が吹き、夏には、ベンガル湾で温められた湿気の多い空気は巨大なモンスーンとなって陸地に向かう。その西南風が聳え立つアラカン山脈にぶつかり、狭い海岸線に多量の雨を降らせるのだ。

コバルト色の海と陸地に向かう白い波頭が見えはじめた。

機長のアナウンスがあり、シットウェーまで十五分だそうだ。ヤンゴンからシットウェーまで約一時間二〇分かかった。

椰子の葉が風にそよぐ大きな弓なりの海岸線が、飛行機の進行方向に向かって群青色の海と黄土色の陸とを斜めに区切っている。

荒波が小島にあたってくだけ散り、白いしぶきをあげている。波に洗われ鏤《ちりば》められた宝石のようにほの白く光る長い砂浜が見えてきた。

飛行機はさらに少しずつ高度を下げていくと、狭い田圃や潅木林に囲まれている高床式の藁葺き屋根の民家が、小さな川に沿ってへばりついているのが見えた。

いきなり赤茶色の陸地が迫ってきて、細長い二つの島に挟まれた海峡の上を飛行機が海面すれすれに飛んだかと思うと、大きく左に旋回して着陸態勢に入り、軽くバウンドして砂埃を舞い上げた。

熱く湿った空気をかき混ぜたプロペラ機は滑走路をゆっくりと進み、平屋建ての山間の町役場のような建物の前に翼を大きく広げてようやく停まった。

シットウェーは、巨大な砂州上にある。

州都であるこの町は、ベンガル湾に面し、カラダン河（Kaladan River）とマグ河の河口近くに位置し、古くからイスラム教徒が多く居住していた。

二〇人ほどの乗客はタラップを降り、足早に歩いて空港事務所に向かった。

建物のなかで、外国人はパスポートチェックを受けるために一列に並んでいたのだが、チェックの間三人の係官が顔を見合わせてお互いに確認しあうので、三〇分も待たされた。

並んでいる間に、荷物がトラックで運ばれ、数人の係員が建物の脇の地上に乱雑に置くと、車はすぐに去って行ったので、慌てて取りに集まった乗客で荷物のまわりは混雑した。

傍で、制服ではなく、白いシャツとズボン姿の三十代の青年が、あれやこれやと英語で喋り、しきりと外国人の面倒をみていた。

愚図な私は一番最後になり、荷物を抱えて事務所を出ると、すぐにタクシーの運転手たちに囲まれた。先ほどの青年が、遠くに停まっているピックアップの横にいて、笑いながら手招きをしている。

あれ、この人は何なんだろうか。構内に入れた現地の人は他には誰もいなかったので、私は信用して急ぎ足でこのトラックに駆け寄り、大声でプリンス・ゲストハウスと叫んだ。

外国人の乗客は、初老の三人のブラジル人、ポーランドの四十代のカップル、そして、私の五人だった。

荷台の座席に座り、皆の紹介がひととおり終わると、先ほどの背の高い青年が立ち上がり、「ガイドのローです」と挨拶した。

空港のゲートを出ると、踏み切りのない単線の線路を横切った。旧英領時代の貨物列車の引き込み線かもしれない。

広い道路に出て進んで行くと、右側に細長いミャンマー風の甍が重なり、破風が大きく突き出したパヤー（パコダ）が見えた。

「あそこは、ローカナンダー・パヤーと言って、紀元前の頃の作だと言われているサチャムニ（釈迦牟尼）像が納められています」とローさんが指をさしてガイドしてくれた。

イギリスは、占領時代の初めに小さな漁村であるこの地区を開発した。港と道路を整備して港湾都市を造りあげたと言われているので、大きな町を想像していたのだが、意外とこじんまりとしていて、時折、人が大勢乗った馬車（ミェン・レイ）が、パカンパカンと蹄の音をかろやかに響かせて通る鄙《ひな》びた町だ。

古いオートバイ（サービー）も通るが、数はそれほど多くない。

新時計塔の前を左折し、高く伸びた尖塔をもつモスクの前を通過すると、ひときわ巨大な威容を誇るコンクリート造りのヤカイン州文化博物館（Rakhine State Cultural Museum）があった。

ローさんはこの博物館を指さして、ここはもうすぐ正月休みに入り、とうぶん開館しないと説明した。きちんと、閉館日や時間を言わないのがミャンマーらしかった。

途中で、車は鉄骨三階建てのホテルの中庭まで入り、若い運転手が乗客を降ろして荷物をフロントに運んでいる時に、ローさんが私の側に駆け寄ると声をかけてきた。

「ミャウーに行くんでしょう？　明日朝八時までにホテルまで迎えに行きますから待っていてください。先ほどの外国人たちも一緒です」

「ありがとう、フェリーボートまでお願いします」

私は明日の八時発、ミャウー行きのガバメントフェリーボートに乗るつもりだったので、八時までに来ると聞いて、一瞬おかしいなと思ったのだが、どうせ三〇分も前に来るんだろうと考え、そのうえに、皆一緒と聞いてまあいいかと軽く頷いて了承した。

私が最後の乗客となったが、五分くらいでプリンス・ゲストハウスの門前に着いた。

チェックインして、風通しの良い二階のテラスで休んでぼんやりと周りを眺めて見ると、ホテルの隣に小さなモスク（イスラム寺院）があり、塀に黒字でビルマ語の落書きがあった。

通りを行き交う人々の顔も、目鼻立ちがくっきりとして、引き締まった顔立ちをしている。眼がきついのがヤカイン人の特徴とヤンゴンで聞いてきたが、肌も黒くインド系の血が混じっているものと思われる。

この民族は、従来から非常に勇敢で独立心が強かった。

約三五〇年間もこの地方を支配してきたアラカン王国は、一七八五年にビルマ王朝との戦いに敗れ併合された。

その後、十九世紀の初め、イギリスとビルマとの間で紛争が始まった。一八二四年に第一次英緬戦争が起こり、戦いに敗れたビルマはアラカンを失った。

そして、一八五二年の第二次英緬戦争、一八八五年の第三次英緬戦争でもビルマは敗北し、この国は英国に支配された。

一九四一年に日本軍がビルマに侵攻し、支配下においた。

だが一九四四年に、このアラカン（ヤカイン）地方を手始めに抗日戦争が始まり、日本軍が敗北して撤退後、またイギリスの支配を受けたが、一九四八年にビルマ連邦共和国として独立した。

独立後、アラカンの一部の人たちは「ムジャヒット党」と呼ぶ政治組織をつくり、イスラム州の独立を叫んできた。

その活動の盛んな地域は「マウンドー郡（Maungdaw）」や「ブーディータウン郡（Budhi toung）」

で、当時の党員は二万人を超えると言われた。その両郡は、バングラデシュ（当時、東パキスタン）と国境を接していて、独立前、彼らはこの両国を自由に往来していたと言う。

一九五八年頃、北アラカン地方は強力な反政府の民衆の支持を得ていた。

一九六〇年、ビルマ政府は、「マウンドー郡、ブーディータウン郡、ヤテタウン郡」を「メーユ国境県」として統合し、「ムジャヒット党」を武力で鎮圧し壊滅に追い込んだ。

住民のなかには、「ロヒンギャ」（ロヒンジャー）と呼ばれるインド系の住民でイスラム教徒がいる。彼らは、かつてのアラカン王国に役人や傭兵として雇われていた。

アラカン地方に初めてイスラム人が入ってきたのは、十四、五世紀頃だと言われている。

彼らはベンガル系の民族集団で、インド西方のベンガラ地方に住んでいたイスラム教徒の祖先であると考えられている。

また一九六〇年頃から、アキャブ（シットウェー）に共産党の勢力が浸透し始め、強力な地盤を築き、他の少数民族との共同でビルマ軍事政権と対抗していた。

そして一九六三年、ビルマ革命評議会とムスリム民族評議会、カムイ民族評議会、チン民族評議会などが、軍事政権との和平交渉に参加して平和協定に同意し、これらの民族集団は解散した。

しかし、アラカン民族解放党（アラカン民族解放戦線）などは、他の少数の抵抗組織と連携して、現在でもヤカイン州で解放闘争を続けている。アラカン解放戦線のグループは、亡命先の日本にも支部があり民主的に活動している。

また、ロヒンギャは現在、ミャンマーのヤカイン州とバングラデシュのチッタゴン管区に跨って住んでいる。

ミャンマーでは、仏教徒が国民の九〇%を超えているため、イスラム教を信仰する彼らはその支配層から弾圧を受け、その一部がバングラデシュに逃れ、不法滞在者として生活している。そして彼らの一部が、またミャンマーに戻ってきたり、ベンガル湾をボートで漂流してタイ沿岸にまでやってきて難民として保護されている。

だが、タイ政府も、増え続ける彼らの問題で頭を悩ませている。最近では、これらの難民をミャンマーに送還して国際人権問題となっているが、ロヒンギャやミャンマーからの難民の一部はマレーシアの沿岸にも漂着し、そのなかにはアフガニスタンからの難民も混じっている。

難民は、仲介業者に金銭を支払い、不法に小型漁船などで渡航する。そのため、暴風や水、食糧の欠乏などで航海の途中で死亡する人が多くいる。

彼らは「ボート難民」(ボートピープル)と呼ばれ、近年増加の傾向を辿り、経済的な理由からかオーストラリアまで押し寄せている。

国連からの要請を受けて、日本もタイの難民キャンプに居住していたロヒンギャを、約三〇人ほど受け入れている。

また、ミャンマーとの陸路貿易の拠点であるタイ北西部のメソトには、日本が第三国定住の受け入れを始めたメラ難民キャンプがある。

しかし、入村にあたっては厳しい審査が必要で、日本に難民として定住するには、さらに厳格な審査がある。

例えば、単身者や夫婦だけの人たちは除外され、家族持ちで身元が保証されることを必要とする。受け入れられた後も、一年後には、日本語もほとんど喋れないうちに収容先を出なければならない。

この日本政府の難民に対する政策や態度はかなりお役人的で、冷酷かつ無慈悲であると欧米の人権団体から強く非難されている。

この地区の難民は、近くに掘っ立て小屋を作り、ゴミ山でペットボトルを集めて、一日、一五〇円から三〇〇円くらいの賃金を回収業者から受け取っていると伝えられている。

タイ側の難民キャンプには、現在、約十四万人の難民が滞在するが、このメソト近辺では圧倒的にミャンマーからの難民が多い。そこには、難民ではなく労働移民も暮らしているのである。収入は難民と同じくらいで、彼らは母国に住んでいた時よりも収入が安定し、こんな暮らしが良い場所はないと言っている。

二〇一一年九月、タイ北西部にある難民キャンプのメラからカレン族の難民である四家族十八人が日本へ向かった。

日本には約二〇〇人が暮らしているが、政府は彼らのほとんどを「難民」として認定していない。ミャンマーのテイン・セイン大統領は難民の帰国を呼びかけているが、彼らは「民主化なんて信用できない、自由や平和のない祖国には戻らない」と言っている。

ロヒンギャ民族は、ミャンマーに一〇〇万人、バングラデシュに約二〇万人が暮らしている。

現在、ラカイン州の西部では、イスラム系のロヒンギャ族と仏教徒の住民対立が激化している。

互いの襲撃による拉致や殺戮、集落への焼き討ちなどが相次いで、政府はたびたび「非常事態宣言」「夜間外出禁止令」を発動し先の見えない騒乱状態が続いている。

この主な原因はロヒンギャ族への差別の問題があると考えられている。

彼らには帰る故国がない。「国籍のない流浪の民」とも呼ばれている。

ありていに言えば、ミャンマーとバングラデシュの両国はロヒンギャ族を自国民とみなしていないのである。

彼らは狭い難民キャンプに押し込められ、移動の自由や結婚の制限などを受けている。

しかも、この民族間の宗教をめぐる対立は、バングラデシュのチッタゴン丘陵地帯ではいちだんと深刻な問題となっている。

先住民族で仏教徒のチャクマ族や山岳寺院のミャンマー系の仏教徒、この地では少数派であるラカイン人、難民のロヒンギャ族、そして、新しい入植者である国民の大多数を占めるイスラム教徒などが入り乱れて悲惨な抗争を続け複雑な民族問題が頻発しているのだ。

椰子の木が高く聳えるシットウェーの簡易舗装のメイン通りは、道はかなり広かったが両側の建物はほとんどが古い木造の二階建てが大半で、一階の間口で商売をしている。時計や米、衣料品、雑貨などのありとあらゆるものを土間に並べて売っている。

だが、町を通る人の数はまばらで、荷物満載の三輪トラック（トクトク）やトラクターが引く荷台（トラジ）に乗った人たちが通り過ぎていく。

しばらく通りを眺めていたが、どうしても訊いてみたいことがあったので、一階に降りて、物腰のやわらかな六十代のオーナーにアラカンの日本人の侍のことを訊ねたが、彼はそのことを全く知らなかった。

しばらく話した後、この件の会話を続けることをやっと諦めた私は、ゲストハウスの若い従業員のバイクで近くの食堂まで送ってもらい、英国時代に建てられた旧時計塔の近くのレストランで食事をした。

冷えたダゴン生ビールを飲み、海老入りの焼き飯などを食べていたが、店の前に小さな子供を三人連れた四十歳代の婦人がやって来て、裸足で立ったまま、片手をこちらに向けて大きく伸ばした。よく見るとその腰巻の裾は汚れて擦り切れていた。

私は細かい札がなかったので、お金をあげるのを諦め、この婦人を見ないようにして食事を続けた。

周りのミャンマー人は無関心を装って友人たちと話を続けている。

すると、物ごいの子と同じ年と思われるこの店の七歳くらいの子供が店の前に出て行き、手で追っ払う仕草をしたので、彼女らはすぐにどこかに姿を消した。

ところがしばらくして、またこの家族がこの店の前に現れたのである。

やせ細った子どもたちはこちらをじっと見つめているが、物欲しそうな目つきではなく、冷たい光を帯びた夜光虫のような青く澄んだ瞳だった。母親は、スカーフで半分顔を隠して左の大きな眼からじっと私を見ている。

「こりゃ相当困っているのではないか？」

私はキリスト教の取材のために、何度か教会の日曜日のミサに出たことがある。

母親の立っている姿が、小田原のカトリック教会にある気高く白いマリア像と重なり、瞳孔を大きく広げて潤んだ眼でじっと牧師を見つめ、静かにロザリオを爪繰《つまぐ》る女性たちと同じ清々しさが感じられて、私は一〇〇〇チャット札を取り出して物乞いの子供に手招きした。

一人の子供が走って来てお金を受け取ると、彼女らは深々と頭を下げて立ち去った。

すぐにあげればいいものを、また出し惜しみして、私のドケチな性格はたぶん死んでも治らないだろう。

店の外に出ると、そっと忍び寄る薄闇がうらぶれた横町をしっかりと支配していた。

魚介類の籠を荷台に山と積んだ日野の赤いマークをつけたボンネットトラックが、弱い光のライトを点灯し、黒い煙をあげて走ってきた。長いシャフトを震わせながら、ボトボッボトと断続的な音をたてている。

この古さから判断すると、間違いなくこのトラックは、太平洋戦争の時の日本軍が使用していたものだ。

若い時に埼玉で、自動車の営業をしていたので見間違えることはない。よくここまで走っているなあと感心して思わず近寄った。

そして、油の焦げるような臭いの熱い排気ガスを残して去って行く車に感激して、思わず柄にもなく敬礼をしてしまった。

帰り道の途中に、奥の棚に古いカバーをかけた本を並べた店があった。

私はそこに入り、アラカンの本を探したのだが、立ったままの女子店員は英語で話しかけても知らぬ顔だった。

店内の奥には、ほの暗い灯りの下で、四十歳くらいと思われる男性がイスに座っていた。油で整えた髪をきちんと七三に分け、きりっとした顔だちで、黒目がちの大きな眼をこちらに向けている。ここのオーナーらしく、パリっと糊のきいた白いシャツを着て、光る銀色のロンジーを穿いていた。

私はたどたどしい英語で話し始めた。

「アラカンの本はありますか」

「ありません。それに本屋と言っても、貸本が専門ですから」

「十七世紀にアラカンに来た、日本の侍のことを知っていますか」

「知りません。あなたは日本の人ですか。遠いところをわざわざお越しになって、アラカンは、ビルマ、イギリス、日本に統治され、支配を受けてきました。先の大戦の時、この町に日本軍の補給基地があったので、連合軍の攻撃目標にされ、港をはじめ、町は、連日にわたって英国のスピッツファイヤー航空機による爆撃を受け、破壊されました。だから日本軍の占領時代に、怒った住民が祖国解放を求めて、この地から反抗の狼煙を初めてあげたのです」

「大変申し訳ありません。今の日本は平和主義ですから、ミャンマーとも友好関係をしっかり保っております」

「今は誰も日本人を恨んでいませんよ。それどころか、敗戦後いち早く復興して先進国の仲間入りをしている日本を尊敬しています」

「ところで、アラカンの本がなければミャウーの本はありますか」

「アラカンや王都ミャウーの歴史のことは、『ペーザー』と言って、昔、王室や寺院で、椰子の葉を乾燥させたものに、僧侶によって鉄筆で書かれたようなのですが、今ではどこにも見当たりません。観光用の英語の本ならありますけど……」

「それで結構ですよ」

彼は無口な妙齢の女子店員に声をかけ、一冊の本を持ってこさせた。

それは、"*Golden city Mrauk U*"という題名の書かれた英語の観光ガイドブックだった。

「一五〇〇チャットです」

財布からお金を出して支払うと、机の上にフクロウの図案を散りばめた刺繍入りの絹のハンカチがあった。

「これも売り物ですか」

「いえ、これはあそこにいるお嬢さんが私にプレゼントしてくれたものです」

彼が顔を向けた先に、アイシャドーをしっかり引いた二重瞼の若い女性がいた。

背もたれがついた丸イスに座り足を揃えている。窪みのあるきゃしゃなその腰の線は、優雅で清楚な印象を感じさせた。アラカン本を探すのに夢中になっていたので、彼女がそこに腰掛けているのが全くわからなかったのだ。

「彼女は、明日の八時発のガバメントボートでミャウーに行きますよ」

「偶然ですね。私も明日、フェリーボートでミャウーに行きます。ところで、彼女は何の仕事をしているのですか」

「化粧品のアドバイザーです」

私はヤンゴンのスーパーマーケットで、資生堂のコーナーがあったことを思い出して尋ねた。

「日本の化粧品を知っていますか。資生堂とかカネボウとか」

アースカラーの上に花柄プリントをあしらった長めのワンピース姿の彼女は下を向き、恥じらいながら、「全く知りません」と首を傾けて英語で言った。

小さな首から襟元、その脇の下から腰元部分の大きなフリルが少し揺れて、可憐な美しさを増している。

私はこの店のオーナーに「彼女は幾つですか」とぶしつけな質問をした。

「彼女は二十七歳です」と彼は笑って答えた。

「こんなに美しいのに結婚しないのは、お金持ちの人の選り好みしているのですか」

止せばいいのに私はまたいつもの癖で、おせっかいな質問をしてしまった。

オーナーから聞かされた彼女は、ふんわりとした髪をしなやかな手でなぜ、軽く首をふった。

「彼女はシットウェー生まれの独身です。そうだ、彼女にミャウーを案内してもらったらいいですよ」

彼が言うのと同時に彼女が頷いたので、私も調子にのって、

「それでは、明日、フェリーで会いましょう。そこでまた話をしましょう」

と、握手を求めて側ににじり寄り、無理やり彼女のホァホァとした柔らかい手を握ってしまった。

モチモチとした手を握りながら、ハッと気づいてうろたえた。

好きな男性に刺繍入りのハンカチをプレゼントしたこの女性は、なぜ彼と三メートルも離れたところに座っているのだろう。

おまけに、彼女の熱い思いを知っている彼は、見知らぬ外国人の私をエスコートしてあげれば……などと、平気な顔をして言っている。

だが、野太い男性の声につられて、つい言ってしまった。

「ミャンマーの女性は、情が深いと聞いておりますが、私もお近づきになれたらいいなあ……」

「ウフッフッ……あなた、本当のミャンマー女性を知らないのね。もっとも、いまさら知ろうとしても……無駄だ……と……思うけど」

「さすが、英国の統治下にあった国だな」

日本では聞きなれないネイティブな英語で話している。

「それは、どういうことなんでしょうか」

「もしお金に眼がくらんだ女性がいて、うまく友だちになったとしても、この港町にはミャンマー美人についてこんな言い伝えがあるんです」

「美人の言い伝えとは何ですか。流浪の旅人を癒してくれるとか……」

「いいえ、そんな甘いたわごとなんかではありません。ミャンマーの女性は、特にタロットカード占いが好きで魔術も心得ているのです」

「恋愛を占う女性は日本でも多いですよ」

「ふらちな外国人が、お目当ての美しい女の人に向かってしきりに色目を使うと、焼き餅をやいた他の女たちは、悪魔祓いの術を使って皆でその男の人をマラリアやデング熱などの重い病気にしてしまうんです」

　私は思わず強く掴んでいた手を離してしまった。

「しかもある船乗りは、人妻にしつこくつきまとったあげく、夫と別れさせて無理やり結婚し、しばらく経って『故郷に帰りたい』『実は最愛の妻子が待っているのだ』と言い出したので、男の裏切りに怒り心頭した彼女は、無理やり笑顔をつくり、あなたの願い通り帰してあげますと言って安心させ、祈祷師が用意した秘薬の毒を唇に塗り、接吻をして飲ませて、あっという間に殺してしまった……な〜んてなことも本当にあったのです」

「その女の人は、その後どうなったんですか」

「もちろん、彼女もすぐに死にましたよ」

「二人共かわいそうに、ん、ん、シットウェーで語り継がれる死の接吻ですか……」

　海外で頑張っている残り時間のわずかな日本の孤独な老人たちは、カンボジアやタイからも追われ、流れ流れたあげく、最後の聖地と言われるミャンマーに辿り着いても、いずれ片っ端から殺されてしまうのかしらと考えて、

「そんなに恐ろしくて怖いんですか、現地の女性は……」

と、低い声でボソボソと呟いてしまった。

重い空気が狭い通路を流れて、何秒か沈黙が続いた後、

「ウワッハハハ、冗談ですよ、気にしないでください」

という主人の声があたりに響き、彼は私の青ざめた顔を見て腹をゆすって大笑いをした。

「この日本人は、サムライを探しに遠くからやって来たんだから、協力してあげなさい」

愛しい恋人の言うことが効いたのか、彼女は軽く頷きニコッと笑った。

「お名前は、何とおっしゃるのですか」

ここが勝負だと思った私が何回もしつこく訊ねると、彼女は伏目がちにおずおずと「セイン・ラ・マオです」と言ってから頬がうっすらと赤らんだ。

親切な彼女は、差し出す私の手帳に「SEIN HLA MAUNG」、自宅の電話は、○○○○と書いてくれた。

私は嬉しさのあまり目が点になって、彼女の潤んだような大きな瞳をじっと見つめていたが、二人の客が店に入ってきたので、慌てて本をもらって外に出た。

貴婦人のような女性がガイドをしてくれる、こんな幸運はめったにないぞと嬉しさをかみ殺してゲストハウスに向かった。

愛しい気持ちを自分の心にしまいきれず、またアドレナリンがドッと分泌して感傷的な言葉を口走ってしまったが、笑って頷いてくれた。

これはかなり脈があるぞと、やたら胸がときめき次第に気分が高まって「クーッ、クックーック」としのび笑いをこらえ、スキップしながら歩いていた。だが、すぐに心臓の鼓動がドキン、ドキンと波打ってきて、一瞬、立ち眩み、その場にへたれこんでしまった。

歩道の端に腰掛けてしばらく休んでいると、興奮が醒めたのか、かなり気分が良くなり、パンツの白い埃を叩き、ようやく立ち上がった。

家々の小さな窓には、ろうそくなどの灯明がだいだい色の影をちらつかせて映っている。沿道の階下が店舗になっている木造三階建ての古びた建物が、真っ黒い影となって歩道に長く伸びている。路地にある椰子葺きの民家の窓は全部開いていて、人影が奥でユラユラ揺れている。テレビやラジオの音も聞こえない暗い夜道を、急ぎ足でハミングしながら宿に向かった。

通りが暗いのと、プリンス・ゲウトハウスの看板が上の方にあるので、カラダン河に注ぐ小川の橋のたもとまで行ってしまってランプの下で営業をしていた屋台のおばさんに聞くと、今来た道を指さして大きく左に手を振った。

やっと宿の部屋に戻った私は、真っ暗闇の停電のなかで懐中電灯を急いで取り出した。数匹の蚊が蚊帳のなかに潜んでいて、ブンブンと羽音をたてて襲ってきた。早く寝ようと蚊を探して叩いていると、いつの間にか南京虫に腹を食われた。

腹に浮き出た無数の赤い斑点をボリボリ掻きながら、ゲストハウスから貸し出されたランタンを夜通し照らして、夢中で先ほどのガイドブックを読んだ。

この本のなかの「有名なパコダを造った人の名」という項目のなかに、「一六三五年」に「チリッダンマ王」というアラカンの王の名前と彼が建てたパコダの名があった。しかも、そこには同じ年代に、王の妃である「ナッ・シン・メィ王妃」の建てた「パコダ」もあったのだ。

日本で読んだ「アラカンのキリシタン侍」の資料に出ていた内容では、当時のアラカン国王であったチリッダンマが侍らの要請によって日本人町に教会堂の建立を許したことが、詳細に記載されているのだが、「チリッダンマ」が一六三〇年頃にアラカンの王都ミャウーに君臨していた実在の王であることがわかったのだ。

この「チリッダンマ王」のページのところを読み直し、そこを何度も手でさすって興奮して寝つけなかった。

疲れが重たくのしかかっていたのだが、明け方近くになってようやく眠ることができた。

翌朝、八時ちょうどにピックアップはやって来た。

荷台の我々はお互いに親しく「モーニン」と声を掛け合った。

ミスター・ローはこれからミャウーに行くボートは民間ボートで運賃は二〇ドルだと言った。

「え、うそ~、ガバメントボートに乗れると思ったのに……。フェリーボートの乗り場まで行くんじゃないの?」

「何を言ってるんですか。昨日話したでしょう、皆一緒にミャウーに行くことを……。一人で行けば、五〇ドルくらい掛かるんです。それに、ガバメントボートはとっくに出ちゃいましたよ」

「ムムム……、どうして私は女性に縁がないのか!」と、思わず日本語で叫んでしまった。

私は、あの貸本屋にいた若い女性を思い出して、自分の年を忘れて友だちになろうなんて軽く考えたのが浅はかだったと、唇をギュッと結んで運のなさを悔やんだ。

このような女性に対する無礼な態度は、常日頃、地元の紳士淑女から顰蹙をかっているデリカシーのない粗野な私の性格が、ひょいと顔をだすのかもしれないと、ふと思った。

日本だったら女性に訴えられるこのような行為を、海外では平気でする無神経なおのれの性格が恥ずかしい。

だが哀れにも、幾つになってもそのゆき過ぎた好奇心を止めることができないのだ。

海のようなカラダン河を遡る

民間のフェリーボートの事務所は、壊れた倉庫みたいなところだったのと、乗っていくフェリーボートが小さな屋根付きの七トンの漁船なので、外人たちは口々に「オーマイ・ゴッド」と叫んで天を仰いだ。

私も仙台の松島湾の高速の観光船などを想像していたので、この屋形船を見て思わず苦笑し、「五〇ドル払っても、まあこんなもんでしょう」とせせら笑いながら、日本語でやけくそになって言った。

桟橋から船に渡る板の幅が小さかったので、我々は一人ずつ若者に手を支えられて渡った。

歩行中でも、いきなり前へ倒れる傾向のある私は、足がもつれて川のなかに落ちそうになり、若者の手をぎゅっと固く握り締めた。

それを見ていた他の青年が、慌てて後部のデッキに立てかけてある竹の手すりに釘を打ち始めた。

一同が船べりに腰を降ろすと、軽いエンジン音をたてながら、船は八時半に桟橋を離れミャウーに向かった。

ミャウーは、ベンガル湾に面したシットウェーの河口からカラダン河を、約四五マイル（約七〇キロ）北上した支流のサロンジャチョン沿いにある。

「ダニヤワディ」「ヴェサリ」「ミャウー」という王朝が二千年に亘ってこの地を治めた。

当時、この地はアジアと中近東、ヨーロッパを結ぶ交易の中心だった都で、町には宝石や生糸を扱う市場が開かれていたと言う。

現在、このデルタ地帯で獲れる良質のエビやカニなどの水産物は、マレーシア、中国、台湾、タイなどに輸出されている。

緯度は、北緯二二度から二五度、東経九三度から十一度で、インドと東南アジア諸国の間に位置している。

舳先にミャンマーの新しい国旗の横帯に黄色や緑、赤帯の中央に白い星の旗がたなびいている。

茣蓙《ござ》が敷いてある座席の中央に小さな竹のテーブルがあり、飲料水の入ったポットとバナナが置かれていて、板を打ち付けた隙間だらけの簡易トイレも後部にあった。

いかつい顔の若者が、船尾にあるデッキから前方を見つめ、大きな木製の舵を足で操作している。

その横で見張りをしている老船長は、

「ミャウーまで六時間、潮流によっては八時間くらいかかるよ」と、たどたどしい英語で話した。

カラダン河は、とにかく広い。乾季なのに水量が豊富で滔々と音もなく流れている。

綿ぼうしが浮いているような白い雲の塊が強烈な太陽に照らされて、中央の部分を薄紫に染めている。

見渡す限り何もなく、いきなり広い外洋に出てきたようだ。

遠くの地平線の景色が霞んで見える。眼をこらして測っても、川幅は三キロくらいはある。岸辺にはさざなみが立っていて、ひたひたと岸を洗っている。

茫々としているこの光景はどう見ても海だ！　だが、海と違うところは水の色だ。メコン河のような黄土色ではなく、この川の水の色は箱根の仙石原温泉と同じ濁り湯のような白緑色だった。ベンガル湾の海水が逆流して、水の色を薄めているのだ。

本流と支流が絡み合うように流れ、その先をさらに狭い運河が網の目のように交差している。

その複雑な水路を、櫓で漕ぐ無数の小船が行き交っている。

二つのオールを巧みに操った編笠姿の女性の手漕ぎ船が、生きたままのアヒルを入れた竹駕篭《かご》を満載して、水に浸かったマンローブ林のなかから滑るように抜け出てきた。

深い澄み切った青い空は遠くまで晴れ上がっていて、遥か下の水平線を三羽の鴎が銀色に光りながら飛んでいる。

絶え間なく吹く微風が、本を読んでいるポーランド人の女性の長い金髪を揺らしている。

カラダン河の源流は、インドのビハール（Bihar）州の奥深い渓谷から湧き出ており、山岳から高原に向かう途中で沢山の支流が合流してミャンマーに流れ、サトウ椰子の河畔林を抜けて広いデルタをつくる。

全長、約六〇〇キロにおよぶ大河である。

たっぷりとした水量で流れているが、雨期になったら間違いなく川幅が広がり、砂州の上のあの小さな部落も水のなかに埋没してしまうだろう。

その時は、また別に用意してある高床式の家に移動するのだろうか。そして、サイクロンが襲ってきた時はどうするのだろうか……などと、またとりとめのない思いが頭をめぐった。

河口から三キロくらい遡った川の中央にミャンマー海軍の哨戒艇がどっかりと停泊していて、機関砲の横の甲板に若い水兵さんたちが整列しているのが見える。

ロヒンギャなどの密入国者や不審な外国船の見張りでいつもこの辺りに停泊していると、ゲストハウスの従業員に聞いていたのでカメラを持ち出すと、

「そこの日本人、何をしているんだ！　カメラを向けないで、逮捕されるぞ」と赤ら顔の船長が手を振って止めた。

ベトナムのハノイの港でも写真を撮ることを禁止されたが、アジアの新興国は、自国の軍の施設を撮影されることを極端に嫌っている。

河口は幾つもの灰色の砂地をつくり、打ち寄せる波に洗われている。

小高い山の上には金色の小さなパコダが光っていて、その下には灰褐色の沃野がどこまでも広がっていた。

カラダン川とベンガル湾のつくりだす広大な汽水域は、流れ込む数多くの支流が浅瀬と小さな干潟を造っている。

特に危険な浅い場所には、杭が打ち込まれて黄色い三角の旗が風を受けハタハタと揺れている。岸の土手から漁師が投網を打っている。近くのラグーンの深瀬では、若い男女が杭を打ち三方に網を張ってそのなかに魚を追い込んでいた。

ところどころに、高床式の茅葺き屋根があり、壁がなく、風が吹きぬける簀《す》の子の床で、子どもたちがのんびりと昼寝をしている。

そして、放牧されている水牛は川沿いの草を食み、水に首まで浸かって大きな眼をこちらに向けている。

タイのチャオプラヤー河では、競艇ボートに似た細長い舟がブルルルとものすごい音をたてて河を遡っていくのだが、ここでは、ポンポンというエンジン音以外、何も聞こえてこない。その音も深い水面に吸い込まれ、周りの静けさと溶け合っている。

この河の上流の沿岸には、身体全体に細かい刺青をしたチン族やマルマ族などの少数民族が暮らしている。

黒くどんよりとした佇まいの集落が見えてきた。

あれがチン族の集落なのだろうか?

チン系の民族は多くの種族に別れていて、パトカイ山脈の南からアラカン山脈にかけて広範囲に住んでいるのだ。

自然にできた土手の上に、二、三戸のあばら家が固まっている。

それ以外は、見渡す限り、未開発の森林と沼地が遠くまで続いている。

このデルタ地域の奥地は、十八世紀まで、象、虎、鰐などが跋扈していた野生の王国だった。

現在でも人を寄せ付けないこの湿地帯には、呼吸根の絡んだマングローブ、毒蛇やマラリア蚊、大コウモリなどが多くいる。

シットウェーからミャウーまでの間は、このような未開発の泥濘の土地がどこまでも広がり、取り残されたような原住民が細々と暮らしている。

チン族の多くの人たちは仏教徒であるが、この辺境の地では、一部の集落にキリスト教会もある。

十五年前、タイ北部の山で黒モン族の村を探している途中、ジャングルのなかで、突然、木製の十字架を掲げた椰子小屋の教会を発見してびっくりしたことがある。

そこはアカ族の村で牧師はいなかったが、木像が置かれている板張りの祭壇の前には、ボロボロの聖書が置いてあり、数人が熱心にお祈りをしていた。

この地でも、十七世紀頃から、ポルトガルの宣教師が、キリスト教の伝道のためにインドのゴアから命がけでこの地を訪れていた。

チン族は、もともとは、精霊信仰（アミニズム）であったが、英国の植民地の影響もあり、少数ながら今でもキリスト教徒がいる。

だからここでも、小さな集落の窪地に、屋根の上に板の十字架をかけた草葺の教会が現れたりするのである。

一時間半も航行すると漸く川幅が狭まってきたが、それでも約一キロくらいはある。水の色はいちだんと濃くなり深緑色になった。

中央の深いところでは、漁船、帆掛け船、双胴船、貨物船などの船が往来する。

遠くの岸は若草色の草原に包まれてぼんやりとかすんでいて、川辺にそってどこまでも細長く延びている。

中洲に建っている掘っ立て小屋の前では、川幅いっぱいに網を流して、赤いタメイン姿の少女が腰まで浸かりながら、長い板で水面を叩いて魚やエビを追い込んでいる。

時々姿を現す漁民の小船が近づいては通り過ぎていった。

約四〇〇年前に、遠い日本からやって来た武士団は、どんな思いでこの河を遡っていたのだろうか。

新しい土地での暮らしを思い、今度こそ信仰の自由な国に行けると、期待に胸をときめかせていたのだろうか……。否、そんなことは、微塵も考えなかったろう。

その当時のアラカン国は、最も熱心な仏教国である上に、何せ、魔術師、占星術師、予言者などがうようよいて、この国の実権を握っていたのだから。彼らの一言で、あっという間に全員が殺されてしまう、そんな危険に満ちた恐怖に苛まれて、恐れおののいていただろう。

それでもアラカンをめざしたのは、この辺りに住む人がひどく温和で、旅人に対するホスピタリティが旺盛なことに力づけられて、生きる希望を抱いていたのかもしれない。

ザワザワとしたざわめきが舟床から湧き上がってくる。

「おや、何人か集まって議論しているようだ。話している言葉はよく聞きとれないが、もしかして、日本語ではないか？　侍たちがこの船にやって来たのかしら……」

私はうっとりとして、しばらく聞き耳をたてた。

だが、舳先から聞こえてきたのはアクセントの強いスペイン語だった。

水とともに生きている人々の生活は、昔も今もそれほど変わっていないだろう。河の流れは人の歩む速度と同じように、のんびりとした速さで今も流れているからだ。

私が行く先には、奇跡的に、現代の開発から取り残されている王都の遺跡がある。

そのどこかに日本人の侍の暮らした痕跡があるのではないだろうか。

カラダン河の勢いのある水の流れに愛着を感じて期待に胸を躍らせ、この旅の始まりに興奮したのか、緩んでいた頬がやたらブルブルとふるえだした。

上流から甲板いっぱいに乗客をのせたフェリーが、エンジン音を震わせ、水面をかき分けやってくる。

交差する時、両船の乗客は船べりに乗り出し、千切れんばかりに手を振った。

五時間も過ぎる頃になると、全員が立ったり寝転んだり、また、狭い船のなかを行ったり来たりしはじめた。

腰が痛くなってきたのと、単調な風景に飽きてきたのだ。

長い髪を櫛で束ね、スケスケの短いＴシャツの下のおへそに三個も銀のピアスをつけ、コットンのショートパンツをかろうじてお尻で止めているポーランドの婦人が、バナナの皮をむき、盆に載せて乗客に配って歩いた。

愛らしい笑顔を浮かべ、自分たちだけでなく全員に配ってくれた。

優しい女性の心遣いに感謝して、顔を見上げしっかり手を合わせた。

せり出した砂丘の入り江で子供たちが水浴している。一人の女の子が岸の近くでペリスコープ・ダイビング（潜望鏡もぐり）を続け、かなり離れたところに顔を浮かべ、首の周りの水紋が広がっている。

そして水面に大きく浮上すると、こちらに向かって勢いよく手を振った。

じっと見つめていた私たちも、そのパフォーマンスに拍手をして応えた。

ひょうたんのようなパコダも、遠くの森の上からひょいと顔を出している。

追い風を受けて、上流から半月型の白い帆を張ったサンパンがカヌーを曳いてくる。

ブラジル人のリーダーらしき六十歳くらいの人がいきなり立ち上がり、右手の密林を指して、

「あそこがミャウーだ」と叫んだ。

この人は、船が桟橋を出た時から、ガイドブックの地図を広げ、しきりとページをめくっては考え込んでいた。

我々はいっせいに立ち上がり、その遠くの森の風景にじっと眼をこらした。

アンダット桟橋

カラダン河の支流であるサロンジャチョンのアンダット・クリーク（Aung-Datt Creek）、「アンダット運河」に入ったのだ。

二〇分も経つと川幅が狭くなり、三〇メートルくらいになった。

倒れた木や竹が河のなかにまで張り出してきた。

それをかき分けるように、船はゆっくりと進んで行く。

突然、エンジン音が静かになった。畔には田畑が段々に耕作されていて、小高い丘のところにニッパ椰子の葉で葺いた高床式の家々がポツポツと見え出した。

遠くに小さな桟橋が見えてきた。人影はなく、川面に垂れている椰子の葉を風が揺らしている。

近くに漁船も二、三隻ロープで係留されていた。

緋色の僧衣姿のお坊さんやバンダナを頭に巻いた村人数人を乗せた子供が漕ぐ渡し舟が対岸を離れようとしている。

一段と低くなっている岸の溜まり水や黒ずんだ岸辺は、ホテイアオイなどの水草で覆われていて、泥土の上には切り出された材木が山積されている。

どんどん川幅が狭くなっていき、十五メートルくらいになり、水深が浅くなってきた。

こんなに浅くては、乾季では大型船は航行できないだろう。だから小型漁船でしか航行ができなかったのだ。

対岸のうっそうと茂る密林に、パーム椰子の林がひときわ高く首を出していた。

辺りは湿った土の臭いが強烈にたちこめている。

フェリーのエンジン音を聞きつけて、二、三人の男が船着場に飛び出てきた。

船はゆっくりエンジンを止め、栈橋をやり過ごした後、大きく左に旋回して戻り、午後二時、板で渡しただけの簡易な栈橋「アンダット栈橋」(Aung-Datt Jetty)に、船べりを揺らしながらようやく着いた。

第二章　アラカン国の王都ミャウー（Mrauk U）

三五〇年間も栄えた城塞都市

船着場の桟橋で待っていた数人の男たちのなかから、パーマをかけたような髪の若い男が投げられたロープをたぐり寄せ、船をもやうと、フェリーに乗り移って私の荷物を持ち上げ、陸に運んでいる。

彼はその荷物をもう一人の仲間に素早く渡すと、どこのホテルですかと訊いてきた。

プリンス・ホテルの人が迎えに来ているはずなんだがと思って、辺りをしきりに目探ししても、それらしい人はいなかった。

シットウェーのプリンス・ゲストハウスからわざわざ電話をかけてもらい、到着時間を知らせておいたのに、これでは意味がないじゃないかと思って急に気分が重たくなった。

この同じような名前のホテルは、プリンス・ゲストハウスのオーナーの息子さんがミャウーで経営していると言われてやって来たのだ。

目の前には、漆喰の白壁に金色の縁取りをしたアーチ型の木造の歓迎門が建っていて、左手に食堂、飲料水やお菓子の売店などが二、三軒あり、道路にテントを大きく張り出して連なっている。

「旦那さん、さあ、早く乗ってください。プリンス・ホテルまで、二〇〇〇バーツです。何せ、そこまで二キロもあるんですから」

運賃についてはよくわからなかったので、私は何も疑いもせずサイカーに乗った。

たった一個の小さな荷物はもう一台の自転車の荷台に乗せられた。

二台のサイカーは、よろけながら泥道を走り出した。

「ニッポンジンですか、ツナーミが起こったんでしょう?」と、たどたどしい英語で訊いてきた。

「それが、巨大地震だったので、高さが十メートルを超える大津波が東北の太平洋にある海岸線を襲ってきて、甚大な被害をもたらしたんです」

「それーは大変でぇすね~。この地方でも、昔、オオツナーミが来たんですよ」

「まさか、ミャウーはシットウェーの海岸線から七〇キロも離れているんだよ。津波がカラダン河を遡ってここまで来たなんて信じられない。それ、いつごろのこと?」

「ゼンゼンわかりませーん。でも、この町の古老たちに、しっかりと伝えられているんです」

「高さはどれくらいだったの?」

「川沿いの家は流されちまったし、この辺りも浸水したと言うから、たぶん、五メートルは軽く超えていたと思いますが……」

「それって、サイクロンによる洪水じゃないの。まあいいや、どこで日本の津波を知ったんですか」

「五日前、ヤンゴンから来た人がニッポンがジシンでゼンメツした」とか話していました。

「何、ゼンメツ? 全滅なんかしていないよ、被害は確かに大きかったんだけど、今、日本人は、

『がんばろう日本』と書かれた横断幕を掲げて、懸命に復興に取り組んでいるんだよ」

「そりゃあ、良かったですね。なんせ、日本人ときたら、めっぽうサッカーが強い国だというから、まず大丈夫でしょう」

「ありがとう。あれ、あそこの電柱に日本の空手のポスターが貼られているじゃないか」

「カラーテは、この辺りの金持ちの子供たちに人気があるんです。もうすぐ、彼らがよく試合をやっている王宮の壁の前にあるサッカー場が見えてきますよ」

「日本の空手が、この国で、こんなにブームになっているのを知ったら、日本の空手ファンはきっと大喜びしますね……」


津波の話はそこで終わったのだが、帰国後、国会図書館でビルマの歴史を調べていると、次のようなことがわかった。


[*1]「緬甸諸州の年代記は、幾世紀間に亘り地震に関して記述してゐるが、一七六一～二年のアラカンにおける地震は非常に惨澹たるものであった。

アラカンの海岸線は三キュービット（譯註 一キュービットは約十八吋乃至二十二吋）も垂直に隆起[*2]した」（略）

＊1 『大緬甸史』（ビルマ史）G.E. Harvey（ハーベイ）（Exeter College. Oxford, 1942）「アラカン史」

＊2 キュービットは五二センチ。隆起した海岸線は、約一・六六メートルほどの高さになる。なお、この時代のミャウー王朝の王は、第二十二代、サンダ・パラマ王（Sanda-parama）［一七六一～一七六四］である。

右手の深緑が黒く映った淀んだ池の上には、黄色い光を反射して小さなパゴダが顔を出していた。

砂利が混じった粘土道を通り左に折れてしばらく進み、真ん中に長い板を二枚渡した木製の橋をサイカーは車輪の音を軋ませながら渡りはじめた。

川沿いには、薄紫の鈴のような形の水草が一面に黒い泥土を覆い、水面から太い支柱が立てられて、茶褐色に変色した芭蕉の葉で葺いてある、ひどく傾いて倒れそうな家屋が並んでいる。その後ろには、インドボダイジュの木々が、雲ひとつない澄み切った碧空に高く聳えていた。

橋を渡ると、両サイドに古めかしい商店街らしい家並みが現れた。

右の奥には木造で建てられた古い平屋建てのマーケットがあるが、ほとんどの店は歩道の上に商品を並べて売っている。

菊やホウセンカ、コスモスなどの色とりどりの花束を売る露店が繋がっている。ビニールのおもちゃから、ありとあらゆる雑貨もシートの上に並んでいる。ヤンゴンの中通りと違って、ガラクタなどはひとつもなく、すべてが生活用品だった。

これらを見ながら交差点を右折し、運河に架かった小さな橋を渡ると、左側に旧王宮の長く黒ずんだ城壁が見えてきた。

右側は小さな運動場になっているが、そこで運転手は鼻をうごめかし、ここが我が町のサッカーグラウンドだと話した。

王宮跡地の城壁

「あ〜あ、ついに夢にまで見た王城跡にやってきたぞ！」

一目見て、小学校の校庭のような気もしたが、確かに数人の子どもがサッカーボールを蹴っている。

そこを過ぎて左に曲がっても、崩れた城壁はまだ続いている。

城壁の基礎部分が雑草に覆われていて、盛り土をした道路沿いに葉が卵形のビルマネムの木やオレンジ色のブーゲンビリアが風に揺れている。

高さが五〇センチの石段が、城壁の上から道路に向かって階段状になっていた。壁を支えるように斜めに丸みを帯びた石が積まれている。

高さが十メートルの緑の蔦が絡んだ石塀がどこまでも続いている。

目線で測っても、長さが、ゆうに八〇〇

メートル以上ありそうで、遠くにいる、荷台が前付のリヤカーのペダルを漕ぐ自転車に乗った人も小粒に見える。

手前には、苔むした長い階段があり、その上は王宮跡の入り口になっている。

石段の脇には、巨大なタマリンドの樹が枝を広げ、長く伸びた濃い緑の葉が階段の上まで覆い被さっている。

バイクが立てかけられていて、十人ほどの若者が、木陰げの下の石段に腰掛けて話こみながら休んでいた。

階段下を右折すると道が二つに別れていて、まだ崩れた壁が続いているが、塀の内側には青い実をつけたバナナの木が植えてある古い民家が建っていた。

真っすぐ進むと、赤と白に塗られた木製の遮断機が上がったままになった広い交差点に出た。

この近くに軍隊が駐留しているのは間違いない。

緊急時には、この遮断機が舞い降りてきて、この道路は通交止めとなるのだ。

ミャンマーの地方都市では、町の中心から一キロ以内には必ず軍隊が駐留している。

軍隊は、他国との戦争に備えるのではなく、自国の国民たちが違法行為であると規定されているデモや集会をするのを取り締まるためにある。

これらの軍隊を維持するには、年間にいったいどのくらいの軍事費が必要なのであろうかという考えが頭をよぎった。

さらに進むと小さな川があり、木橋を渡るとまた二つに道が別れる。

沿道の小山のような丘には、三基のパコダが旅人を見守るように高く並んで立っていた。

埃だらけの川沿いの道を真っすぐに進むと、こんもりとした森のなかにピンク色の字で、プリンス・ホテルと英語で書かれた小さな看板が見えてきた。

建物は木造の古いコテージ風になっていて、崖を背負った森のなかに何棟か点在しているようだ。

藪や木の柵でぐるりと周りが囲まれている。

サイカーがホテルの入り口に倒れそうに着くと、子供たちや夫婦と思われる人を含めて五、六人がぞろぞろと石段を降りて出迎えた。

「私が来ることについて、電話があったでしょうか」

少々むくれて口を尖らせて言った。

「ありました。しかしフェリーは、天候や潮の流れの関係で到着時間がはっきりわからないのです」

「そうですか、よくわかりました。それで一泊いくらですか？　え〜、二〇ドル高いねえ」

「室内を見てください。このホテルの建物中でも一番お勧めの部屋です」

木製の階段を上ると、ベランダがあり、丸テーブルとイスが置かれていた。

真ん中に大きな壁がある部屋を見せてもらうと、ダブルベッドとシングルベッドが置かれ、かなり広い。延べ面積は十五坪くらいはありそうだ。

温水シャワーはあったがバスタブはなかった。トイレは清潔でクリーム色の陶器のタンクが付いている。

天井にファンが取り付けられていたが、エアコンはなかった。

近くのコテージを覗くと、小さい部屋は六ドルだが、ベッドがあるだけだった。

他の棟も、部屋をやたら間じ切って造っていて、間取りはバラバラだった。

バンガロー風の一戸建てでないと、夜中に隣室のひそひそ声が聞こえてくることがあるので少し不安を感じたが、宿泊費が安いのでここに決めようと思った。

「この広い部屋は高い、負けてください。一人なので、もっと小さな部屋でもいいんです」

「何泊のご予定ですか」

「十日くらいです。ところで、電気はきていますか」

「電気が使えるのは、六時半から十時半までです」

それもかなりいい加減なんだろうと、私は停電時間のことは余り気にしなくなっていた。

彼は奥さんの顔を見てから、しょうがないという顔つきで、それでは朝食付きで十五ドルにしますと言った。

私は船の長旅で疲れていたので、早く横になりたかった。

すぐに十日分をドルで支払うとカギをもらい、急いで部屋に入るなり、広いベッドに大の字のようになって寝てしまった。

午後六時半に起きて中庭に行くと、ガジュマルの樹の間にある蝋燭の薄明かりの下にテーブルが置いてあり、テーブルクロスがかけてある上に、コーヒーカップが二つ対面で置いてある。

他に誰か泊まっているのかなと思っていると、二十歳ぐらいの従業員の女性が庭の奥の管理棟からポットを持ってきた。

やがて、小さな子供を抱いた奥さんがフロントから出てきてテーブルの前に立ち、ご主人は奥の家からやって来てテーブルの横に座って言った。

「今晩は、オーストラリア人の青年と一緒のディナーです」

「歓迎ですね、話し相手がいた方が良いですから」

「あなたも観光でこちらに来られたのでしょう」

「いえ、私は十七世紀にこの町に来た、侍の痕跡を調べに来たのです」

「その話は知っていますよ。この町に日本人のコマンダーがやって来たことでしょう」

「なぜ、その話を知っているんですか」

「昔、学生の頃、アラカンのヒストリーが書いてある本を読み、そこにニホンジンのサムライのことが載っていました。私はアラカン人で家内はビルマ人です」

「アラカン人はするどい目つきの人が多いけど、ご主人さんは眼が優しそうで柔和な顔をしていますね」

「ありがとう。それから、その本には日本のコマンダーたちが描かれた絵も出ていましたよ」

「その本はどこで売っているのですか」

「わかりません。シットウェーの本屋にあると思います」

「至急、手配してください。あなたのお父さんにも探していただくように、お願いをしてみてください」

「わかりました、この町の本屋にも当たってみましょう」

と話しているところに、真向かいのコテージから一人の青年が階段をゆっくりと下りて来た。

「ケビンと申します。オーストラリアから来ました。私は毎日、サイカーでパコダ詣りをしています。あなたも観光でいらしたのでしょう?」

と英語で訊いて来た。

髪をきちんと七、三に分け、背が高く、細面の鼻筋の通った彫りの深い整ったアジア系の顔をしていた。

「今日はコータウンのパコダ (Koe Thaung Paya) に行って来ました。パガンにも行きましたが、こちらの方が古そうなパコダが数多くあります」

「私は、一六三〇年頃にミャウーにやって来たクリスチャン侍のことを調べにやって来たのです」

「日本人のサムライのことでしょう?」

「え、なぜ知っているのですか? 日本人だって、この町に来た侍のことをほとんど知らないのに……」

「ちょっと、待っててください、書いてある本を取ってきます」と言って部屋に向かった。

すぐに戻った彼が持って来てくれた本は英語版の観光案内書で、日本の「地球の歩き方」と同じ内容で海外で有名な「ロンリープラネット」だった。

彼はページを捲ってミャウーの項目のところを広げ、「ここに書いてあります」と見せてくれた。

日本のガイドブックにも出ていないのに、なぜ外国のガイドブックに載っているのだろう、と不審に思って読んでみると、そこには確かに日本人の侍のことが書かれてあった。

『ロンリープラネット』の「黄金の都ミャウー」の英文を翻訳し転載する。

「ミャウー（Mrauk U）は、一四三〇〜一七八四年の三五四年間ラカイン州（アラカン）の首都として重要な役割を担ってきた。

この都は全盛期には、中東アジアとオランダとの自由貿易港として栄えた。

十六世紀にやって来たポルトガル人、スペイン人、オランダ人たちは、この首都をアムステルダムやロンドンに指摘する、アジアのなかでも最も豊かな都市の一つと呼んだ。

ヨーロッパ風の街のようなダイグリ・カンのわずかな面影は、街の南西にある港湾のちょうど向かい側に見られる。

ミャウー王朝は、印度亜大陸の人々や中央ビルマのムラウー王らの仕掛ける、暗殺にひどく脅かされていたが、彼らに対するボディガードとして雇われた優秀な日本人のサムライなどによって、王族たちはしっかりと護衛されていた。

ミャウー王朝に於ける全盛期の最高の王であるミン・バー・ジィ王（一五三一〜五三年）は、ベンガル湾とマルタバン湾を支配するための戦艦一〇〇〇隻からなる海軍艦隊を創設した。

ミャウーの最も美しい寺である、シッタウン寺院（Sittaung Temple）、カラー・ムロ・パコダ

(Kalar-mro Pagoda)、シュウェッグ・タン・パコダ(Shwe-taung Pagoda)などの多くの寺院は、彼の在位中に建てられた。

十八世紀の終わり頃、ビルマのコンバウン朝はビルマ全域に勢力を拡大し、この国に戦いを挑み、アラカンはマンダレーの中央辺りを支配するビルマ族に破れ統合された。

そして、一八二四〜二六年の第一次英緬(Anglo-Burmese War)戦争の後、勝利した英国(B.Raj)は、ヤカイン(アラカン)を併合し、シットウェイに中央行政庁を設立した。

かくして、ミャウーは、実質的に、一夜にして政治的辺境の地になってしまった。

二〇〇七年九月、現在の政府に抗議する地方の多くの人たちが、街の中心(マーケット側)に向かって行進した。

誇張された数字だが、三〇〇〇人から二万人が四日以上に亘って参加したと言う」[*1](略)

王宮の遺跡で財宝を護る老婆の幽霊

私は次の日の早朝、食事の後、王宮跡に向かった。

プリンス・ホテルを出て、突き抜ける青空のなかに顔を出している名もないパコダを左手に見

＊1 "*Lonly Planet*"(『ロンリープラネット』西村敏秋訳、一九九六年版/二〇〇八年改定)

ながら、真っすぐ行くと小さな川があり、橋の袂には小さな雑貨屋さんが二軒ある。

ペットボトル入りのガソリンを売っていて、バイクの人は一本、乗用車などでも二本くらいしか買わない。

雑貨を並べた棚には、缶入りのタイのチャーンビールやミャンマーのアンダマンビールも売られているが、冷蔵庫らしいものは見当たらなかった。

苔が生えた崩れた石壁のなかに点在する民家を見ながら進むと、かつて「大城塞」と呼ばれた小高い丘の上にある王宮跡の石段が見えてきた。

左にカーブする道路の正面は塀の東側にあたり、長さは四〇〇メートルあり、王宮の入り口が二ヶ所ある。

四角い小石を敷き詰めた階段の下には、サイカーや屋根付きのロバの馬車が待機していて、うす紅色の花をつけたネムの木の木陰で二、三頭の馬が放され、崩れた城壁のなかに入り込み、崩れたがれきの間に伸びている草を食んでいた。

大きく広がったカーテンのようなタマリンドの葉をゆさゆさ揺らして、階段の上は心地よい風がそよいでいた。

城壁が囲む広い王宮跡は、さらさらとした風が吹き抜けている。

塀の中心近くにある石段は、底辺が広がっていて扇型のようになっている。この石段はきちっと積まれたものでなく、形もいびつでゆがんで表面が凸凹していた。

城内に入る門は堅固な石で作られ、中央に鉄の柱が入っていたと言う。

高さ八メートルの城壁は、王宮を囲むように造られていて所々が崩れているが、全長一三〇〇メートル以上もあり、十五メートル間隔で大きな支柱に支えられて繋がっている。内側には五メートルを超す大きな深い濠があり、延々と続いていて途中に上り下りの石段があった。まるで、小田原城の空堀のような広大な構造になっている。

十七世紀頃、平時には木造の橋が架かっていて、敵が近づいた時、城内の兵士は直ちに警鐘ベルに繋がる鎖を引っ張って橋を落とした。このベルは、守護神である赤い口の「チンテ」（獅子）像のなかに隠されていたと伝わっている。

望楼には、守備兵の他に、ベルを管理し敵の出現を予想する特別の占星術師が各塔に一人ずつ配備されていた。戦時における攻撃や撤退の日時も、この占い師の判断で軍が動き、戦場における軍師のような存在であったという。

かつて、それらの城壁は、西から東に向かって直線で二マイル（約三・二キロ）、北から南に向かって長く延びて三マイル（約四・八キロ）あった。

幅は十五フィート（約四・五メートル）、高さは、二〇フィート（約六メートル）だった。

市内には、ミンガラ・マン・アン城壁（Mingalar Man Aung）が北側から西側にあり、東側、南側と続いて、さらにタウング・ホプゥ城壁（北側）と大きく円を描くように造られている。また郊外は、ヒレーイン・サヤ・アウトポスト城壁（Hlaing Saya Outpost）がある。西側から東側に向かって、タビン・タァイング城壁北側へと続いている。

主要な王宮を囲む城壁

南側：
①レッ・セイ・カン城壁　Let Sei Kan
②アヌマ城壁　Auma

西側：
③ナガ・チャウク・ゼイ城壁
Nga Chank Zey
④ウォー・ゼィ城壁　War Zey
⑤ヤゼィ・タウン城壁　Yathey Taung
⑥ペイン・ネ・タン城壁　Pein Hne Taung
⑦ミン・ザー・キュン城壁　Min Tha Kyun
⑧イェイ・タガー城壁　Yey Tagar

北側：
⑨シャン・タン城壁　Shan Taung
⑩チン・キット城壁　Chin Kite
⑪ミン・ザ・ミー・ミョン城壁
Min Tha Mee Myaung

東側：
⑫ザット・ク・マンアン城壁
Thet Ku Mann Aung
⑬イ・ウィン城壁　I-Win
⑭ナガ・マン・ドン城壁　Nga Mann Don
⑮イェ・ラ城壁　Ye Hla
⑯ミー・ザー・マー城壁　Mee Tha Mar
⑰ウィン・マー・ナァー城壁　Win Ma Nar
⑱ミン・タャアー・ピン　Min Tayar Pyin

石材で造られていた堅固な門（gate）

東側
①ナン・ザァアー・カン門　Nan Thaar Kan
②クァン・ゼィ門　Kwan Zey
③ハシン・ハピュウ門　Hsin Hpyu
④ウイン・マナァー・キィー門
Win Ma-Nar Kyi
⑤キョン・レィ・ドン門
Kyaung Lei Don

西側
⑥マゥク・タゥ門　Mauk Taw
⑦イェイ・タ・ガァー門　Yey Ta Gar
⑧ミン・サァー・キュン門
Min Thaar Kyun
⑨ヒシン ・ウィン・キョン門
Hsin Win Kyon

南側
⑩キョウカット門　Kyahkat
⑪シゥ・パゥク・ピン門　Shwe Ppauk Pin
⑫レッ・セィ・カン門　Let Sei Kan
⑬アヌマ門　Anu-ma
⑭キェット・ペイク門　Kyet Peik
⑮マウ・レイク門　Maw Leik
⑯アゥン・ミンガラー門　Aung Mingalar
⑰ミン・ヒトウエット・シ門　Min Htwet Si

北側
⑱ミン・ザミー門　Min Thamee
⑲ナット・ダン門　Nat Don
⑳タゥング・ヒュー門　Taung Hpyu
㉑ミンガラー・ナン・ウー門
Mingalar Nan U
㉒チン・キット門　Chin Kite
㉓ワ・ヒン・パゥク門　Wa Khin Pauk

この石段を下り、また上っていよいよ王宮跡に入ると、まるで廃墟のような風景が広がっていた。この広大な遺跡の面積は、一万坪以上もあるのではないか。人の気配が全くなかったのと、手入れがされておらず荒涼とした印象を受けたので、よけいそう思ったのかもしれない。

それらの城塞に囲まれて、黄金で飾った壮大な建物や僧院やパコダなどが建てられていた。王宮は、黄金や宝石で飾られた木造の豪華な建物だったと言う。

ミャウーは、十七世紀にこの地にやって来たポルトガル人宣教師のマンリケが、王宮や周辺の建築を見て、「黄金都市」と呼ぶほどの美しい都だったのである。

ルビーやサファイアなどの宝石の取引のために、ポルトガルやオランダがこぞってこの地に倉庫や商館を建てた。

しかし、今は敷地のなかにある石積みの建物の基礎や深い堀の跡も、熱帯に生きるシダなどの植物に覆われ、王宮を二重、三重に取り囲んで造られていた煉瓦の塀も、崩れた場所に根を張ったツルなどが生い茂り、ガジュマルなどの大木の根がパコダの基壇の石に食いこんでいる。

また古都ミャウーは、美しいだけでなく、十五世紀に造られた都市のなかで、最も強固な城塞都市とも呼ばれた。

遺跡のなかにある王宮博物館は、王宮跡の南側、西へ続く道路沿いにある。そこには仏像や碑文、ポルトガル人の墓石柱などが展示されている。

入館料は五ドルで、早朝の九時半に行って十ドル札を出したが、おつりがないとあっさりと断られた。

町中のマーケットの前には、庶民に人気のあるダニヤワディ（Danyadi）レストランがあり、その側にある埃だらけの交差点の近くの雑貨屋さんでドルの両替ができる。ただし、公式の両替屋ではないので看板は出ていない。

王宮博物館の裏には古い民家が二、三棟建っている。

高床式のベランダに洗濯物が干してあり、その下では子どもたちが草で編んだ輪投げをしていた。

この王宮の場外の三〇キロに亘って巨大な石の壁が造られていた。

この敷地にあった11ヵ所の砦（Fortress）

南側
アング・ミンガラー　Aung Mingalar
ペイ・ネ・チャン・サー　Pein Hne Chaung Sar

東側
レイ・サー・タン　Lay Thar Taung
ミャ・タン　Mya Taung
ポン・ナ・ミョン　Pon Na Myaung
キョン・レイ・ダン　Kyaung Lei Don

西側
ニィウィ・タン　Ngwe Taung
イェ・タ・ガァ　Yey Ta Gar

北側
アミント・タン　Amyint Taung
イーハラ　Ye Hla
ミンザ・ジィ　Mintha Gyi

キョン（Kyons）掘（Moats）

1　キョン・シン　Kyon Sin
2　ジャント・キョン　Shunt Kyon
3　ニョン・キョン　Nyun Kyon
4　キョン・チャーク　Kyon Chauk
5　キョン・ピンレイ　Kyon Pinlei

その壁の一部は、自然の山や池を利用し、運河や堀を張りめぐらせ、街全体を要塞化していたと伝わっている。

東の地平線の茶褐色の山なみに、小さいながらも金色に輝くパゴダが聳えている。のぼり始めた大きな赤らんだ太陽の光が、高く伸びたその尖塔の傘蓋に柔らかい光を射し込んで、絶え間なく鈍色を光らせて乱反射しているのがはっきり見える。

その下には、緑の木々の間に、雑草に覆われた城壁に囲まれた霞んだ町が、古い風景画のようにすっぽり収まっている。

群生している黄色いカンナの花々の間から吹いてくる、心地良いそよ風の音だけがサヨサヨと聞こえる。

私は砂岩の割れ目に足を踏み入れ、切り株につまづき、前につんのめりそうになりながら城壁の遺構が残る王宮があった場所に歩いて行った。

そこで何か出ないかと、腰をかがめ、割れ竹で穴を掘ってみた。

しばらくすると足の先に、青磁のような色の屋根瓦の破片が出たので取り出し、焼かれたような黒くまだらな裏側を高くかざして見ていた。

十五世紀に建てられたミンブン王の黄金の大宮殿は、はるか昔に火事で焼失したと伝えられているので、この瓦はこの当時の建物の屋根に使われたものなんだろうか、と考えながら泥を落とし、布でふき裏側を丹念に調べていた。

ふと眼の前を見ると、王宮博物館の建物の方から、三十歳くらいの男の人が足早にやって来るのが見えた。分けた髪をきちっと整え、長袖の白いシャツに緑の格子柄のロンジーを穿いていた。その人は立ち止まり、遠くから英語で、「何をしているんだ?」と訝しげなダミ声で叫んだ。「散歩をしているだけですよ、ただのウオーキングです」と言って、私は慌ててその場を離れた。誰もいないと思っていたこの場所に、突然人が現れたのに驚いた。

不思議そうに首を振りながら、彼は今来た道をゆっくりと戻っていった。もう一度その姿を確認するために振り返ると、辺りには誰もいない。さっきまで粘土道を歩いていた男の姿が忽然と消えた。

草藪に散乱している赤煉瓦の荒れた土地が、どこまでも広がっている。私はこの光景を、茫然としてしばらく眺めていた。放ったらかしのまま自然に朽ち果て、野ざらしになっているが、見る者を威圧するこの遺跡の美しさが、恐れおののいている私をちっぽけな奴だと圧倒しているのに気がついた。

モーリス・コリスとは?

モーリス・コリスの名は、ミャウーでは、英国統治時代の行政官として、あまねく知れわたっている。彼は執政官としての傍ら、王宮跡地の発掘をしていた。もちろん、盗掘などではなく考古学的な観点からだと言われている。

だが、この王宮跡地の発掘は、当時、現地の人に「霊（ナッ／nat）」を恐れぬ西洋人として悪いセンセーションを巻き起こした。それは、この土地の下に王族から命を受けた祖霊である「守護霊」がいると信じられており、昔から、年に一回、地元の人たちが稲穂の束を焼いて祭祀していたからである。

こんなことをすれば、きっと霊が怒り、地底からさまよい出て、ミャウーに大きな災いをもたらすと、人々は恐れおののいたという。

そしてある日、コリスらが発掘している時、突然、首の長い老女が王宮跡地の壁の前に現れ、立ちつくしたまま、恐ろしい形相で彼らを睨みつけたという。

コリスらは慌てふためいてその場を離れ、発掘はその後中止になったと町の古老たちに語り次がれている。

しかし、事実は少し違っているようで、彼が英国のロンドンで出版した本には、「王宮の老婆」について、次のように書いている。

「その頃、私はビルマ東北部のアラカンに住んでゐた。そこは人里はなれたアラカン王の旧都で、私の家は、アラカン王族の財寶の埋蔵場所と傳へられてゐる小高い所に立ってゐた。木造の高い家で巾の廣い上り段がヴェランダに通じてゐた。

その時、私は丁度ヴェランダから離れた一室のランプの光で、上り段を見ることができる位置に座って、アラカン人の考古学徒、サン・シュウ・プー氏と話を交わしてゐた。

およそ九時頃だった。家が左右にゆれるのを感じた。一緒にゐたプー氏は驚いてあたりを見廻し『小さな地震のようだナ』と言った。

その刹那、私の瞳に、静かに階段を登ってくるアラカン人の老女のすがたがボンヤリ映った。何人にせよ、こんなおそく私の許に歎願にやってくる筈はなかったので、私はぎぐつとしてその老女を凝視めた。すると、その女は上り段の一番上から皺深い顔に意味ありげな表情をうかべて見返して来た。

かなり久しい間、そうやって私を凝視してゐたが、やがて見えなくなってしまつた。恰かもヴェランダから降りていつたようにみえたが、ヴェランダには全然降り口はなかつたのだ。

『誰かおもてに来た！』

私は飛び起つて叫んだ。と同時に私は幽霊をみたんだナと感じたれたんだらう。なぜなら此の遍では幽霊と生きた人間とを混同する様なことは全くないからだ。私達はヴェランダに出てそこらを探してみた。そこには誰の姿もない。私とても誰かがゐるとは思はなかつた。

翌朝、ある地方貴族の連中が訪ねて来た折、此の話をすると、彼等は此の幽霊の話に非常に心を惹かれたらしく、又前より一層私に敬意を払って来た。

『貴方さまは、昔、王様が寶物守護を命じて此所に縛りつけた老女の幽霊を御覧になったのでございます。その女はいつも上り段をのぼり、ヴェランダから消えるところを他人に見せるのでございますから』と教えて呉れた。

『どういう風にして王様が霊魂を拘束するんだろうか?』

『寶物のある場所に人間を生き埋めにしますんで……』

『ホウナル程ネ、だがそれでどういふわけで霊魂が縛られなくちやならんのだらう?』と、重ねて訊くと『それは、死ぬ最後の瞬間に霊魂が魔法の網に捕へられてしまふからでございます』

『ソウかしら、どうも納得できんネ』

『昔の王様達には解りました。丁度貴方様が御自分で御覧なさつたやうに……』

『では、何故始めに家が震れたんだらう?』

『幽霊が貴方様の気を惹かうとするんでございませう』

『じや、どうやって家をゆさぶるんだらうか?』

『女がゆすぶつたのは真実の家ではなくて、貴方様の心をゆさぶつたんでございます』[*1]」


現地に着いてわかったことがある。

*1 『ビルマ風雲録』モーリス・コリス著、伊藤一郎・山口晃二訳（帝国新聞社出版部、一九四二年）「二、イラワジ河畔にて幽霊と魔術師」から。モーリス・コリス（Maurice Collis）［一八八九〜一九七三］は、英国生まれの高級官吏で、一九三四年からビルマのメイミョ、テナセリム、ムロハウン、ランプーンなどの各地に赴任した。引退後、ロンドンで作家生活に入り、ビルマ滞在中の出来事を記録した本を次々と出版した。

それは、王や王族たちが建立したパコダが無数にあるということだった。黒ずんだ城壁の遺構に囲まれ、緑の林が点在する小高い丘稜が王宮跡を中心に東西二キロも続いている。そのなかにパコダや寺院などの仏教遺跡が約一〇〇ヶ所もあるのだ。

だが、日本人の侍が仕えたチリッダンマ王のパコダの場所が、現地で求めたガイドブックの地図のなかに載っていないのである。

私は日本のガイドブックに、「サッキャ・マン」(Thut-Kya Mar-aung)と載っていたので、てっきりここが、チリッダンマ王の建立したパコダだと思ってしまった。

要するに、チリッダンマ王やナッ・シン・メィ王妃のパコダは、さらに遠い郊外にあったのだが、その時は、その所在がわからず有名なパコダの廻りをあてもなく探し歩いていた。

その日のディナーで頼りにしているオーナーがいないので、奥さんに聞くと、シットウェーに行っていると言う。油圧のパイプ会社に勤めており、緊急の用で出かけたようだ。彼はこの国の大手の油圧会社の技術者だったのだ。

奥さんとは彼がヤンゴンの大学で学んでいた時に知り合い、大恋愛をして結婚した後、田舎なんかに行くのは嫌だという彼女を説得してミャウーに連れてきたようだ。

そして、この場所にホテルを建てて二人で営んでいると言う。

だから実際は、美人でしっかり者の奥さんがこのホテルを取り仕切っているのである。

私は、当然に、オーナーがシットウェーでアラカンの歴史書を買って帰って来ると思い込んでしまった。なぜなら、アラカンの本はここでは手に入らないと言われたから、前から彼に本の購入を頼んでいたのである。

彼女にいつ帰って来るのだと聞くと、明日は帰るでしょうと顔を横に向けてぼそぼそと言った。

ミャウーが「黄金の都」と呼ばれた理由

第二期ミャウー王朝（The Second Mrauk-U Dynasty）のチリッダンマ王（Thiri Thudhamma Razar［一六二二〜一六三八］）は、一六二九年に「サッキャ・マン・パコダ」（Thut-Kya Mar-aung Pagoda）を建立した。同じ年には、ナッ・シン・メィ（Queen Nat Shun May）王妃も、王の寄贈したパコダから南に約二キロ離れた場所に、「モンコン・シュウェッ・パコダ」（Mong-Khoung Shwetu Pagoda）を建てた。

この二つのパコダは、共にミャウーの東部にあることが考古学博物館で購入した資料からわかった。

一四三三年、ミン・ザゥ・モン王がこの地に都を定め、一七八五年のタマダー王の時にビルマに併合されるまで、約三五〇年間続いたミャウー王朝のなかで、王と王妃が同じ年に大規模なパコダを別々な土地に建立したのはこの年だけである。

戦乱に明け暮れたアラカン王朝時代の仲睦まじい二人を連想させられるのである。

そして、王や王妃に愛された宣教師のセバスチャン・マンリケ（Sebastian Manrique）が五年ほどこの都に滞在した後、チリッダンマ王は長年待たせてあった戴冠式をようやく行ったと伝わっている。

なぜ、実際に王となってから、即位式が行われなかったのかはよくわからなかったが、このことでもマンリケは詳細に記録していた。

その席に招待された彼は、黄金に輝く宮殿の絢爛豪華さを後に次のように書いている。宣教師マンリケの「戴冠式」での叙述から、黄金の宮殿の場面を抜粋する。

「ティリトゥダンマ Thri Thudhamma（一六二二―三八）王は賢人に一年後に死ぬだろうと云われたために、戴冠式を十二年間遷延した。★1

この戴冠式は、一六三五年に行われたことだが、この式に列席した一人、オースティン・フライア Austin friar（譯註　一二五六年羅馬法王アレクサンダー四世の創設にかゝるオーガスティン派に属する托鉢僧）のマンリーク Manrique はその儀式を實に絢爛たる壮観だと描写してゐるのである。

即ち、王宮には、天井より床まで鍍金された一本の樹からなる数々の柱のある廣間がある。

★1　『東洋印度に於ける傳道師の旅行記』マンリーク著 *"Itinerario Las missiones India Oriental"*__*S.* Sebastian によれば、ティリトゥダムマは、かゝる宿命を未然に防ぐため六〇〇〇人の心臓、白牡牛の心臓四〇〇〇、白鳩の心臓二〇〇〇を犠牲に供した。此の数量は誇張されてゐるが、アラカン紳士の語る所によれば、その犠牲は全く典型的であると。尤も他の例は挙げなかったけれども。瑞典の傳統的国王は壽命を延ばす為にその九人の息子を殺した。パガンダ Baganda の間では戴冠式に際して八名、治世を通じて尚其他数名も殺されたが、これ塔は皆王の生命を強壮にする為である。

十二名の属国の王は同時に戴冠した。護衛兵は上印度の回教徒、タライン人、緬甸人、葡萄牙人の射手、及び若干の日本人（譯註　寛永年間幕府の鎖国令により葡萄牙船にて海外に脱出した者ならん。猶天竺徳兵衛がペグーへ赴きしは此の時代と思われる）の基督教徒も含まれていた。[★1][*1]（略）

宣教師マンリケが戴冠式に招待されて王宮に入った時の感動した模様を叙述した場面は、何冊も英語に訳されて出ているが、特に詳細に書かれていたガイドブックからその場面を紹介する。この本は、シットウェーの、プリンス・ゲストハウスの近くにある古本屋さんで購入したものである。

また、ミャウーの有名な観光名所であるシッタウン寺院の奥の薄暗い堂内でも売られていた。

「ポルトガルの教父マンリケが記録した叙述によると、王宮の敷地には、金色や朱色に包まれた巨大な王宮の五つの鋭い尖塔が空を突き刺していた。

それは屋根が銅版で覆われているので、明るく光って輝いていることで知られていた。

マンリケが個人的にミャウーの王宮で経験した話の一つは、この王宮の大広間は、天井から床まで全体が鍍金で装飾されていて、〝黄金の間〟として、人々に広く知られていたことだ。

広間の天井には、樹の小枝を飛び回る素晴らしい金でできた極楽鳥や、百いやもっと多くの金メタルでできたひょうたんなどがあり、それらのなかに、金のたくさんの果物、大きなカボチャ、それぞれ違った形の重そうな十個の大魚の金メダル、各々違った形の尖がったものや男性の像があった。

　この館には、黄金の七つの仏像、同じようなサイズの背の高い男の像、それに窪んだ壁の内側には、二つの指の幅くらいある尖がった男の像がある。

　別な話に触れると、この広間には、バゴーの王女であるシュン・マ・ナン（ナンダ王の妹）によって寄贈された、三つの詩で構成された完全な『ラッ』の額がある。その王宮の小尖塔のある建物には、芸術的な図案で装飾された水仙の蕾、水仙の花びら、キンナラの彫刻（神話で有名な頭が人間で下半身が鳥の男子像）、牡の孔雀の彫刻像、小さな鐘の数々、イスラムやアラビア風の金でできた花のような装飾品、空を飛んでいるような変化のある金箔の鳳凰像があることで知られていた。

　昔の、最盛期の栄光あるミャウーの王様たちの豪勢さがわかることができる。

　ミャウーの都の東にある『ラタナ』公会堂は、臭いの強い白檀の樹で作られていた[*2]」

★1　基督教徒らは日本に於いて迫害を受けてゐた。日本人は傲慢であるにも拘わらず、勇敢忠実なる傭兵として要求されてゐた。それ故に暹羅王はその當時七〇名の日本人の親衛兵を備えていた。

＊1　『大緬甸史』（ビルマ史）G.E. Harvey（ハーベイ）（Exeter College. Oxford, 1942）「緬甸史」第五章アラカン王朝より。一九一〇年「暹羅協會會報」*Jounma-1 of the Siam Society* 所載ラウヴェンスウェイの『ファン・フリイトの暹羅描寫』"Van Viet's description of Siam", Ravenswaay.

＊2　"*FAMOUS MONUMENTS of MRAUK-U*", AHLONN MAUNG, Publisher U Kya Hin, 2007, Buddha Images, Pagodas and Templs in the innner city（『ミャウーの有名な遺跡群』オーロン・マウン訳、ウー・ヤ・ヒン発行、市内の遺跡から……）

ビルマ族に占領された旧都をアラカン王が奪回する

一三七四年頃からアラカン国は、弱体化が目立ち始め、王位が一時空位となる時もあったが、一四〇四年に、ラウンヂェッ王朝（Laung-Kyet Dynasty）の第十八代王として、ザゥ・モン（Sow-mon）［一四〇四〜一四〇六］がようやく王位に就いた。彼はラウンヂェッ王朝の最後の王となるが、この時の王妃は、ソウシット（Queen Sawit）であった。

一四〇六年、インワ王朝の王であるミンカウン（Minhkaung）［一四〇一〜一四二二年］の皇太子ミンイェーチョーソヮがアラカンに戦争を仕掛けて来た。

この戦に破れたザゥ・モン王はビルマ族に放逐されて、ガウル（Gaur）と言うベンガルの一地域にある都のスルタンであるアーメイド・シャーの下に亡命した。

一年後、ザゥ・モンの若い弟であるミンクヮリ（Minkhari）が、バゴーの王であるラザディァ（Razadirat）の軍隊の助けを得てサンドウェイ（Thandway）を一時支配した。

バゴーの王は、援軍の五万の兵士をミンクヮリのもとに送った。

ラウンヂェッ（Laung-Kyet City）は、ミンクヮリによって支配された。しかし、すぐにカヴァの王であるミンカウンが攻撃してきて、都は再び占領された。

このように、アラカンは、アヴァやペグー、バゴーなどと対立して血みどろの戦争を繰り返していた。

しかしザゥ・モンは、スルタンのアーメイド・シャーの後を継いだナジール・シャーの支援を受けて、一四二九年に本格的な反撃を開始した。

スルタンの王デルヒ（Delhi）の巨大な軍勢は、象部隊、軍馬部隊、チャリオット二輪戦車隊、歩兵部隊、戦闘犬部隊、鉄塊投下隊などの諸部隊が出撃した。

一四二九年、戦に勝利したザゥ・モンは、ミン・ザゥ・モン（Min Sow-mon）として、ラウンヂェッに二二年ぶりに帰って来た。

しかし、ラウンヂェッの都は、戦乱で予想以上に荒廃していた。

大臣、賢人などの助言を受けて、彼は新しい土地を探し、王都を移そうとした。

予言者たちを乗せてカラダン川を遡っている時、ミン・ザゥ・モン王は虎が鹿を追いかけているのを目撃し、「幸運の吉兆である」と述べている。

ところが占星術師、予言者たちは、もし王が首都を移せば、一年以内に死ぬだろうと予言をした。しかし、王は、王朝を長く存続させるために、首都移転に固執したと言う。

一四三〇年に、都はミャウーに移されることになった。

ミン・ザゥ・モンは、戦で軍功をあげたイスラムの将兵たちを高位、高官の職を授けて優遇した。そして、ミャウーの町にもモスク（回教寺院）を建立し、イスラムの文化を奨励したと伝わっている。

さらに、彼はアラカン国王の名に、回教名をつけるように命令した。

これ以後、ミャウー王朝は、二つの王名を持つことになる。

例、バ・ソゥ・ピュー王＝カリマー・シャー
ミン・バー・ジー王＝ザファール・シャー
ミン・カマウン王＝フェイン・シャー
チリッダンマ王＝スリム・シャー

などである。


一四三三年、丘を利用した王宮や城塞などの構築も完了し、移転は終了した。

だが翌年、占星術師たちの予言通り、ミン・ザゥ・モン王は急に病にかかり没した。

一四五九年には、第三代のバ・ソゥ・ピュー（Ba Saw Phyu）王が、ベンガルに遠征して、チッタゴン（バングラデシュ）の町を占領して実効支配した。

だが、強大なムガール軍の攻撃を受け、数ヶ月の後、同地から撤退した。

一六一二年後半の王は、ミン・カマウン（Min Khamoung）［一六一二〜一六二二］である。

キリシタン侍は、この頃にシャムから渡来して来たと伝わっている。

この王は、当時、ベンガルから度々来襲したポルトガルの海賊たちの勢力を、アラカンから駆

逐した。

また、一六一五年に、ティパオ王は、ポルトガルの艦船の援護を受けてミャウーを攻撃した。この戦にミン・カマウン王は、数隻の阿蘭陀の帆船を運河に沈めて行く手を遮り反撃した。この時に、日本人のキリシタン侍が活躍したかもしれない。当時、日本人の侍が勇猛であることは、東南アジアの国々では既に知れ渡っていたのである。

一六一七年、遂にティパオ王は、サンドウイップ島より撤退した。これより、海賊のポルトガル人は王の臣下となった。

彼らは、ベンガルのチッタゴンを中心に集まっていたポルトガル軍の脱走兵で、その残忍な性格は、金のためなら同国人の宣教師でさえ殺害したと言う。

バングラデシュのチッタゴン郊外には、十七世紀にインドのゴアから移住してきたポルトガル人の末裔が住んでいる村がある。

小高い丘に建ち、王宮の周辺を運河が縦横にめぐる要塞都市のミャウーは、その後、四世紀に亘り、首都として威容を誇った。


ミャウー王朝（Mrauk U Dynasty）の歴代王は、次の通りである。

●第1期　ミャウー王朝（1430〜1531）

初代から第12代までの王が即位した。

初代ミン・ザゥ・モン（Min Saw Mon）ミャウー第1創設者［1430 〜 1433］〜第12代ミン・カウン・ラザー（Min Khaung Razar : 1521 〜 1531）

●第2期　ミャウー王朝（1531〜1638）

初代から第9代までの王が即位した。

初代ミン・バー・ジー（Min Bar Gyi）　ミャウー　第2創設者（1531 〜 1553）〜第2代〜第3代〜第4代〜第5代〜第6代〜第7代ミン・カマウン（Min Khamoung : 1612 〜 1622）キリシタン侍が、ミャウーにやって来た頃の王〜第8代チリッダンマ（Thiri Thudhamma Razar : 1622 〜 1638）キリシタン侍が仕えた王〜第9代ミン・サニイー（Min Sanay : 1638 〜 20日）チリッダンマ王の息子

●第3期　ミャウー王朝（1638〜1784）

初代から第27代までの王が即位した。

初代クッサラ・ナラパテージ（Kuthala Narapatigys :1638 〜 1645）チリッダンマ王の妃であったナッ・シン・メィ（Nat Shun May ）が愛した魔術師と伝わ っている〜第2代〜第3代サンダトゥダンマ（Sandathudamma：1652 〜 1684）貿易の近代化を図る〜第4代〜第5代〜第6代〜第7代〜第8代〜第9代〜第10代〜第11代〜第12代〜第13代〜第14代〜第15代〜第16代〜第17代〜第18代〜第19代〜第20代〜第21代〜第22代〜第23代〜第24代〜第25代〜第26代〜第27代マハー・タマダ（Mahathamata Razar : 1782 〜 1784）。

ミャウー王朝は、三五〇年間で合計四八人の王が統治した。

ちなみに、一七八四年、ミャウーはビルマのコンバウン王朝のボドウパヤー軍の攻撃を受けて陥落した。

ミャウー最後の王となったタマダー王とその家族及び側近の大臣らはアヴァ（Ava）に連行された。アヴァは現在のインワ（Inwa）である。

ナッ・シン・メィ王妃のパコダに迷い込む

まどろみながら、明け方、ベッドで寝返りを何回もしていると、唸るような音でとうとう目が覚めた。

カーテンを開けると前の道路が朝霧で白く霞んでいる。夜明けを知らせる鶏たちの長く冴え渡る声も、連続して道路の反対側の村から聞こえてくる。

ポットの水を飲み、ベランダに出て見ると、通路はうっすらと白い霧がかかっていて、遠くの方から重たい声で低く唱える読経の声がスピーカーを通して流れて来た。

私の今日の目的は、侍たちが仕えていたと言うチリッダンマ王が建立したパコダを探すことだ。チリッダンマ王がミャウー王朝のなかでも、絶大な権力を持った国王であったことは、この宿のオーナー氏から先日の夜に聞いていた。

そして、シットウェーで手に入れたガイドブックの「寺院やパコダの歴史的建造物」の項目には、王が一六二九年に、「サッキャマン・パコダを、ミャウー東部に建て寄進したことが書かれている。仏教国ミャンマーの象徴と言われる「パコダ」（Pagoda）、または「パヤー」（Paya）、もしくは、

「ゼーディ」(Zedy) は、宗教的な建築物で、二種類あり、アーチ型の天蓋のあるものや釣鐘状のものは「ゼーディ」、そして、アーチ型の岩窟院状のものは「パヤー」と呼ばれている。

パコダという言葉は、パーリー語のダートゥ・ガッパ (仏陀の胎蔵物や聖骨を納める部屋) に由来する。英語ではパコダ (Pagoda／パコウダ) を「東洋風の塔」と呼んでいる。だから、英語で言うパコダは、「ストゥーパ」(Stupa) のことである。

「ストゥーパ」は、仏陀の遺骨を納めた仏塔であるが、ミャンマーのパコダは、「仏舎利」や「法舎利」を納めた聖なる場所なのだ。

またパコダは、天空に突き刺さるような尖塔を持っているが、覆鉢やベル型の仏塔はダーガバ (Dargaba) とも呼ばれている。

本書の場合は、ミャウーの仏塔は、宣教師マンリケに関する資料の英文でパコダと叙述されていることに鑑み、すべてパコダと表現する。ただし現地で古来からパヤーと呼称するものはそのままで表現する。

この地にあるたくさんのパコダから、王ゆかりのサッキャマン・パコダを探すのは容易なことではない。

これはもう、地元の人に聞くしかないと思って、食事までに帰るつもりで近くのパコダを探してみようと外に出た。

ガイドブックで、名所、旧跡の地図にある「Thut-kya Mar-aung」(サッキャ・マン) と示してある場所を確認して出発することにした。

まだほの暗いホテルのフロントには、従業員の子供が二人、足を絡ませ抱き合い、かすかな寝息を立てて床に伏せている。

入り口にドアはなく、建物全体が物音ひとつしない静かな夜明けだった。

外に出て見ると、霧は、遠くの山や道路沿いの川を越えて、ホテルの周りを乳白色で覆っている。

緩やかな坂の上に、黒い影がボウッと霞んで見えた。その塊はゆっくりと動いている。後から地を這うような霧が坂を下ってくる。

その霧を抜けて近づいて来る、頭に山盛りの果物皿を載せた中年のタメイン姿の女性がくっきりと浮かび上がってきた。

坂の上に黒い影がひょうぜんと現れ、丘を越えてやって来る。

その風船のようなシルエットは、霧のなかで次々と浮かんでは霞んだ空に消えては現れる。

この村人たちは、花や野菜を売りに、町の中心にあるマーケットに向かう人たちである。小粒のトマトが入った竹駕籠を両手に持って、わき目も振らず黙々として、私の前を無言で通り過ぎて行く。

橋に向かって歩いていくと、小さな川沿いの家々の前の広場では、コンロが二、三個置かれ薪が燃えていて、赤い焰が湯気の出ているお鍋の下からチョロチョロと這い出している。

長屋ではなく、高床式の一戸建ての民家が五、六軒あるのだが、共同で炊事の仕度をしているのだ。

派手な色彩のタメイン姿の若い娘たちも、川からアルミニウムの壷を頭に載せ、せわしく小川から水を運んでくる。

竹で編んだ生垣の前では、老婆がビニールシートの上に、ナスやトマト、カリフラワーなどの緑濃い野菜を並べている。

魚の入った黒く煤けた二つの鉄鍋の間を、中年の女性たちが気ぜわしく往復し、長い箸でなかをかき回している。

弁当を持って出かけたのか、それともまだ寝ているのか、男の姿はどこにもない。炊事の仕度は、この集落にいる女性全員が戸外で行っているのだ。

この家の前を通る時、いつも手を振る子供たちや後ろに廻って吼える犬たちも見当たらず、まだ寝床でまどろんでいるようだ。

二階の木戸口の隙間から、ロウソクのかすかな灯りが階段の下に零れ落ちてくる。

霧に包まれた椰子の長く延びた葉の下には、束ねてある竹竿が帯のように杭に巻かれて川面に浮いている。

橋の袂に立ち、ぼんやりと水面を見ていると、椰子の実が落ち緑の波紋が扇状に広がって、年老いた母親の顔の形になり、あっという間に霧のなかに消えた。

乳白色の霧のなかをゆっくりと流れる水の行方がどこまでも不透明で、半年前、「お母さん、お母さん」と必死で呼ぶ、私の問いに何も答えず冷たい手をして旅立った、優しかった母のいる遠い黄泉の国にまで押し流されていくような気がする。

目が膨らんで、溢れた涙が頰を濡らした。

「乗って行かないか？」

振り向くと、橋の袂にはサイカーが一台停まっていて、自転車に乗っていた黒染めの作業用のロンジー姿の青年が声をかけて来た。

私は原則的には、乗り物を使って目的地や近隣を走り回らない。その町や村で生活している人々の暮らしのなかにいつでも飛び込んでいけるように、風景を見ながら歩いて行くのである。手を振って断り、橋を渡り右折をして、地図を見ながら川に沿って歩いて行った。

稲を刈り取った田圃のなかに水を張った田が混じっている。

曲がりくねった泥の道を進んで行くと、田んぼの畦で農夫が井戸端の取っ手の横で、立ちながら足で交互にペダルを押して枯れた田に水を入れている。

うっすらと靄がかかる砂利道に牛の群れが現れた。全部で十五頭くらいはいる。細長く、縦一列になって子牛を引き連れ、少しずつ固まってノロノロとやって来る。少し小柄だが、眼をぎょろとちらつかせ、口からよだれを垂らして黒い肌を朝露に光らせていた。

体にこびりついている粘土が、通過する時ポロポロと落ちて、藁や糞の混じった土の臭いが風に乗って鼻をついた。

一番後ろを、竹で編んだ長いムチを持った背の高い青年が足早に追っている。

一頭が横道にそれた。

すかさず側に駆け寄った青年のムチが飛んだ。牛は少し身をくねらせたが、まだ道の斜面に向かって歩いている。

青年はやせ細った腕をたくしあげ、今度は大きくムチを天にかざした。

風を切ってくねるムチの背後には、切り立った崖の上に小高い山がそそりたっている。

禿げた頂上のまばらな潅木が茂ったはるか上には、赤味がかった橙色の大きな太陽が、ゆらゆらと浮いていた。この太陽の色は、何てすばらしい色なのだろう！　夕暮れから闇に向かって没していく、あの消え入るような、せつない、茜色の太陽の光と違う。今日の一日を喜び、旅人に希望を与えてくれる、路肩の小さなサボテンの花と同じ赤芽色の光だった。

何筋もの細い光が差し込む小屋がけの下にある煉瓦積みの井戸では、近くの寺の小坊主たちが水汲みをしている。井戸を覗いてみると、深さは十メートルくらいあり、水底で一人の小坊主が落葉を取り除いていた。階段はなく、ロープが一本垂らしてあり、しばらくするとこの綱を使って、井戸の側面を足で蹴るように上ってきた。

「サッキャマン・パコダ？」

と訊くと、緋色の僧衣を着た少年の一人が、今来た道の反対側の方向を指でさした。

そして、もう一人の少年も右の山の彼方を指すのである。

「これはおかしいな」と思った。

なぜなら、到着した夜に、オーナーにサッキャマン・パコダの位置を確認したのだが「この地図には載っていない、もっと北にある」と言われたからだ。

頭が混乱してきたが、彼らの言葉を信じて戻り、右に行く道を探して歩いていった。

左手には小川が流れていて、葦が茂った澱んだ入り江のような場所を竹の柵で囲い、アヒルたちがのんびりと戯れている。

だが、ついに右の方向に行く道は見つからず、また橋の袂に戻ってしまった。

この辺りにたくさんのパコダがある。各々の村にパコダがあるので、他の村のパコダなんかわからないのだろう。写真を見せたって、皆同じようにしか見えないのだ。

私は、どこか冷たそうな奥さんの顔を思い浮かべた。

「外人さんは、皆ガイドを雇って車で行くのに、こんな炎天下の道を一人で歩いてパコダ詣りをするなんて信じられない」

と、昨夜、彼女は私に向かって言ったのだ。

私は、猛然と今来た道を引き返した。

干からびた田圃で干し草を並べていた子供たちが、「また来たぞ」と近くにいる仲間に知らせて、顔を見合わせ、濁った眼で私を見つめている。

太陽は、いつの間にか遠くの空に上がると雲間に隠れてしまった。ジワジワと粘っこい暑さが身体に纏わりついてきた。

また先ほどの井戸の場所まで来たのだが、そこにはもう誰もいなかった。

東南アジアの人々は朝は早いが、陽が高く上ると出歩かない。従って、こんな時間にサイカーにも乗らないで帽子も被らず一人で歩いているのは、ミャンマーの本当の暑さを知らない無知な外国人だけだと言われている。

小さなパコダが立っている崖を道に沿って廻った。右側の赤茶色の砂地のような場所の中央に高く聳えるパコダがあった。

この場所に、こんな大きなパコダがある訳がない。

そう思うのは、このパコダが地図に載っていないからだ。

そこには、道の両側に白い煉瓦で造られた長い花壇があり、天に向かって法輪が銀鼠に輝くパコダと、隣の敷地には朱色の三層の瓦屋根を持つ建屋が佇んでいた。

とにかくそこで少し休もうと、引き寄せられるように近づいて行った。

入り口に建てられた白い大理石の立派な碑文には、次のように書かれていた。

『モンコン・シュウエッ・パコダ建立は一六二九年』

このパコダは、探していた「サッキャマン・パコダ」ではない。

だが、チリッダンマ王の王妃であったナッ・シン・メィが建立したパコダだったのである。

私が、サッキャマン・パコダの次に行こうとしていたパコダなのだ。

オーナーの奥さんは「モンコン・パコダは川沿いの奥深いところにある。一人で行ってもわからない」と言っていたが、私は、偶然にナッ・シン・メィ王妃が建てたパコダにたどり着いたのだ。

「とうとうやったね！」と思わず大声をあげた。

心の底からじっとりとこみあげてくる高揚感で胸が熱くなった。

あの伝説の王妃が間違いなく存在していたのである。

モンコン・シュウェッ・パコダは、一六二九年にナッ・シン・メィ王妃によって建てられた。

モンコン・シュウェッ・パゴダ

このパゴダはプラ・オーク・パゴダ（Phra-ouk Pagoda）の南に位置する。

チリッダンマ王の「サッキャマン・パゴダ」が造られたのと同時に建てられたのだ。

私は感激のあまり石段を上り駆け寄って、古い煉瓦を手で触りながらパゴダの基壇を一周した。

龍のような頭をもたげた石像が、東西南北に鎌首をもたげて虚空を睨んでいる。

「まずい、あれはこのパゴダを護る守護蛇神のナーガではないか」

寺院、僧院の門、階段や橋の欄干に、守護神として祀られている像である。

ナッ（精霊）信仰では、ナーガ神は静穏を好み、それを乱す者には破壊的な復讐をすると言う。

慌てた私はナーガ神に向かって手を合わせ、パゴダの平安を一心に祈った。

西側の方向にある基壇には、森に聳え立つような菩提樹の樹に似せた彫刻が施してある祠堂があった。

その中心には、苔むした大きな仏陀像が鎮座していた。

聖なる山と見立てているパゴダの中心に「真理」を悟った仏陀が安置されているのだ。

くすんだ煉瓦は、一つ一つていねいに積み重ねられていて、枯れた草や蔦が絡まっている。

このパゴダは、全体的に見ると、気品があって少しふっくらとしている。

パゴダは、このミャウーにも無数にある。各村には、村人が寄進した小さなパゴダが一つや二つは必ずある。

ミャンマーの仏教徒は、新しいパゴダや仏像を建立するための費用を出すことは、有徳の行為であり、寄進者は、その徳行により悟りに近づくという信心を持って生きている。

それ故に、王や王族たちが寄進した巨大なパゴダがあちこちに存在していて、それらのパゴダの一つ一つはまったく違う表情を見せている。なかには、寄進者の性格が色濃く反映されているパゴダもある。

このパゴダは頂上部に向かって先細りの塔が高く伸びている。傘蓋のような円周を描く石の彫刻には、球形の浮き彫りのある金属の突起が出ている。

さらにその上には、天に向かって突き刺さるかのように尖塔が聳えている。

私は、恐れおののき、先ほど勝手に妄想した王妃様のグラマーな容貌などを詫びて、仏陀像に手を合わせた。

建屋の三層の屋根の破風は、雨切りを兼ねた火炎樹状の装飾が施されている。

この建物も仏陀のいる世界を再現させていて、ここは信者が崇拝する仏陀が悟った「真理」と直接出会う場所なのだ。

「もし、我々に、何らかの『苦』の問題があるのなら、必ずその原因があるから、その原因を突き止めて解決しなさい」と、仏陀は優しく説いている。

内部は壁がなく吹き抜けで、大理石の円い柱が何本も立てられており、奥には、大きな仏陀像を真ん中に左右に小さな仏像が鎮座している。

だがこの新しい仏像は、どこか他の場所にあったものを運んできたに違いない。

なぜなら、古いガイドブックの写真には、雑草に覆われたモンコン・シュウェッ・パコダの東側に、手の先が壊れてなくなっている仏像が二体、パコダの基壇に座していたからだ。そして、その仏像の耳が異様に長く大きかったことを記憶していた。

風が吹きぬける大理石の床の上で寝ている人たちに混じって、私も横になってトロトロと眠ってしまった。

チュ、チュと騒ぐ雀かキジバトのような声で眼を覚ました。

起き上がって辺りを見渡すと、もう誰もいない。だが、静謐な静けさがまだ大理石の周りを覆っている。

帰りに敷地内を歩いて行くと、パコダの周囲の塀はところどころ崩れ、雑草が生い茂っている。そして、彫刻された古い瓦、壊れた支柱などが辺りに散乱している。

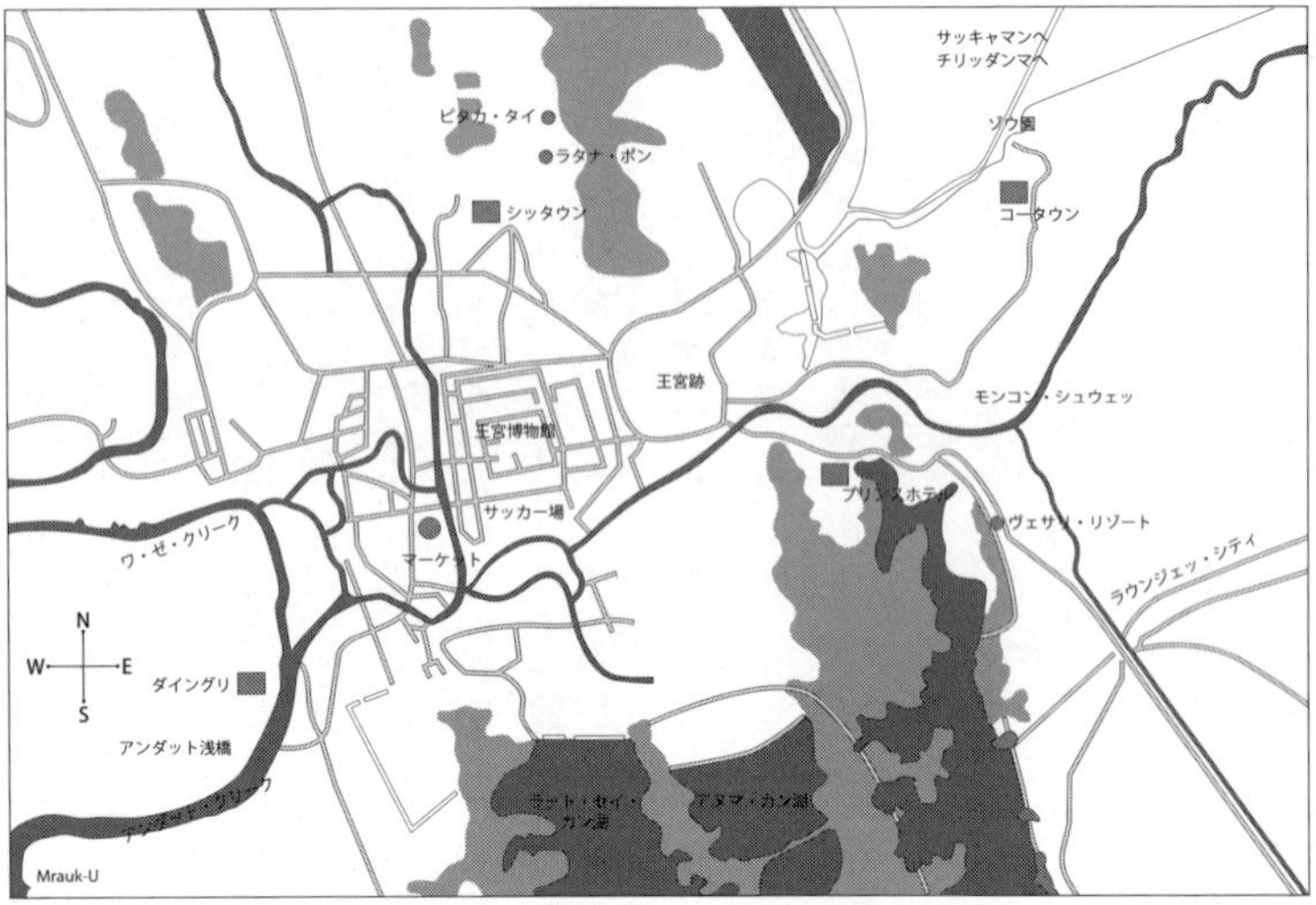

ミャウー（Mrauk U）中心図

蔓草模様に彫刻された門柱の一部が投げ捨てられ、欠けた煉瓦塀に張られた蜘蛛の糸が、風でビュンビュン音をたてていた。後ろ髪を引かれる思いで、そこを後にした。

私は、目標であるサッキャマン・パコダがどうしてもわからず、今日ももうだめか、と肩を落とした。

耐え難い強い暑さが肌を刺し、やたら飲み物や食べ物が欲しい。街道沿いに雑貨屋みたいな商店はあるが、よしずを張った店頭で声をかけても誰も出てこなかった。

空腹を抱えて、またよろめきながら歩き出し、ようやくホテルに昼過ぎに着いた。

慌てて飛んで来た若い女性従業員に、「食事はまだありますか。それにオーナーは帰ってきましたか」と、勢い込んで尋ねたら、「パンとベーコン・エッグならあります。すぐに用意します。ご主人様は今日は帰らない、明日は帰るでしょう」と素っ気ない返事だった。

敵の侵入を阻んだ二つの湖

プリンス・ホテルを出て、長く伸びた木のポールに国旗を掲げた小学校の前を左に曲がると、西南の方角に二つの湖がある、と日本のガイドブックに載っていた。

一つは、ラット・セイ・カン湖（Latt-say-kan Lake）、もう一つは、アヌマ・カン湖（Annuma-kan Lake）である。

私が興味を惹かれたのは、その紹介文のなかに、「町の南部には、敵の侵入を阻む目的で造られたという人造湖があり、人々の憩いの場となっている」と書かれていた箇所があったからだ。

地図上から見てもかなり大きな湖だ。

町の中心にある王宮跡まで、約四〇〇メートルのところに位置している。

現地で買ったガイドブックの写真を見ると、十七世紀のミャウーは、現在よりももっと複雑な運河が町の縦横に掘られていて、街や王宮を取り巻いていたことがわかった。

この湖は、何のために造られたのか。

街を貫く運河

なぜ、王宮から少し離れた場所に二つの大きな湖を造ったのか。

疑問に思った私は、一度、この湖を見ておこうと、昼近くにホテルを出た。

眼が痛くなるほど陽ざしは強かったが、空は一面に澄み切っている。

小さな橋の袂に出ると、やさしく感じる土の臭いを嗅いで水の流れを見つめていた。ものすごいスピードで、川下のマングローブの森を駆け抜けた幾筋もの雲の峰の隙間から、光が斜めに落ちてきて、水辺のアダンの赤い実の影を写し、静まり返った暗い運河の水面を円錐状に照らしている。

川べりにある小学校の前の黄土色に乾燥した道は、曲がりくねってどこまでも続いている。

少し戻って、右の方向に歩いて行くと、左の森の奥に金色に輝く門が見えた。アーチ型の門で、尖端に三つの小さなパコダが載っている。

木の枝や竹で作られた崩れそうな垣根の向こうには、白い漆喰の基壇の上に小さな金箔のブッダ像が並んでいた。

茂みを突き破るように飛び出した椰子や竹林のなかには人影は見えない。垣根のような門構えを見て、ここは女性だけの修道尼のお寺だと思った。すがすがしい開放感とのびのびとした清潔感のある不思議な空気が伝わってくる。弱い者同士が集まって、ブッダにすがって生活をしているのだ。

修道尼は「ティラシン」または「メエティラシン」と呼ばれていて、比丘尼ではないので、受戒は受けられない。

頭は僧侶（ポンジー）と同じように剃髪して、仏教の八戒を守っている。主に杏色やピンクの法衣を着用する。独身で、日頃は寺院の道場にこもり仏道に精進している。ポンジーのような毎朝の托鉢はできないが、日中は、各辻を廻って町や村の人からの寄付や食糧の援助を受け、修道所で修行に励んでいる。

真面目に生活しているので、圧倒的に女性たちからの援助が多いのである。

うっすらと靄がかかる藪のなかから、淡いピンクの薄いブラウス姿の若い女性が紅紫の小粒のイチジクの駕篭を抱えて顔をだした。髪を一重結びにして、ふくよかな臀部まで垂らし、紺と赤色が混じったロングタメインの端が微妙に揺れている。

振り返りながら道を横切ると、慣れた手つきで竹の枝折戸《しおりど》を押し開いてなかに入っていく。

垣根のなかのブーゲンビリアの枝の下を通る時、ルビー色の花びらがはらはらと彼女の肩に零れ落ちた。

その女性は、泥道に落ちた花びらをゆっくりとした動作で拾い上げ、胸元にかざすと、そよ風に送られるように森のなかに消えた。

その面影が往年の日本の女優さんとそっくりだなあと思って、うっとりと後ろ姿を眺めていた。

その瞬間、ジンジンと騒ぐ耳鳴りの音がハタリと止んで、風でそよぐ竹藪のなかから、風天の寅さん映画に出ていた倍賞千恵子嬢の唄っている声が聞こえてきた。

美しい日本語の旋律と澄んだ歌声が、すーっと心の奥底にしみ込んでくる。詩情溢れる日本の歌である「宵待草」の調べが、かすかに脳の奥底から聞こえてきたのである。伴奏は聞こえなかったが、その頃の日本の嫁さん候補、ナンバーワンと言われていた千恵子嬢の歌声だけがゆるゆると流れて行く。

だが不思議なことに、ワンフレーズの歌詞が終わると、後は何も聞こえなくなった。

私は、一瞬、時間や空間を超えて、遠い昔に何度か行った、故郷である東北地方、仙台の近くにある涌谷の農家脇の叢《くさむら》にいたのに相違ない。

歌声が止むと、その時の光景が脳の奥に鮮やかに浮かびあがった。

畦の脇に広がった青草に身を横たえて、日本の叙情歌特集のテープを何度も聴いていた、あの青年時代の記憶が鮮やかに蘇ってきたのだ。

アジアの自然の奥底にひそむ精霊は、ほんのひと時だけだが、またもや私の魂を忘却の彼方に連れて行ってくれた。

しばらくもの思いに耽っていたが、ふと我に返って四辺を見渡すと、朝の陽ざしに照らされた黄色い粘土の道が延々とどこまでも続いているだけだった。

気を取り直して歩いて行くと、大きなインド菩提樹の下で、二人の角ばった輪郭をした顔のお婆さんが切り株に座って、棕櫚《しゅろ》の葉がついた枝でハエを追いはらいながら大きなスイカを売っていた。

私は側に立ち寄り、スイカをポンポンと叩いて手で食べるまねをして、これを半分に切ってもらった。

お婆さんたちが座っている少し上の草むらに腰掛けて、差し出された甘いスイカを口いっぱいに広げて食べていた。

突然、一人の婆様が棒を手にしてすっくと立ち上がった。

「〇〇〇ボジョビカ～」と、お婆さんの大きな声が辺りに響き渡った。

何事が起きたのか立って周囲を見渡すと、一メートルくらいの一頭の大きな豚が垂れた乳房を揺らし、私をめがけて突進して来る。

スイカを放り投げて、「ワァ～、助けてえー」と言って逃げ出したのだが、すぐに切り株に躓き、前につんのめってしまった。

もうダメかと直感で悟ったのだが、豚の奴は放り出したスイカを口に頬張ると、一目散に集落のある方に走りだした。

ラット・セイ・カン湖

お婆さんは、何度も何度も頭を下げて、新しいスイカを出してくれた。

幾度かのやり取りでわかったのだが、先に怒鳴られた豚はこの辺りに飼われている荒くれ豚で、「ボンジョビカ」と言う名前で呼ばれているそうで、知らない人を見かけるとたまに襲い掛かることがある凶暴なメス豚であることが判明した。

私はしきりに辺りをうかがい、新しく食べろと出されたスイカを断って、足早にそこを後にした。

足音だけがパタパタと聞こえる静かな佇まいの村の間を抜けると、右手に湖水が見えてきた。

ラット・セイ・カン湖だ。

道幅が大きく広がって、茶色の地肌の上に何本もの白い線のような道が走っている。

その道を四人の男が離れ離れに歩いて来

る。一番右側の長身の男が被った赤と白の格子柄の三角帽子が空に浮き出てひときわ目立ってい
る。
池は森に囲まれていて、ホテイ草などに覆われた、浅い沼のような淵に藁葺きの小屋が建って
いた。
左側には、高さが五メートルもありそうな崩れた石垣の塀があって、その間に道が抜けていて、
水面がいぶした鉄板のようにまだらに光っている湖が見えた。
その塀は、ほとんどが小高い山のように盛り上がっていて、雑草の間に褐色の地肌を見せてい
た。
がけの長さは五〇〇メートル以上もある。
その中間に煉瓦や小石を積みあげ、漆喰で固めた、高さが六メートルのアーチ型の入り口があっ
た。この入り口は、ラット・セイ・カン門（Latt-say-kan Gate）と呼ばれている。
アルミの水壷を地べたに置いて、若い青年と少女が壁を背に休んでいる。この湖から飲料水を
汲み上げているのだ。
兄と妹なのだろうか？　二人は少し離れて無言で座っている。
高台の東屋風の建物の脇にはバイクが数台置かれていて、若者たちが歓談している。
一人の男が近寄って来て、仲間に入れとこちらに向かって手を振った。
私は一人で夢想する癖があるので、この時も、早く湖の全景が見たくて首を振って丘の突端に
向かった。

広大な湖は、水草に深く覆われた島があちこちに点在して浮かんでおり、小さな蓮の葉がその周りに漂っている。

今は乾季で水量は少ないが、雨期になったらこの湖は巨大な水瓶に変わるのではないか。

南の方角に、もう一つの大きな湖であるアヌマ・カンが遠くに霞んで見えた。

眼を凝らせば凝らすほど、これらの湖の鬱々とした壮大さが伝わってくる。

段々になった丘と、それを取り囲む山々がある。その間に曲がりくねった小道があり、これらの道に沿って、かつては土壁と石壁がつくられ、丘や山と並んで長い防御壁を形成していた。

丘や谷の間には、大きな沼や貯水池が、水害の防止だけでなく市民に安定した水を供給する貯水目的のために造られたと言う。

また侵入者を一気に撃退するために、水門が所々に造られた。

今でも、この近在の村人は、この貯水池を大事に護り、汚さないように気を使っている。

尚、不思議なことに、この池には魚がいないと言われている。遠い昔に、魚が死に絶えるほどのことが起こり、湖の怒りをかうような祟りがあったのではないのだろうか。

赤い地肌の山の上に、黄土色のパコダの頭がひときわ高く飛び出している。

空と同じ色の紺碧の湖面に、パコダや山の影がくすんで逆さに映っていた。


この湖は過去において実戦で使用された。

このことを記録しているのは次の文献である。

「一五三二年、アラカン海岸は、人口稀薄［註］且つほとんど人煙稀であつたにも拘わらず、パラウン（Hpalaung、即ち feringhi 葡萄牙人）の掠奪を蒙ることがあった。

而も他方ペグーの王位には侵略的なタビンシュウェティが健在であつたから、若しミンピン（MINBIN）王に手腕がなかつたら、アラカン朝にとつては洵に危急存亡の時代となつてゐたであらう。

ミンビン王[*1]はムロハウン（ミャウー）の稀代な石の城壁を強化し、海潮の濠を掘り、緬甸軍が市東方の外塁に突入した時、彼は大貯水門を開け水を氾濫させ敵軍を殲滅した。

彼は一方に於いてペグーのタビンシュウェティ王に挑戦されながら、また他方ティペラ族（Tippera）［訳註 ベンガルのティプラの住民］の侵略にも拘わらず、ラムー、チッタゴングの両地を確保した。

そして、彼の名とサルタン（回教王）と自称せる名をのせた貨幣をチッタゴングで鋳造させた。

彼はムロハウンにシュウェダウン（Shwedaung）パコダ、シッタウン、ドゥカンティン（Dakk）、レミイェッナ（Lemyethna）の寺院及び錫蘭（セイロン）の仏歯を祀るアン・ドウ（Andaw）仏塔を建立した。[*2]

アラカン族は、緬甸の他の種族と異なり、外洋航行の船を持ってゐた。そいて、チッタゴン

＊1　ミンビン王は、ミン・バー・ジー王（Min Bar Gyi）とも呼ばれている。

＊2　『大緬甸史』（ビルマ史）G.E. Harvey（ハーベイ）Exeter College. Oxford, 1942「緬甸史」第五章アラカン王朝から

グから有能な船乗の人種を輩出した。

彼等は時々葡萄牙人の海運さえ妨害したものであるが、結局、葡萄牙の海賊と結託して、一五五〇〜一六六六年頃にかけてアラカン史上最も偉大な時代をもたらした。ゴア（訳註　印度西岸葡萄牙領）の支配を受けない葡萄牙人は多数チッタゴングに住居定め、その結果第十六世紀中葉以来、同地は繁華な海港となってゐた。

チッタゴングにはアラカン守備隊が駐屯し、王[*1]の弟又は忠実な一族によつて守られていた。そして毎年アラカン王国は一〇〇隻の船を以って軍隊、火薬、弾丸等を内地に送り、これと入替に前年に派遣されてゐた守備隊と船舶はアラカンに帰国するのであつた[*2]」

田舎の村の「得度式」の祭り

帰り道の途中で、どこからか、細くはかないお囃子の竹笛が、スピーカーを通して流れてくる。道端に立てかけてある板には、ミャンマー語で「得度式」の祝祭と書かれている。

其の隣には、簡単な神輿のようなものが置かれていて、一番上の傘の廻りに、ミャンマーのお

＊1　ミン・バー・ジー（Min Bar Gyi, A.D.1531-1553）Second founder of Mrauk U city

＊2　緬甸はビルマ、葡萄牙はポルトガル、ペグー（Pegu）は、現在のバゴー（Bago）。

札がグルリと吊り下げられている。

その下にも、羽根のように広げた木の棒に、水鉄砲、風船、ハンケチ、お札などが吊るされていて、一番下には、プラスチックのバケツ、ジョウロ、洗面器などの重そうな物がぶら下がっていた。たぶんこれらは、村の人達がお祭りのために寄贈した品物であろう。

大通りから細い路地まで、小さな竹を張り巡らした塀や高い生垣が並んでいる。

緑の木立の奥から、笛や太鼓の音が急に大きくなり、「ピーヒャラ、ピーヒャラ」と流れてくる。

私はだんだんと、その音色に引き寄せられるように路地の奥に入って行った。

生垣の前には、着飾った七歳くらいの少年が馬に跨っていた。馬も首周りに沢山の布をかけられ、鞍の下には、鮮やかな赤色の帯が掛けられている。少年の帽子は、金色の布でできていて、極彩色の長い布を腰に巻いている。顔はタナッカーがきちんと塗られ、紅を塗ってお化粧をしているようだ。

その両側には、手綱を取る、五歳くらいの子供が立ち控えている。

竹垣の間からなかに入ると、紅白で飾られた長い幔幕が、ぐるりと囲んだ小屋が建てられていて、そのなかの正面には、七歳から八歳くらいの少年三人が立っていた。

絹のパンタロンみたいな服の色は、黄色、薄いピンク色、濃紺などでできていて、ターバンのような帽子から首や胸元に提げている金色の布地も、花柄などが描かれている。

その隣には、金箔を貼った鐘を持った少年が立っている。

公民館のような高床式の建物がある庭には、たくさんの村人が正装して、木製のイスに座って笛を吹いている。

少年らの両親は、これから出家する息子に何かと世話を焼いて付き従っていた。

このお祭りは、「シンピュー式」といって日本では得度式と呼ばれている。

ミャンマー人の男子の多くは、七歳から八歳くらいになると、一週間から二週間、熱心な人は一ヶ月から二、三ヶ月程度も出家する。

儀式は、主にワーゾン月（六月中旬～七月中旬）の初め頃に行われると言われているが、この村ではタグ月（三月中旬～四月中旬）で行われている。

この儀式の日取りは、村の占星術師が占星図を使って決める。

この「得度式」の前日に、男の子は王子のように綺麗に着飾って馬に乗り、町や村をくまなくパレードして僧院に向かうのである。

この儀式の由来は、昔、ラーマンニャ王国のダンマチェディー王が、即位する時までは出家生活をしていたが、還俗して、シンリオーピュ女王の娘を娶って王位についたという由来から始まったと言われている。

あまりにもきらびやかだったので、私は写真を撮ったり、イスに腰掛けてしばらくの間このお祭りを見ていた。

一つ気がついたのだが、このお祭りは村中の人が総出で参加をしているようだった。老若男女、小さな子供まで全員がきちんとした服装で長いすに座って小さな舞台を見ている。

竹でできた舞台小屋の外にまで人が溢れているが、皆真剣な面持ちで子どもたちを見つめている。

ミャンマー人の素晴らしさは、このような盛大なお祭りでも、歓声や怒号などは聞こえてこないことだ。

村人や子どもたちは喜びをかみ締めて整然と行事を進行させている。

貧富の差が広がっているこの国でも、ヤンゴンなどの大都会では、貧しい人は社会の片隅でそっと暮らしている。

しかも驚いたことに、この村には乞食がいない。もちろん、ミャウーの町中にもいなかった。東南アジアのどこに行っても必ず見かけるのにである。

私は恐る恐るこの村の老人たちに物乞いのことを英語で聞いてみた。

帰ってきた答えは次のような内容であった。

「この村だって貧しいさ。でも我々は、毎日、支えあって生活しているんだ」

「この村の人たちの笑顔を見てくれ。ブッダを信じているから心が清らかなんだよ」

「自然とうまくつきあって、人と人の結びつきを大事にしているのさ……」

私は、お祭りと言えば、朝から酒を飲んで騒いでいるのだが、見渡せば酒壜が一本もない。仏棚に載っているのは、アルミの鍋、鉢、水壷などの生活用品だけだ。これらの寄贈された物は、祭の後で皆で均等に分配して配ると言った。

さらに感心したのは、来賓席などというものはなくて、村の祭りに必ず顔を出す、いわゆる村長、富めるボス、軍人、袈裟懸けの高僧などの人達がいないことだ。

少年たちの服装を直してあげているのは村の男性の長老で、村人全員が談笑しながら、ところどころに座ってじっとこの仕草を眺めている。

やがて、花束を持った少女の隊列を先頭に、続いてお金の傘や果物などの盆を持った若い女性たち、その後を白いアルミの盆を頭に載せている。白いブラウスの上に茶色の肩がけを回し、タメインの腰に手をあてた年輩のご婦人たちが僧院に向かって長い列をつくり、黙々と歩いて行った。

両側には、長袖の白いボタンダウンのシャツ姿で、茶色のロンジー姿の男たちが立ち並んでいる。

そして、花束を飾った馬に乗った主役の子供たちが続き、最後の行列は、ミャンマー国旗を斜めに捧げて持った頭にオレンジの鉢巻をした若者の集団だった。

このお祭りは不思議なほど、静かで粛々と行われている。太鼓の音や掛け声なども聞こえず、辺りは澄み切っていて、すがすがしく、村全体が大きな喜びに包まれている。

静粛な列のなかに華やかな祭り特有の活気が感じられた。

王子の装束で、練り歩く子供たちは、明日は頭を剃り、寺の見習い僧になる。

この国の両親は、「息子を仏に献上するのは、最高の喜び」と考えている。

沙弥《コウイン》になるための「得度式」は、功徳を積むための最高の機会であると捉えているのだ。

男子は、見習い僧になることで、二十歳を過ぎると具足戒式を受けて「比丘」になり、正式な仏教の出家者になることができる。

女子の場合は、少女の耳たぶに孔をあけてピアスを通す「ウッツウイン式」がある。

だが、タイやミャンマーでは、戒律上、女性は「得度」することができない。そのために、十五歳から十八歳くらいになると、学校が休みの日に尼僧院で頭を剃り、短期間の見習い尼僧《ティラシン》になったりする。

二十歳を過ぎると、タイなどの先進的な仏教徒の女性は、スリランカなどの海外に行って得度してくると言う。

丘の上には、こんもりと茂る森のなかに小さな僧院がある。

最後の行列が右に曲がって門のなかに消えた。

その瞬間に夢から覚めたように、あの歴史絵物語のような行列のシーンが、瞼のなかに繰り返し浮かんでくる。

夢のからくりを眺めていたのかと思って回想していると、なぜか胸がふるえ、眼頭からあふれ出た涙が止めどもなく頬を伝わり、しばらくその場で嗚咽した。

境内の入り口にあるパダウの黄色い花が、こぼれるように風に舞っている。

その甘くせつない香りを乗せて、道路を舞ってきた旋風が、私の身体をさあっとすり抜けて行った。

ラブリーな日本女性の旅人

「オーナーは、いつ帰ってくるのですか」

「本当は今日帰ってくる予定だったんですけど、もう一日延びました」

私はオーナーが、シットウェーでアラカンの本を買って来てくれるのを心待ちにしていた。

奥さんは、三歳くらいの可愛い赤ん坊を抱いてじっと私を見つめている。

だが、私に興味があるという訳ではなく、食事中の世話を焼くためにテーブルの前の席に陣取っているのだ。

やがて、オーストラリア人がやって来て、やっと会話が進みだした。

「今日はどこに行かれましたか」

「王宮の跡地と博物館に行って来ました。あなたは……」

「コータウンに行って来ました、自転車を借りてね。あそこはとてもよかった」

その後彼は奥さんとしゃべり、笑いあっている。

疎外されたような感じがしたので、私はあまり冷えていないミャンマービールをがぶ飲みして、一人で黙々と海老の炒めご飯を食べていた。

すると急に奥さんがこちらを向いて、

「日本人の女の子がミャウーに来るみたいよ」とぽつりと言った。

「グループで来るんですか」

「一人で来るみたいです」

「え、本当ですか〜」

私はケビンさんの顔を見ながら、つい顔をほころばせてしまい、話を続けた。

「幾つくらいの人なんですか。こんなミャンマーの奥地に日本の女子が一人で来るなんて信じられない」

「それはわかりません。その女の人が、タウンゴッ（Taunggok）からシットウェーに向かっているフェリーボートからプリンス・ゲスト・ハウスに電話をかけてきて、明晩、泊まる部屋はあるかと聞いたそうです。それを父から聞いた主人は、この人はミャウーに行く人かもしれないと思って一日帰りを遅くしたのです」

「何時に来るんですか」

「ミャウー行きがはっきりすれば、たぶん、明日か明後日のフェリーボートで来るでしょう。主人は今、お父さんのゲストハウスに泊まって彼女の到着を待っているのです」

「このゲストハウスもきっと賑やかになりますね」

私は嬉しさのあまり、ゆるんだ笑い顔を無理やりつくってケビンさんとビールで乾杯した。

「僕は三十五歳、独身。国では海運会社の経理をしている」と、彼は物静かな口調で話した。

「私は、六十八歳です。会社から二回もリストラされて現在無職なんです。オーストラリアには行ったことがありません。もっぱら東南アジアの辺境専門の旅人です」

彼は日本の横浜に行ったことがあると言ったので、それからは、先日、日本とオーストラリアが対戦したサッカーのアジアカップのことなどで話が盛り上がった。

蚊取線香のゆらゆら立ち上る煙が、庭の食卓に置いてある小さなランタンに照らされて、暗闇に高く浮かぶパパイヤの大木の葉の間に吸い込まれていった。

翌日、王宮博物館、シッタウン寺院、オンドーウ寺院などの観光地巡りをして、モエ・チェリー・レストランで食事をし、久しぶりに壜ごと冷やしてあるミャンマービールを飲んで、夕方になって歩いてホテルに戻ってきた。

あれだけあてにしていたのに、会うなりオーナーは、アラカンの本を探したけどどこにもなかったと申し訳なさそうに首を垂れて言った。

やがてケビンさんがやって来て、パコダの名称の話などをオーナーと始めた。

私は話の途中に割り込んで、ようやくオーナーに訊ねた。

「ところで、日本人の女性は到着したのですか」

「ええ、フェリーが二時頃着いて今は寝ています。貴方の隣の部屋ですよ」

「気になっていたんですが、その人は幾つくらいの人ですか」

「よくわかりませんが、たぶん四十歳前後だと思いますが……」

「ガパリビーチ（Ngapali Beach）からタウンゴッを経て、フェリーでシットウェーに来たと言っています」

「四十代の日本女性が一人旅でここまで来るなんて、東南アジアを長く旅してきましたが、今まで聞いたことがないです」

私は力を込めて言って、イスを引き寄せ座り直した。

タイ北部のメーホーンソーンやラオスのジャール平原で、一人旅をしていた女性たちに何度か遭ったことがあるが、いずれも二十代の若い女性たちで、なよなよとした痩せ型で細身の体の背に小さなバッグをかつぎ、疲れたように歩いて行く姿を覚えていた。

同じ日本人に会っても、お互いに会釈だけしてすれ違っていた。

またゲストハウスでたまたま一緒に泊まることもあったが、その時も、寂しげな顔立ちの女性はテーブルの端に座り、何かを真剣に考えているようだったので、声もかけられなかったのである。

旅のポリシーを大事にする彼女らの方も、こんなおかしな老人に近づいて声をかけようとする者は、今まで誰一人いなかった。

テーブルクロスのかかった食卓の上や足下には長い蝋燭が置かれていて、その薄暗い灯りに照らされて、私たち三人はサッカー場の近くにある川沿いのマーケットについて会話を続けていた。

夜の八時を廻った頃、ホテルの庭の木立の陰から女性らしい人が現れ、ゆっくりとこちらに歩いて来た。

彼女は、闇のなかから突然現れた。小さなランタンの青白い光や蝋燭の薄ぼんやりとした光がかろうじてその姿を映すのだが、そのドハデな顔に満面の笑みをたたえている。

女の人はこちらに向かって眼を見開き、片手の甲で口元を押さえ、「ゴッホホッホ」と照れくさそうに笑った。

ストレートヘアーを肩まで垂らし、色が黒い。いや、黒いだけでなく、磨き上げた肌がつやつや光り、がっちりした太めの肉づきが身体を盛り上げている。ナチュラルメイクの顔は少し面長で、大きな眼が青黒く輝いている。

年の頃はまだ三十五は越えていないと思われるほどの、若づくりの顔だちだった。

衛星放送で見かける、中近東、カタール、アル・ジャジーラの女性アナに似ているような気もする。

闇夜なのに辺りが急に明るくなって、周りにハートがいっぱい飛んでいる。高く伸びている紫色のバナナの樹の葉陰から、青い実がたてつづけに落ちて、音をたてて地面に弾けた。

服装は、ピンク色のタンクトップに、橙色のダブダブ漁師パンツを着て、同色のケープを無造作に肩にかけ、花柄のビーチサンダルを穿いていた。

手には、ポーチとお酒らしい罎を二本も持ち、笑いながら身体を揺らして歩いて来る。

その装いにきらびやかさはないが、妖艶な笑顔はエキゾチックで、オリエンタルなどっしりとしたグラマラスな熟女の雰囲気を漂わせていた。

彼女は、発音のはっきりした英語と日本語を交えて話を始めた。

「ガパリビーチに行ったのは、四月上旬よ。ビーチはのんびりムードで、紺青の空を見ながらシュノーケリングやダイヴなどをしたりして、ひたすら海に潜り、夜は、椰子の葉が揺れる浜辺で、若者たちと飲んだり、荒波をバックに歌ったり踊ったりして、毎日浜辺で楽しく過ごしていました。ミャンマーの水かけ祭りが始まるので、静かなミャウーへエスケープしたんです」

「あなたは、どんなところへ行っても、現地の人たちとすぐ友だちになってしまうのですか」

「そうよ。土地の人たちは、素朴で純心な人ばかりだわ」

「お酒なんか飲んで、その後、騒いで怖いと思ったことはないんですか」

「そりゃあるわよ。でもミャンマーではないわよ。タイで二度ほど危ない目にあったの。一度は、タイのドンムアン国際空港から乗ったタクシーの運転手に、とんでもないところで下ろされて襲われたの。その時は、道を通りかかった人が男を取り押さえたのよ。もう一つは、プーケット島のビーチのバンガローで寝ていたら、近くのバンガローにいた三人の中年男のドイツ人が、夜中にバンガローの扉をがたがた揺らすじゃない。そりゃー怖かったわよ。でも大声を出したら逃げていったので助かったわ。このお酒はガパリビーチの漁師の人たちが飲んでる椰子酒なの。皆で飲んでみない？　ジンもあるわよ……」

ケビンさんは甘い甘いと言って一気に飲んでしまった。私も飲んでみると、日本の果実酒の薄いレモンの味がした。

「これ、日本から持ってきたシャボン玉なの」と言って、彼女はビニール袋のなかから小さな筒を取り出し、ストローでシャボンを吹き始めた。

金緑色のシャボン玉はふぁふぁと浮くとローソクの灯りに照らされ、玉かずらのように連なってケビンさんの周りをゆったり漂っている。

なぜか幸せのシャボン玉は、待ち焦がれている私のところには一つもやってこなかった。

「あら、誰もお吸いにならないのね。タバコをしてもよろしいこと？」

「どうぞ、どうぞ。ラベルを見ると、そのタバコは外国産みたいですが……」

「だーあっ、よく見てるのね。ヤンゴンで買ったのよ。日本の物より安くておいしいんですもの」

彼女は箱から長い指をからませて、ゆっくりとした動作でタバコを取り出した。

ライターの火に照らされて、目の前の彼女のはじけた笑顔が薄闇のなかでぽーと浮かんだ。

「ところで、貴方のお名前は、何というのですか」

今までと違うタイプの日本女性に出会った私は、彼女にいちだんと興味が湧いてきて尋ねた。

「ムーンよ、ムーン！」

「え、ムーンさんとおっしゃるのですか？」

「そうよ。まったく、男はすぐに名前や電話番号を聞くんだから。その次には決まって『独身ですか』なんだから、いやになってしまう。だから、いつもムーンと言っているのよ。覚えやすくていい名前だと思わない！」

「仰せのとおり、一度聞いたら忘れないすばらしい名前と感じ入りましたが、アジアのビーチ専門にダイヴしているムーンさんは、なぜ、こんなしなびた古都であるミャウーなんぞに来られたのでしょうか」

「あら、来ちゃ悪い？　私だって日本の女よ。歴史に興味があって、今回は、パガンかミャウーのどちらかに行こうかと計画していて、パガンよりミャウーの方がガパリから近いからこちらを選んだの。ところで、あたしにばかり質問しているけど、あなたは誰？　何しにここまで来たんですか？」

「名前を言うのが遅くなってすみません。私はオキタと言います。三年前、シャン州（Shan State）のチャイントンに行きまして、『ミャンマーの侍 山田長政』という本を出しましたが、いまだに出版業界からお呼びがかからず、今回は〝アラカンのキリシタン侍〟の本を書く予定で自費で取材に来ております」

「インドのゴアなど、いろいろな国を旅しているけど、チャイントンなんて町は知らないなあ。それにオキタなんて言う名の作家なんか日本で聞いたこともないし。いったい何を書いているの……」

「いきなり、初っ端からバッサリと切られましたなあ。はたまたその通りでございます。去年初めて、十七世紀にアジアで活躍した侍の本を出したライターのはしくれです」

「それで、そのキリシタンとかの侍のことで何か見つけたの？」

「いや、まだ何も見つかっておりません。こちらにいるケビンさんが持っていた英語ガイドブックのミャウーのなかで、十七世紀に日本人の侍のいたことが書かれていたのと、この宿のオーナーが、日本人の侍がこの地に来たことが書いてあるアラカンの本を読んだことがあると言っていました」

「ふ～ん、それはご苦労なことで。がんばってね！」

と言ってきれいな瞳のケビンさんの方にしっかりと顔を向け、オーナーも交えた三人が、なめらかな英語でまたペチャクチャとお喋りを始めた。

ケビンさんが日本の地震のことを尋ねると、やにわに彼女は携帯を取り出し、岩手県の大船渡市を襲った巨大津波の動画を流した。

それは、防潮堤を越えてきた恐ろしい津波の襲来の模様が克明に映し出された動画だったので、痛ましいのが先にたって私は顔を叛けたが、彼らは食い入るようにその画面を見つめていた。

しばらくするとムーンさんは、シャンバッグから小さな缶を引っ張り出して何かを掴みだした。

「これ、新型の花火なの。爆竹を鳴らして景気よく新年を祝いましょう」

「何、それ。どこから持って来たのですか？　ウソ、まさか日本から……」

「そうよ。日本のネズミ花火よ。缶に入れて、隠して持って来たの」

「良い度胸をしているなあ～。空港などでもし見つかったらどうするんですか」

「あら、そしたら、没収されるだけじゃん。ホッホッホホ」

と笑って、次々とネズミ花火に火を点けた。

シュシュと煙をあげ、パンパンと破裂しながら、まるで生き物のように暗い庭先をかけ廻る花火の一発が私の股間に飛び込んできて、「バァ～ン」と、大きな音を立てて炸裂した。

数日後、ケビンさんから聞いたのだが、ムーンさんはあの湖に行って、丘の上で若者たちと飲んだり歌ったりして楽しく過ごし、夜になってから、プリンス・ホテルまで若者たちを引き連れて賑やかに帰って来たと聞かされた。

そして、またまた驚いたのは、あの湖でムーンさんが泳いだと言うことだった。

確かに、あの湖の岸の木には「遊泳禁止」の貼り紙はなかった。

だがあの湖は、古来から市民が飲料水を取水する大切な場所なのである。

その上、ミャウーの人たちにとって、国の命運をかけて戦った由緒ある古戦場なのだ。

数日後に、若者たちがムーンさんをブーゲンビリアの花房で女王さまのように飾り立て、バイクの後ろに乗せてミャウーの町を走り廻り、パコダ詣りをするそうである。

なお、帰国後、比較的治安が良いとされるミャンマーで忌まわしい事件が起きた。

二〇一一年九月、世界遺産のパガンで三十一歳の日本人女性が殺された。

バイクタクシーの後部に乗ってパコダを廻っている途中で、その運転手に殺されたのだ。

もちろん、運転手は、現地の警察によってその場で逮捕されたが、このようにアジアでの女性の一人旅というのは男性に比べて数倍の危険が伴うことなのである。

バックパッカーの一人として、不運な事件に捲き込まれお亡くなりになった女性の冥福を心からお祈り申し上げます。

アラカン歴史研究家バーミャイン

ドシン、ドシンと、屋根や地面にパパイヤの実が落ちる音ではっと眼が覚めた。

夜明けを知らせる鶏たちの長く冴え渡る声も、連続して道路の反対側の民家から聞こえてくる。

今日はどうしても、チリッダンマ王が一六二九年に建立した「サッキャマン・パコダ」を探し当てねばならない。

私にとって、キリシタン侍の痕跡を探す上で重要な鍵となるパゴダなのだ。

同じ年に王妃であるナッ・シン・メィが建立した「モンコン・シュウェッ・パコダ」はわかった。ミャウーの英語のガイドブックでは、サッキャマン・パコダは、「ミャウーの東」にあり、その位置は、ラタナポン・パコダの南、シュウェッグ・タン・パコダの東と書いてある。

だが、表紙の裏に出ている地図には、モンコン・パコダの位置やサッキャマン・パコダの位置は出ていないのである。

オーナーに聞いても、モンコンの近くだと言うだけだ。

もちろん、日本のガイドブックには載っていない。それどころか、モンコンの位置にサッキャマンと英語で書かれているのである。

サッキャマン・パコダとモンコン・シュウェッ・パコダは、現地の英語のガイドブックでは有名なパコダのなかに名を連ねているのに、どうしてもその位置がわからない。同年代の王と王妃が仲良く、同時に建立したのだから、モンコン・パコダからはそう遠くないはずだ。

モンコン・パコダを過ぎて、コータウンの方に向かって歩き始めたのだが、道端の雑貨屋の入り口で大声をあげて呼んでも、今日も誰も出て来ない。

仕方なしにガイドブックを片手に歩いていくと、麻布のシャンバッグを肩にかけた自転車に乗った学生らしい三人連れに遭った。

「すみません。サッキャマン・パコダを探しているのですがわかりますか」と、私はガイドブックの写真が載っている頁を見せて英語でゆっくりと尋ねた。

彼らは寄り集まって写真を見て、このパコダはこちらの方角ではないと反対側の山の連なりを指さした。

「そこには、どうやって行くのですか」

彼らは、今私が来た道の後ろを指さして右の方向に手をかざした。

私は一瞬、それはおかしいなと思った。

なぜなら、その方向は、来る時に注意深く探していたのだが道らしいものは何も見当たらなかったからだ。

しかし、彼らは地元の人間だ。きっと右に行く細い道でもあるのだろう。

自分が見落としたに違いないと思って、礼を言って別れた。

しかしその道はとうとうわからず、ついに川の袂にある雑貨屋が見えてきた。

そこを左に曲がるとプリンス・ホテルに至るのである。

「何だ、戻って来てしまったじゃないか」

私は、またしてもサッキャマン・パコダがわからず、「もうだめか」とがっくりと肩を落とした。

その時である。

左の方角から、リヤカーを付けた自転車を押して、四十代くらいの黒眼鏡をかけた男性がやって来た。

私は最後のつもりで、この男性にサッキャマン・パコダがどこにあるかを尋ねた。

その男性は、左のかなり白濁した目を訝しそうに細めて、

「あんた、日本人かい?」と、流暢な英語で答えた。

「プリンス・ホテルに泊まっている日本人だろう。私はそこのオーナーと友だちだ。あんた、昔、この町に来たサムライのことを調べている人だろう」

「え、どうして知っているんですか」

「こんな狭い町じゃ、情報がすぐに伝わるのさ。ましてや、普通の観光客は二、三日で帰ってしまうのに十日も宿泊を予約したんだって……」

「よく、知っていますね。サッキャマン・パコダは、どこにあるかわかりますか」

「なんて、とんまなことを質問する人なんだろうねえ。だが、あなたは幸運な人だ。ブッダに感謝したまえ!」

「おっしゃっている意味が、なんだかよくわかりませんが」

「僕は、アラカンの歴史を研究しているこの町の大家だよ。名前はバーミャインと言ってこの近在では誰一人知らぬ者はない」

「へえ、じゃお聞きしますが、十七世紀に、この都に来たポルトガルの宣教師の名前を知っていますか。それに、何年頃に日本人の侍がやって来たのか、教えてもらいたいもんですね」

彼の着ているロンジーにほつれがあり、身なりもどことなく崩れていることで気分が悪くなり、その細面の男に意地の悪い質問を浴びせた。

「その宣教師は、マンリケですよ。それに日本人のサムライたちは、一六三〇年には、チリッダ

ンマの近衛兵として活躍していたんです。あんたがもっと知りたければ、あたしについて来るんだね。あたしはここから二キロ先のコータウンの前で、毎日行商しているのさ」

「おじさん、私は朝飯を食べにホテルに帰るところなのです。もし用事があるのならホテルに来てください」

「嫌ならいいんだよ。私の仕事が終わるのは、夜の七時だからね。ホテルにはとても行けないよ」

私は腹が減って「クゥ、クゥ」と胃から音が出ているのをこらえ、イライラするのを押さえ、どうしようかとしばらく思案した挙句、この人について行くことに決めた。

この人が「マンリケ」を知っていたので同行することにしたのだ。

行く途中で、アラカンの歴史についていろいろと話したのだが、確かに細かなことまでも知っている。

私はだんだんと彼に引きずられて、どんな資料に出会えるのか興味が湧いてきて、言いようのないワクワク感に気圧されて、思わず身震いをした。

やがて、遠くの曇天の下に黒ずんだ巨大な仏塔が低く並んでいるのが見えた。

「ここが、コータウンさ。私が開店の準備をしている間に、仏像でも眺めていなさい」

この巨大な苔むしたパコダの光景は息を飲むほど圧巻だ。

オーストラリア人のケビンさんもサイカーでここを訪れ、ミャウーで一番印象に残ったパゴタだと言っていた。

だが、私は気もそぞろになっていたので、コータウンは後日に来ることにして、階段を上る途中でそそくさと向きを変えた。

「しょうがないな。それでは、そこのイスにでも掛けていなさい。今、開店の準備をしているところなので、ちょっとそこで待っていてくださいよ」

彼は隣の店の若者と一緒になって、木箱の上に長い板を渡して商品を並べ始めた。

しかし、お土産の店と言っても、観光地で売るような名物の品は何もなくて、粘土で作ったミニチュアのブッダ像と、有名なパゴダの解説書のコピーが何枚か置いてあるだけだった。

小屋がけと言っても、屋根にはシートがなく、強くなってきた陽ざしを避ける物も見当たらなかった。

他の店も似たり寄ったりで確かにコータウンに来るサイカーやバス、ピックアップなどがたまに駐車する場所なのだが、ほとんどの観光客はちょっと覗いただけで帰ってしまった。

「お待たせしました」と言って、彼は木箱から写真を取り出した。

「何これ、日本軍の軍票じゃないか。こんなものいくら集めたってだめだよ。でも、まさか日本軍は、ミャウーまで侵攻して来た訳ではないでしょう」

「あなた、何にも知らないんですねえ。前の大戦の時、シットウェーの港に、日本の海軍の軍艦が何隻か停泊していたんですが、イギリス軍の度重なる爆撃で全部撃沈されてしまったようです」

「こんなところまで、日本軍の艦船が来ていたんですか」

「おかげで、シットウェーの町も夜間爆撃を受けて炎上し、かなりの被害を出しました」

「シットウェーの町では日本軍のことを聞きましたが、日本人と対面しても、あえて恨み辛みを

郵便はがき

料金受取人払郵便

小石川局承認

6914

差出有効期間
平成26年4月
30日まで

1 1 2 - 8 7 9 0

105

東京都文京区関口1-23-6

東洋出版　編集部　行

ご提供いただいた個人情報は、今後の出版活動の参考にさせていただきます。それ以外の目的に使用することはございません。

ふりがな		歳	男・女
お名前			
ご住所	〒　　　−		
e-mail	@		
ご職業	1. 会社員　2. 経営者　3. 公務員　4. 教育関係者　5. 自営業 6. 主婦　7. 学生　8. アルバイト　9. その他（　　　）		
ご購入のきっかけ	1. 新聞広告（　　　新聞）　2. 雑誌広告（　　　） 3. その他の広告（　　　） 4. 書店店頭で見て　5. 人にすすめられて 6. その他（　　　）		
ご購入店	市・区　書店名（　　　）		

東洋出版の書籍をご購読いただき、誠にありがとうございます。
今後の出版活動の参考とさせていただきますので、アンケートにご協力いただきますよう、よろしくお願い申し上げます。

2013年9月の新刊　＊ご購入の書籍をお教えください

- □ 未来学
- □ 旬の句
- □ アラカンの黄金王都ミャウーのキリシタン侍

●本書をお読みになったご感想をお書きください

●本のデザイン（カバーや本文のレイアウト）についてご意見をお書きください

●今後読んでみたい書籍のテーマ・分野などありましたらお書きください

ご協力ありがとうございました

社用欄

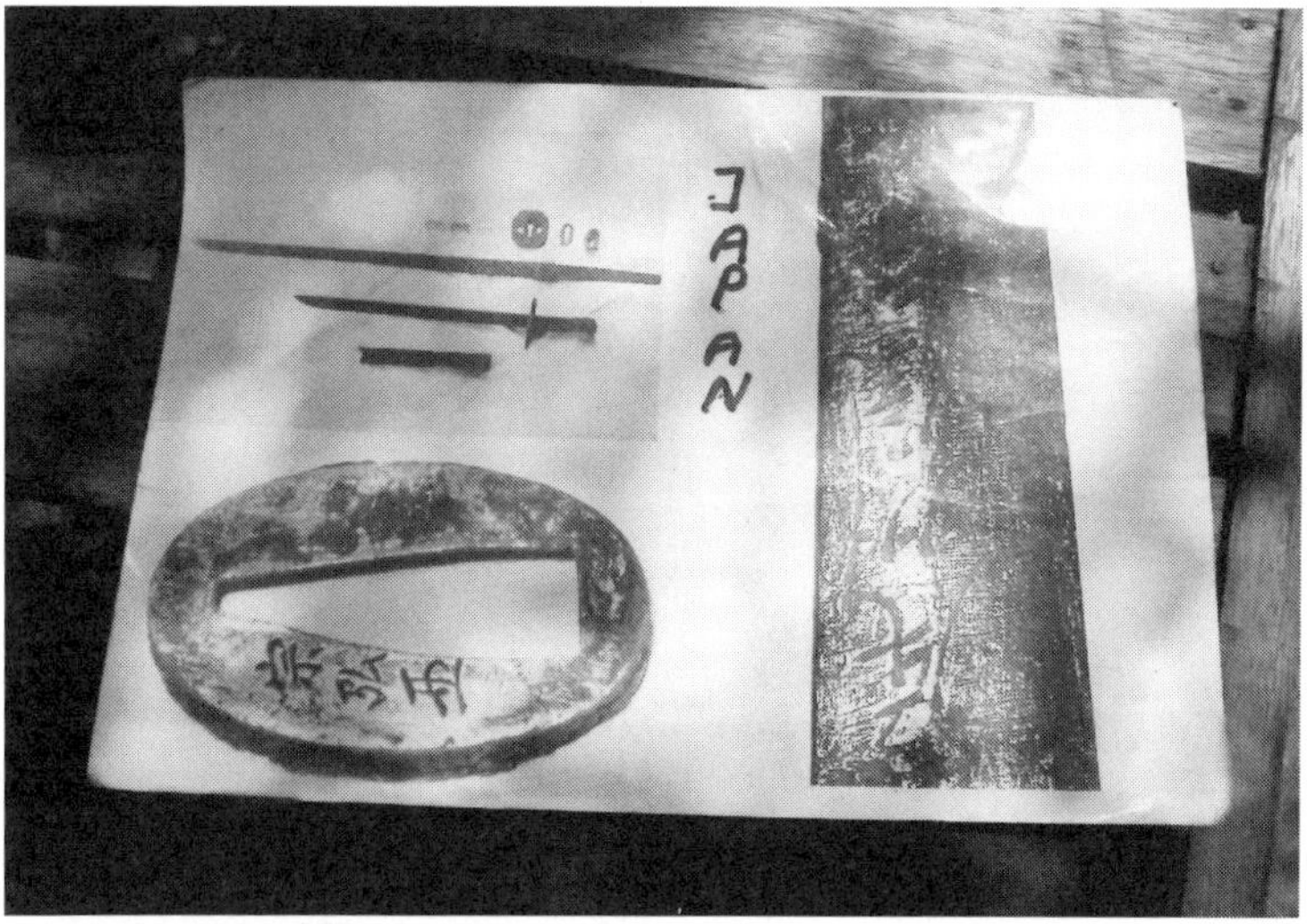

バーミャインが保管していた日本刀の写真

言わないミャンマー人の優しさが嬉しいです」

「これを御覧ください。ミャウーの近くにまで来た日本人のサムライの痕跡を物語る貴重な写真ですぞ」私は出された複数の写真をじっくりと見つめた。

バーミャインが持ち出した写真には、日本刀らしきものと「漢字」が写っていた。「JAPAN」と書かれている写真の左の方には、さびついた相当古そうな腐っている日本刀の長刀と、外れているその鍔《つば》と留め金が二枚ある。その下に、同じように錆びて腐りかけた小刀。これは鍔が付いていたが、その下に鞘の一部分がある。さらにその下には、鍔が大きく写し出されていて、その鍔には「宗弘亜」と漢字が彫られている。最後の漢字は「西」とも読める。右の写真は、鉄板のようなものの上に、鉄筆で書いたような「尾州◯

○」という文字が見える。だが最後の二文字は判読できなかった。
「これは、昔、日本人が残していった刀の写真ですぞ。古くから、これは日本人のサムライの刀であると伝わっているのです。実物は、ミャウーに住んでいる友人が持っているので間違いない。あんた、本当にラッキーですなあ」と言って、白目をギョロッと回転させた。

「かなり古そうに見えるけれど、これらの出所や履歴がはっきりしていないと日本人は興味を示さないし、いくらうまいことを言っても誰も信用しないんだよ」

「日本のことは全く知りませんが、ミャンマーと違って、えらく気難しいお国なんですねえ」

「だから、もっと文献にもとづいた確実な資料が欲しいです。写真では確かに日本刀のようですがいつの頃の物かはっきりしませんね。この他に、日本人の侍に関する資料はありませんか」

「ありますとも。十七世紀のミャウーの宮殿を描いた絵に、ポルトガル人の村や倉庫が描いてある絵ハガキや、王様が象に乗って戦争に赴く時に護衛している日本人のサムライを描いた絵が載っている本のコピーなどがあります」

「それを見たいですね」

「家に置いてありますから息子に取りに行かせましょう」

「ちょうどよかった。実はまだ朝飯前なので、腹が減ってどうしようもない状態なのです。ホテルに戻って飯を食べてから、お昼過ぎにまたこちらに来ることとしましょう」

「ついて来て良かったでしょう。私は日本のことは全くわかりませんが、でも、ミャウーに来た日本人のサムライに興味を持ってから、夢中で勉強して資料を集めてきました。そしていつか、日本人がサムライのことを調べに当地に訪ねて来るのではないかと思って、この野原の小屋でじっと待っていたのです……」

「偶然とはいえ、何か運命的な出逢いを感じています。きっと、侍の霊が二人を結びつけたのでしょう……」

「このミャウーにいたサムライの話を、しっかり日本へ伝えてくださいね」

私は細い目を大きく輝かせ、喜び勇んで駆けるようにプリンス・ホテルに帰って来た。

そして慌てて軽い食事を取り、奥さんにランチを二つ作ってもらい、アルミニウムの弁当箱に入れて、昼前にまたコータウンに出かけたのである。

彼は弁当を食べ終わった私を見ると、たくさんの資料を奥の棚から取り出した。

「これらは、アラカンの歴史が英語で書かれた資料です。ポルトガルの宣教師、マンリケが書いた紀行文をモーリス・コリスが翻訳した本のコピーもあります」

「なぜ英語で書かれてるんですか。私の日本での調査では、アラカンの歴史は、ペーザという貝や椰子の葉にアラカン語で書かれていたと記憶していますが……」

「あなた、何を言っているのですか。この土地では、焼けるような暑さや間断なく襲ってくる湿気、カビ、そして十センチくらいの大型のものもいる白アリなどに、書物はほとんど、食べられてしまうのです。いいですか、本などは一冊一冊ビニールの袋にしまって置いても、全く保存がきかないんですよ」

「なるほど。確かにどこの古本屋さんでも、本はしっかりとビニールで包まれていますね」

「あなたは、湿気で本がブクブクと膨れ上がるなんてことは、きっとご存じないでしょうね。確かにアラカンの歴史は、ぺーザといって、アコヤ貝や椰子の葉に鉄筆で書かれていたと言われています。しかし一八二四年に、ビルマが英国との戦争に破れ、アラカン（ヤカイン）とテナセリム（メルギー）を失ってしまったそれ以降、それらのぺーザは四散し、どこかに消えてしまったのです」

「そう言われれば、日本の文献ではぺーザなどのある場所は、ミャウーではなく、シットウェーの軍関係者から出たように書かれていましたが……」

「その通りです。その英国の占領時期にビルマに赴任していた、モーリス・コリスなどのイギリスの高級官吏やオランダの大学の教授たちが、アラカンの歴史を研究して、ぺーザなどから模写して英語に翻訳していたのです。つまり、その頃の外国人たちによって、アラカンの歴史が細々と伝えられてきたのです」

「でも、私と同じ日本人が、一九八〇年頃、シットウェーでアラカンの歴史が刻まれたぺーザを見ているのですが……。だからどこかに、アラカンの歴史が描かれている古文書があるはずなんですよ……」と言って私は口をつぐんだ。

なぜなら、今から三十年前の紀行文には、この町の看板には、アラカン語とビルマ語の文字が半分ずつに書かれていたと記されていたが、今では、ミャンマー語で書かれた商品の広告が町の至るところに溢れていたからだ。

しかも、地図はもちろん、アラカン語やアラカンの歴史が書かれた本すら本屋で売られていないのである。

私は意を決して、アラカンの資料の英語コピーを見せてもらった。

まず、“*THE LAND OF THE GREAT IMAGE*” 1942, Russell Square Londo, MAURICE COLLIS と書かれた本のコピーを見た。

モーリス・コリスは英国の作家で、若い時にシャン州やミャウーに官吏として赴任していて、最後はヤンゴンで最高裁の判事をしていた。

著書には、『落日の支配者』『ビルマ風雲録』などがあるのは知っていたが、アラカン王国の歴史についての著書があるとは思いもよらなかった。

しかも、その表紙には、“Manrique in Arakan” と書かれてある。

パラパラと捲ってみると、「聞いたこともないチリッダンマ王の殺人事件」「アウグスト会」などの項目があり、長編の記行文で三一七頁もあった。

「マンリケ王の信じられない殺人事件とは何だ！　ヒットラーのような大量虐殺なんだろうか。アウグスト会の宣教師のマンリケの略歴もここからわかるかもしれない。これはいよいよ面白くなってきたぞ」

と興奮して次をあたると、“*The Golden City Of Mrauk-U*” 1992, Pen Shwe Kline〈M・A〉（『黄金都市ミャウー』ペン・ショウ・リィン）と書かれていて、そのコピーのなかに、日本で遭ったオランダ人が見たという絵はがきの写真と、象に乗ったチリッダンマ王が戴冠式のために街頭をパレードしている絵の写真が出ていた。

この王の左下で王を護衛しているのが日本人のコマンドだと言う。

同じ人の作品で、Acknowledgement（承認）とあり、この本が時の大臣のマジ・ゼン・ミヤや西部地区担当である軍の大尉ブリング・ゼンウィン・マイントなどの承認を受けて、シットウェーのデグリー大学の校長や教授などの現地の人たちの協力を得て英語で書かれたと記してある。

この本の、「序文」のなかに、「一六二三年に幾人かの日本人の侍がやって来て、王の護衛をしていた」と書かれていた。

そして、別な項目のなかには、次のように書かれていた。

Manrique's Description of Golden Mrauk-U City（1629-1635 A.D.）（Translated from Spanish）

つまり、マンリケがミャウーにいた一六二九年から一六三五年を叙述するというのである。しかも、それはスペイン語の原文から英語に翻訳したとなっている。

日本側の資料では、彼はポルトガルの宣教師で、確か六年間、ミャウーに滞在したと記憶していた。

宣教師のザビエルも、ポルトガル人と言われているが、彼はバスク人で現代風に言えばスペイン人である。

この時代、スペインのフィリップⅡ世がスペインとポルトガルの両国を治めたこともあって、ポルトガル語とスペイン語は併用して使われていたのかもしれない。

だんだんと、宣教師のマンリケや日本人の侍の姿が浮かび上がってきた。

私は、さらに次の資料にもしっかりと目を通した。

Stephan van Galen（ステファン・バン・ガレン）, Leiden University, *"The Serpent and King"* *"The Dutch - Arakanese relationship"* 1608-1683

と書かれてある。

「ヘビのように嫌われた王様」「オランダ人とアラカン人の関係」か、ヘビのように嫌われた人とは誰なのであろうか？

この本は、一九九八年に、バンコクのチュラロンコン大学（Chulalongkorn University）の「ミャンマーの文化（Myanmar Culture）」の講義で使われたようである。

"Arakan First Millennium of the Arakanese era"（アラカン時代の布教活動について）
この本は、一九九九年に、アムステルダムの王室科学カデミーの協力を得て、「ビルマの時代」（Burma Age）という講義のなかで使われたと言う。
もう一つのオランダ関係の本は、Jacques Leider（ジャクエス・レイダー）*"On Arakanese Territorial Expansion : Origins, Context, Means and Practice"*（アラカン人の領土拡張の起源と学習の意義）。

だんだんと難しくなってきたが、この本は、二〇〇二年にオランダのライデン大学[*1]での講義に使われたと記してある。

最後の一冊は、*"Illustrating the Kigdom Arakan in the XVIIth Century: an Arakanese perspective from the Dutch sources"*（ミャウー王朝時代のアラカン王国におけるオランダ人とアラカン人の関係の起源）。

この本は、キャサリン・レイモンド（Catherine Raymond）が一九九九年に、パリの東洋における言語学学院が開いた王立学会での講演で講義したものであると書いてあった。

いずれにしても、これらの資料にはオランダ人やミャウー王朝のことが書かれているのは間違いない。

私はバーミヤインの方に顔を向けて切り出した。

「これ全部もらうよ。まとめて幾らですか」

＊1　一五七五年に設立されたオランダ最古のライデン大学（Leiden University）は、首都のアムステルダムから三六キロの地点のライデンにある。一八三〇年に日本から帰着したドイツ人のフィリップ・フランツ・フォン・シーボルト（一七九六〜一八六六年）がこの都市に住んでいた。彼はライデン大学に招聘されて「日本について」の講演をたびたび行なっている。敷地内には、シーボルト・コレクションを内蔵する「国立民族博物館」がある。なお、アルバート・アインシュタインは、駆け出しの頃にこの大学に籍を置いていた。

「いやあ～全部ですか。これだけ調べるには大変な時間が掛かったんですよ」

「そんなことはどうでもいいから、早く金額を言ってください」

彼はもったいぶったようにそのコピーを何度もなぜた。

「それでは、二〇〇ドルでお渡ししましょう」

「え、二〇〇ドル！　ちょっと高いんじゃないの……。ホテルの宿賃だって一泊一五ドルくらいじゃない」

彼は薄気味悪いほどニタリと笑って、

「旦那さん、これは一切負けられません。なんせ、何十年もアラカンの歴史を調べてきたんですから……」と言って胸を張った。

プリンス・ホテルのオーナーのトンチュンさんにアラカンの歴史の本を頼んでいたのだが、いまだに梨のつぶてだったし、それに、シットウェーやミャウーの本屋に行っても、アラカンの本は置いていなかった。これらの資料がないと、アラカンのキリシタン侍の本は書けないような気がしてきた。

「よし、良いでしょう。二〇〇ドルで手をうちましょう。

いつその資料はもらえるんですか。ところで話すのが遅れましたが私の名前はオキタと言います」

彼は興奮して顔面を紅潮させた。

「コピーをして、明日、いや、明後日のお昼にここでお渡しします」

「わかりました。ところで、サッキャマン・パコダはどこにあるのですか」

「今から、私が案内しましょう」

「案内はいいから、地図を書いてください。明日でも行ってみましょう」

「サッキャマン・パコダは、コータウンから北に向かう何にもない草原の一本道を行くのです。その先には、柵で囲ったエレファント・キャンプがあるほどの寂しいところです」

「野生の象がいるんですか」

「いや、木材の運搬のために調教している象の訓練場です。時々、調教師が象を引きつれて沼で水遊びをしているから、気をつけて行ってらっしゃい」

地図を受け取ると、私たちはお互いに握手をして別れた。

ホテルに戻ると、夕食の支度をしている奥さんと従業員の娘さんが首を長く立ち上げ、庭先の食事処で待っていた。

「どこに行っていたんですか。また散歩に出たのはわかっていたのですが……」

「奥さん、コータウンの前で商いをしているバーミヤインを知っているでしょう?」

「左目が白く濁っている人でしょう。あの人、私、あまり好きではないんです」

「彼はご主人とは友だちだと言っていましたよ。それに、この町のアラカン史研究家だと自慢していました」

「いつも歴史の本を読んでいるようですが、よくわかりません。私があの人を嫌いなのは、マネーマネーと言って、いつも高額なお金を要求する人だからです」

「もしかして、ミャウーの守銭奴？」

「あなた、あの人からサムライの資料を渡すとか言われてお金を吹っかけられて帰って来たんじゃない？」

「その通りです、よくわかりますね。約四〇〇ページくらいのアラカン史のコピーの資料で、全部で二〇〇ドルと言われました」

「二〇〇ドル！　コピーでしょ、高すぎるわよ。家の主人に頼めば、コピーではなく、きちんとした本を探してくれるわ。それだって、せいぜい十五ドルくらいよ」

私は、いくら待っても肝心の本が出て来ないじゃないかと腹立たしくなって、奥さんを睨みつけた。

そこにケビンさんがやってくると、奥さんはこうささやいたのである。

「英語がろくにできないから、この人、騙されたのよ。コピーで二〇〇ドルも取られたそうよ」

「まだ、払っていませんよ」

私は消え入りそうな声で呟いた。

それから部屋に戻り、ベッドの上で寝転んでネチネチと考え始め、貧乏ゆすりが止まらくなった。

現地の貨幣価値から計算すると高いのかもしれないが、他のアラカンの資料はいくら探しても見つからない。そして、バーミャインは、この町のアラカン史の研究家であることは間違いない。

彼の資料を捲って目を通した時も、そのアラカン史の内容はかなりしっかりしたものに見えた。

とにかく、資料は手に入れたい。だが言い値が高すぎるとなると、いったい、いくらが妥当なのか。あまり低い金額では、手離す気はなさそうに思えるし、どうしようか。二時間ばかりぐずぐずと思案していたが、明後日は、交渉の決裂も辞さない覚悟で臨むことにした。

それは、もう「この金額でしか買わない」という数字が頭のなかに閃いたからだ。

空手ブームに沸く町、師範代のロッキーさんと生徒たち

「この辺りに本屋はありませんか」

その雑貨屋の主人が、メタルフレームのメガネをかけた日本人のような顔だちだったので声を掛けた。

店の主人の代わりに、店の隅に腰掛けていたサングラスの男が日本語ですぐ答えた。

「あなたは、日本人でしょう？　この先に一軒と、右に曲がったはずれにもう一軒あるよ」

「日本人ですよ。ありがとう、川の橋を渡ったところですか。日本語が上手いですね」

声の主の風貌は、こわおもてのルックスで、怖しいマッチョのお兄さんという印象を受けた。頭髪はアフロヘアーで眼は窪んでいる。いかつい眼がサングラスの奥から睨んでいるようだった。身長は一メートル七〇くらいだが、体格は、肩から胸にかけて盛り上がっていて、筋肉が隆々

と波を打っている。

服装は袖なしの薄黄色の丸首シャツで、焦げ茶色のズボンにゴムのサンダルを穿いていた。そして、長く伸びた腕全体に、見事な龍の刺青をしていた。

「観光ですか。私は六年前に空手の修行で大阪に行きました。道頓堀の近くのアパートに一年間もいたんです」

「そうですか、空手の修行者ですか。実は日本人の侍がこの町にやって来たことを調べているんですが、何か知ってますか」

「その話はよく知っています。なんせ私は空手を通しての大の日本贔屓ですから」

「そう言えば、橋の袂のマーケットの柱に、空手のポーズをした団員募集のチラシが貼ってありましたね」

「この町で子供たちに空手を教えているんです。この店の子供も習いに来ているんです。明日、この先のサッカー場で、お正月のイベントとして子供たちの空手試合をします。もし、良かったら参加してください。どこに泊まっているんですか。ホテルまで迎えに行きますよ。日本人が来ると言えば子供たちも喜びますし……」

「プリンス・ホテルにいます。もちろん参加させてもらいます。あの〜、侍の話のことなんですが……」

「何でも協力しますよ。この町に伝わっているサムライのことをレポートにして、明日お渡しします。八時半にホテルに迎えに行きますが、いかがですか」

「結構です。では、よろしくお願いします。ところで、あなたはアラカン人ですか」

「そうですよ、よくわかりましたね。この町の人は、私をロッキーと呼んでいます」

「腕や背中にかけて彫ってある刺青でわかったのです。前に刺青を腕に入れたアラカン人のお爺さんの写真を見たことがあるんです」

「そうですか。アラカン人は豪傑が多いんです。では、用事があるので、これで失礼」と言って彼は立ち上がった。

話してみると、スポーツマンらしいテキパキとした受け答えだったので、外見とは違う好印象を持った。

私はロッキーさんに、腕の写真を撮らせてもらい、二人で店を出ると考古学博物館の入り口で別れた。

そうだ、明日のバーミャインとの交渉に彼を連れて行こう。見ただけで奴はビビルぞと、また小心者の悪知恵が頭をもたげた。

その日はそそくさとミャウーの町を歩き回ったが、何の収穫もなく、市内のなかにあるあちこちの有名なパコダを訪れ、王宮跡の西門の近くで昼寝をして、早めに宿に帰った
翌朝、食事をして、ベランダで苛立ちながらロッキーさんを待っていたのだが、八時半になっても現れなかった。

私は奥さんを呼んで、コータウンまで行って来るからと告げて足早に外に出た。

埃だらけの道を息を弾ませ歩いていたが、モンコン・パコダの手前で、後ろからブウブウと警

笛を鳴らしながら車が近づいて来る。よく見ると大型の古いジープの前部にロッキーさんが立っていた。

私は若い運転手の横に座ると、手短にことのいきさつを話した。

二人は話を聞くと、「そりゃ高い」と口を揃えて言った。私は、百万の味方を得たような気持ちになり、意気揚々とコータウンに向かって、「進め、進め」と号令をかけるように怒鳴った。

ロッキーさんからは「これがサムライのレポートです」と言われ、用紙を二枚渡された。

「ありがとう」と言って、私はレポート用紙を受け取ると、すぐにカバンに入れてバーミャインとの交渉のことばかり考えていた。

バーミャインは、遠くから我々の車を見つけると、ニコニコと笑いながら道路まで出て来た。私は飛び降りると、握手を求めて来た手を振り払い、「キャンセル、キャンセル」と叫んだ。ポカンと口を開けた彼は、まだ状況がわからずオロオロしている。

ロッキーさんや運転手も降りて来て、バーミャインと親しそうに話をしている。どうやら彼らは知り合いらしい。

私は店の前の木製のイスにどっかりと座ると、この戦況を見極めようとした。

「お前さんの言い値は高すぎるぞ」とロッキーさんが言えば、バーミャインは泣きそうな声で反論している。

よく聞いていると、

「二〇〇ドルは、私が言ったんじゃない。あの人が言い出したんだ」

と、私の方に向かって指をさした。

私はスックと立ち上がり、ありったけの大声をだした。

「俺は知ってるぞ、あんたがこの町で金の亡者だと言われているのを。英語もできない外国人だと思って吹っかけているんだろう。とにかく、二〇〇ドルでは買わないぞ」

「それでは、いったいいくらなら買うのですか。早く値段を言ってください」

いよいよ値段の交渉に入るのかと思ったその時、何とロッキーさんは、席を外してスタスタと、観光用に鎖で繋いであるベニオサルの方に行ってしまったのである。

いざとなると現地人同士はかばいあって頼りにならないんだからと、舌打ちをしてしばらく眼を瞑った。彼の仲間の物売りたちも集まって来て、このいきさつを固唾をのんで見守っている。

私はバーミャインのしょげかえった顔を見つめて告げた。

「よし、これが買値だぞ、五〇ドル！」

「え〜、たったの五〇ドル！」

バーミャインは青筋を立てて怒り出した。

「何言ってるんですか。私が生涯をかけて集めたこの大事な資料を、そんな安値ではお渡ししません」

「あ、そう。おーい、ロッキーさん、帰るぞ〜」

と私は大声で叫んだ。

すると、慌てた彼は、今度はもみ手をして哀願するように言った。

「ちょっと待ってください！　旦那さん、お願いですから八〇ドルください」

「何度も言わない。五〇ドルだ。これで良いなら、今すぐホテルで払います」

「ひどい話ですな。その値では安すぎますよ」

彼は悲しそうに眼を伏せ、ブツブツとつぶやき、雲が低く垂れ込めた天を仰いでいる。しばらくたって、俯きながら言った。

「わかりました、それで良いです」

その瞬間、満面に笑みをたたえた私は、勝利を報告するためにロッキーさんの方を見ると、優しい彼はまだサルに餌をあげて戯れていた。

意気揚々とコータウンから戻ってバーミャインに支払いを済ませ、町のマーケットに向かった。


なお、この数日後、ある用事でコータウンの前を通ったのであるが、バーミャインの出店だけでなく、その廻りの掘っ立て小屋のような店にもビニールシートが新しく張られ、棚の上の新しいラジオからは軽快な音楽が流れている。また置いてある商品も飲料水などが増えて、車でゆっくりと通過する私を見つけると、皆、ニコニコ顔で手を振った。


サッカーグラウンドには小屋がけの舞台が作られ、道路脇の木陰には子供たちが多数たむろしている。

その一段上の丘は平らになっていて、その先に王宮跡（Palace Excavate Site）の南側には苔むした、高さが五メートルの塀が続いている。

私は、今、このミャウー地区の空手連合会の会長さんやコーチたちの前にいる。

髪をきちっと分けて、白い縦に格子の入ったシャツを着て、臙脂《えんじ》のロンジー姿のウ・ショ・ワンさんは、日本の空手愛好家に親善のメッセージを書いている。

この落ち着いた威厳のある人の横には、両手を揃えた秘書のような男の人が見守っていて、その背後に、青い空手協会のマーク入りTシャツを着た青年が手を後ろに組んで立っている。

会長に向かって慇懃に挨拶をした後、私はノートを取り出し、日本人宛のメッセージを書いてくださいとお願いしたのだ。

小屋の上には緑のビニールシートがかけられ、地面にはポットやガラスの湯飲が置かれた丸テーブルやプラスチックのイスが置かれている。

ロッキーさんも腰に手を当て、足を揃えて立ち、会長をしっかりと見つめている。

スポーツの世界はよくわからないし、彼が町の有力者かどうかも知らないが、上下の規律はしっかり守られているようだ。

やがて、会長の号令がかかると、ロッキーさんは子供たちを広場に呼び集めた。

五〇人ほどが、王宮跡の壁の前に勢ぞろいした。三歳くらいから十五歳くらいの子供たちで、そのなかに女の子が五、六人いる。

コーチは、ロッキーさんも入れて全部で六人だった。

ほとんどの人が、お揃いの空手クラブのマーク入りの白いTシャツを着ている。

続いて演技指導が始まり、ロッキーさんの気合の入った技が紹介され、子供たちの代表が前に出て、手を突き出して格闘競技の試合を行った。

全員がその試合を見ているのだが、子供たちは、女子を含めて地面に座り、手を膝の上にしっかり乗せて、真剣な表情で競技を見つめている。

試合形式の競技が終わると、全員がジープに分散して乗り、市内をパレードすると言う。

明日から水かけ祭りが始まるのだ。

ミャウーの水祭りは、ミャンマーの各地と同じ「ティンジャン祭り」と言われている。また、場所によっては「ダジャン」とも呼ばれる。サンスクリット語のサンクラーンティが語源だと言われている。

ちなみに、隣国のタイでは、「ソンクラーン祭り」と呼ばれている。このお祭は太陽が双魚宮から白羊宮に移行していることを祝して行われる。

いよいよ、ミャンマー暦の新年が明日の十五日から始まるのだ。

町全体が、騒々しくなりうきうきしてきた。道路の辻々に小屋がけの舞台づくりが始まった。テレビも普及していないし、映画館もない。まして、ビデオ屋もないこの町では、この水かけ祭りが市民の最大のお祭りなのである。

祭りの期間は、太陽暦では四月の中旬から三、四日間行われる。

正確な日にちは、ポンジーと呼ばれるバラモンの占星術師が決める。

今年は十五日から十八日までだそうだ。

道路にあるジープの拡声器から大音響のロックのリズムが流れた。子供たちは早くも立ち上がり、手を振りお尻を振って踊りだした。

竹や椰子の葉、タンビュー（榊）で飾り立てたジープ、トラック、乗用車、ミニバスなど、十台が一列に並んでいる。

ロッキーさんがやって来て、この先頭車両であるジープの運転席の隣に乗れと顎をしゃくった。後ろは会長さんと彼のお嬢さん（彼女は、ネピドーと呼ばれる、ミャンマーの新首都にあるお役所に勤めている。この町一番の出世頭で、お正月でこちらに帰省している）。

スターや有名人、ましてお偉いサンでもないのに、何で私がパレードのオープンカーに乗るのか。

ロッキーさんは、空手の本場から来た日本人が乗っていれば、いやがおうにもパレードが盛り上がるのだと言う。

こんなことは初めての経験なのだが、単純な私はすぐに有頂天になり、町の人達が手を振るのに合わせてニコニコしながら手を振り返した。

きっと、今に知っている人に会うぞ。オーナーの奥さんにでも会えば、きっと眼を丸くして驚くだろうなどと考えてにんまりしていた（その日の夜聞いたのだが、案の定、奥さんはマーケットに買物に来ていて、私の乗ったジープを見つけて、あの人また騙されて乗せられているのに違いないと思ったそうだ）。

隊列は、派手な音楽を流して行進している。町の人も新しい年を迎えることで歓喜の声をあげ、車を追いかける子供たちもいる。静かだった町全体が、あっという間にお祭りモードになった。

モエ・チェリー・レストランの女主人が私を見つけて、周りの人に知らせながら手を振っている。町の周りの道路を一周するように車を列ねた一団は進んで行く。ときおり、行列の車がエンストしたりカセットの音楽がストップするのだが、その修理の時でも人々は踊りまくっている。

水かけ祭りに入ったら、こんなもんじゃないと会長は話した。

村や各町内で仕立てた水を満載したドラム缶を積んだジープやトラックが、若者を乗せ派手な音楽を流して、町中を走り回り、バケツで水をかけあう、本格的な水合戦が始まるのだ。

舞台作りも急ピッチで行われている。

椰子で飾った台の真中に大きな丸木船が置かれている。

「水の精霊に感謝するお祭りです。船に水を張って、男と女に別れて水を掛け合います」と、後ろに座っているお嬢さんが説明をしてくれた。

市内のマーケット付近では、ドイツ人の観光団が私を指さして「ジャパン、ジャパン」と騒いでいる。

この人たちとは、数日前に、町中のダニヤワディ・レストランのランチの席で隣り合わせに食事をした。

このグループの年輩のご婦人たちは、私が日本人だと言うと、「おお〜怖い」と言って席をずらしたのだ。

たぶん、福島の原発による放射線もれのことを気にしているのだろう。

ロッキーさんと遭った、雑貨屋の親父さんも手を振っている。

「会長は、お知り合いが随分多いですなあ」とご機嫌だった。

やがて一行は、バカン寺院の脇道に入り、でこぼこした道の両側にあるしなびた村を通り、うす暗い森のなかの、日本で言う空手神社ならぬ空手寺院に参拝したのである。

本堂に上がり、お金の入った盆や花束を捧げ、一同うち揃ってお経を読み、その後、高い段に座った老齢の高僧がスピーカーを使って説教を始めた。

俯いて手を合わせ敬虔な祈りを捧げる人々の背に、夕方の薄灰色の残照が一筋の灯明のように長く射し込んできた。

窓の外を眺めると、昼間しっかりと太陽に焼かれた樹木は夕空にくっきり浮かび、薄黄色の空が広がり、高く伸びるにしたがってその色が紫の帯になり、天空は深い青緑に染められていた。


『ロッキーさんのサムライに関するレポート』


「十五世紀から十八世紀の間、アラカン王は、大きな石の壁を造ったり、深い海水の堀を掘削したりした。

王族らはアラカン王に仕える外国人騎士を含む、忠実で愛国心強い軍隊を創設して、ミャウーの街の守りを強化した。

かくしてアラカン王国は、ベンガル地方、西ベンガルの十二の都市まで支配下に置いた。

一六二二～三八年の間は、チリッダンマ王が、ミャウーの街を支配した。

彼の在位中、ポルトガルの宣教師である、カトリック修道士のマンリケが、ミャウーを訪問している。

彼は、ミャウーの素晴らしさと王宮の王の護衛たちについて語っている。

この護衛たちには、日本人キリスト教徒が含まれていた。

一六一二年頃、日本ではキリスト教徒が迫害を受けていた。

その抑圧にも拘わらず、外国に逃れて来た日本人は、勇敢で忠実な傭兵としてその国の王にとってはどうしても必要な存在であった。

そのような訳で、その頃シャム（Siam）王は、彼の護衛兵のなかに既に七〇人の日本人を入れていた。

新しい修道士の後継者が引き継ぐまで、日本で大きな成果を収めていた聖フランシスコ・ザビエルのイエズス会のキリスト教徒たちは、将軍家康に疑念をかけられ、地元市民と共に処刑されるか追放された。

ミャウーに来た日本のサムライは、全身を覆う制服を着て二本の刀を帯から離さなかった。

彼らは、王の終生の護衛として雇われていた。

彼らの石像は、ミャウーにある石壁に見ることができる」*1

日本人のサムライを護衛兵とした、チリッダンマ王が建立したサッキャマン・パコダ

私は巨大な寺院の遺跡のなかにいる。

コータウン寺院（Koe-thoung Temple）は、ミャウーの東のはずれにある。ミャウー第一の名刹と言われるシッタウン寺院をしのぐ、大小の九万体もの仏像が並ぶ回廊は、岩窟にこもる熱気を浴びて怖ろしいほどの尊厳さに包まれている。

しかし、最近までその多くの仏像が苔むして野ざらしになっていた。壁を貫いて甕のなかに鎮座している仏像が並んだ光景は、時間や空間を飛び越えて、全てのものを圧倒する。

あちらこちらが欠けて、首や手足のない仏像が多く見られる。だが、その壊れた古い像の一つ一つの存在感が息を飲むほど厳かだった。

このコータウンは、一五九一年にミン・バ・ジー王の息子である、ミン・ティカ王［Min Taikkha（一五五三～一五五五年）］によって建立された。

しかしこの地は、昔から由緒あるパコダが存在すると村人たちに伝わっていたのに放置され、

＊1　Kyow Fla Maung, "Mr-Rocky", *Mrauk U Rakhine State Myanmar*（チョーラ・マウン著、西村敏秋訳）

コータウン寺院

長い間竹薮で覆われ泥に埋まっていた。

この遺跡が発掘されたのは、近年に入ってからのことである。

この寺院の参拝を終わって階段を下りると、道路を挟んだ前にあるバーミャインの店には、子供たちが蹲《うずくま》って輪になり、鎖に繋がれたサルを囲んで遊んでいた。

「バーミャインはいる？」

「あの人は家で本を読んでいるそうです」

「頼み事があったんだけど、それじゃしょうがないな。えーと、サッキャマン・パコダは、コータウンの裏の方だね」

「そうです。でも、ここから先は、何にもないところだから気をつけてね」

「ありがとう、またね。あ、そうだ、この間、俺が買ってイスの下に忘れた缶ビールはどうした？」

「あれは、おじさんが、あの後すぐに飲んじゃたよ」

普通なら取っておくものを、ふざけた男だと思ったが、見栄を張って「二本のビールは、彼へのプレゼントさ」とか言いながら店を離れた。

この有名なパコダの横の泥道を北西に向かって歩いて行くと、左に廻りこむような小さい道がある。そこを曲がらないで真っすぐに延びている道を行くと、象キャンプがあると言う。

気をつけなければいけないのは、標識が何もないのと、通行人はほとんど通らないということである。つまり、道を聞く人はいないと考えた方が正解だ。

こういう原野がどこまでも続く風景に、私は慣れていない。どうしても臆病になる。

人がいないのは理解できるが、人をよせつけないだけでなく、霊気がただよっているような重苦しさがはびこっているからだ。

おまけに、田圃や道路が乾燥して、赤茶色の地肌をむき出しにしている。

取り巻いている丘や道路際には、やせ細った背の低い雑草が薄緑の葉を地面すれすれに下げている。

足裏がチクチクと傷みはじめ、片足を持ち上げて見ると、粉状の泥や小石が踝までこびりついていた。

足を引きずりながら荒れ野をさらに進むと池が見えてきた。

そんなに広くはなく、どんよりとした池の中央に浮藻が群生している。その端には、竹で編んだ小屋の下で、二人のミャンマー人が休んでいた。

サッキャマン・パコダと守護神像

野面を越えてきた風が水面に小さなさざなみをつくっている。

サッキャマン・パコダを訊くとすぐ近くだと言った。

男たちは木箱を取り出し、ここで休んで行けと私の前に押し出した。

そして、小さな缶を持ってきて、緑色の小粒な早生ミカンのようなタンパヤーを差し出し、食べろと眼で合図した。

味はミカンよりかなりすっぱかったが、喉元がすっきりした。

男の人は、二人とも絶えず口を動かしている。その口元の周りが赤かった。

すると一人が椰子の壷を引き寄せ、ペッと唾を吐いた。口元より黒い唾が糸を引くように吐き出された。

これはキンマと言って、ビンロウの実と一緒に噛む清涼嗜好材である。

ヤンゴンのレストランでも、この痰壷がテーブルの脇に置かれていた。食事中にこの赤い唾を痰壷めがけて勢いよく吐き出すので、外国人が受ける印象は最悪だ。

彼は緑の葉で包んで丸めたキンマを噛んでみろと差し出したのだが、私は丁重に断ってまた歩き出した。

連なっている山の頂上にある尖塔のところどころが金色に輝くパコダが顔を出した。その上に広がる紫紺の空のなかを、まだら雲がゆっくりと泳ぐように流れている。

あれが、チリッダンマのパコダに間違いないと思うと気持ちが高ぶって早足になった。

黄土色の道を山際に沿って歩いて行くと、背丈ほどもある潅木の茂みの真ん中に、竹の柵があり木の門扉は開け放されていた。

扉をくぐると、高く立っている椰子に囲まれて小さな池があり、くすんだ緋色の僧衣を纏っている若い僧侶が、腰まで水につかって錫《すず》の水壷に水を入れていた。

ねっとりとした粘土の坂をのぼると、切通しの崖の間に白い切り妻の屋根がある建物があった。

その先に寺院の回廊に続く西門があり、パコダの周りは、蔦や蔓草が絡んだ古い煉瓦の塀が続いている。

手前の僧院から出てきた若い僧侶に尋ねると、間違いなくここがチリッダンマ王のパコダだった。

境内を見ると、真ん中の基壇に王の寄贈した大きなパコダがあり、その周りを衛星状態で小さなパコダが取り巻いている。

サッキャマン・パコダは、チリッダンマ王によって一六二九年に建立された。

このパコダは、ラトナ・マン（Ratna Maung）の南、シュウェッグ・タン・パコダ（Shwegu-taung Pagoda）の東の位置にある。

パコダは、王族であるサッキャ一族の成功と繁栄を祈念して、このような名前がつけられた。

「やたら遠かったが、とうとうやって来たぞ。侍たちが仕えていた王様のパコダに！」

ゆっくりとだが、喜びを爆発させるような熱い感情がジワジワと全身に湧いてきた。

だがすぐに、あまり興奮しすぎるとまたいつものように失敗するぞ、という声が響いてきた。

ちょっと遅かったが、ようやく天の声が聞こえるような年齢になったのだ。

朝焼けに染まり、燦然と輝く天蓋を持つパコダには、他の仏塔を押しのける怖ろしいほどの力強さが漲《みなぎ》っている。

この突き刺すような無駄のないフォルムを見ていると、チリッダンマ王の往時の繁栄のすごさがひしひしと伝わってくる。

ほの暗い堂内には、頭に蓮の芽が出ている王冠をかぶせた像がある。地獄から抜け出し、天上界において突然に出現する、仏教上では浄土、平安を喜ぶ仏像である。

四つの小さな玄関の入り口は、折れ曲がったような装飾された蔓や草花の形になっている。

一番下の横に広がったテラスの前にある神に捧げる聖職者広間は、地面の基壇に建てられていて、石柱の円周は六フィート（約一メートル八〇センチ）ある。

その石柱は、一九一五年に、東部にある聖職者寺院のプレイソエ・グリ寺（Pray-soe gri Phra）からここに移された。

このなかには、一〇八個の高僧の足跡石が詰まっている。

その円周は、主たる長さが約二四〇フィート（約七三メートル）、高さが一一四フィート（約三五メートル）ある。

靴を脱いで階段を上がり、従回廊に出ると、竹の網天井の壁に仏陀が説法をしている絵が何枚もかけられている。

絵のなかの法話を聞いている信者も、ひざまづいて熱心に手を合わせている。

仏陀が足を組んでいる金色に輝く坐像の傍らで、王と王妃が正装して立っている絵があった。

これは、チリッダンマ王とナッ・シン・メィ王妃なのだろうか。

どう見たって、美男美女で羨ましい。よほど仲がよかったに違いない、若かりし時の絵のようだ。

王様は、小太りの丸顔で優しそうなまなざしをしている。

王妃は細めの体格で、一言で言えばうりざね顔のスーパー美人である。

ちなみに、あの絶世の美女と言われている古代エジプト最後の女王クレオパトラは、本当は容姿はたいしたことがない、ごく普通の顔だちの女性であったという。

だが、ローマの男たちを虜にした最大の魅力は、妖艶な唇から発する「猫なで声のささやき」であったと、アレクサンドリア沖の海底から見つかったクレオパトラコインに刻まれた顔の輪郭から、最近、コンピュータが判断をしたようである。

一六三八年、チリッダンマ王が突発的な病で没したのは、三十五歳くらいと言われているから、王妃はまだ二十代の女盛りであったことは間違いない。

それにしても、その後の彼女の運命はやけに薄幸だったなと余計なことを考えて本堂に入った。

薄暗い本殿には三体の仏像が鎮座していた。そのどれも、王冠のような黒いフサフサとした帽子を被っている。

写真を撮るために靴を履いて境内に出た。

ところがすぐに、廊下を掃いていた信徒と思われる老人が大声で私を呼び止めた。境内でも履物を脱げと言っている。

慌てて裸足で飛び出したのだが、とげのある雑草やガラスの破片の突き刺さる痛さ、そして何よりも、その踏み石の熱いことと言ったらもう泣きそうなくらいだ。

縦約一〇〇メートル、横約八〇メートルの敷地のなかに、八個のパコダが点在している。

東門の両サイドの上の、かなり芸術的な石でできた人食い虎の恰好をした人面像が立ちはだかっている。

一つは、特殊でかなり芸術的なもので、破壊（Tha-kra Mong）魔から王を援けるウィ・ザ・ロン（Wi-tha-krong）神像である。

もう一つは、人類に偉大なる利益をもたらしている主である、仏陀を尊敬しているサックラ・マン神像がある。

両方の像は石の塊で造られ、境内に設置されている。

ひぃひぃ泣きながら茨の藪や熱した地面を裸足で歩き廻り、全部のパコダの写真を撮り終えるのに三〇分もかかった。

境内の白い大理石の銘版にはこのパコダを寄進した王族の一人一人の名前がミャンマー語で書かれていた。この人たちも、王の死後、黒魔術師らの手によって殺されたのだろう。

チリッダンマ王の突然の死によって、残った王族は皆殺しにされ、生き残ったのは美貌の王妃だけであったと言う。

こんなに短期間で王族が亡くなるのは、きっと誰かが毒薬を使ったのかもしれない。

その後意外にも、新王となったのは王妃の愛人だったと言われる。

彼女は間もなくミャウーの王城を出た。

その理由は、暗殺を恐れる新王が、彼女が旧王族たちに襲われないように、王宮から遠く離れた場所に隔離した施設にかくまって傷ついた彼女をいたわり、生涯まで面倒を見て、王妃は安穏に暮らしたと伝わっている。

しかし、それは全く違っていた。

私が現地で集めた資料からは、次のようなことがわかった。

ナラパテージ王は、すぐに若いシン・ヒゥ（Shun Htwe）王妃を娶って、王城で暮らし始めたのである。

まことに歴史というのは残酷で非情である。

この後、ナッ・シン・メィ王妃は、歴史の舞台から忽然と消えた。

散乱する壊れた丸い支柱の数々が細かな雑草で覆われた黒ずんだ境内にぽつんと置かれてい

る。遠くの山から、ピューピューと吹き降りてくる風が王様のパコダの周りを舞っている。そして入り口には、二人の人食い鬼の石像が、赤い口を大きく広げて人の世の「無情」をあざ笑っていた。

現地に伝わるキリシタン侍と日本人の記録

この記録は、ポルトガルの宣教師であるマンリケが帰国後纏めた、「東洋印度に於ける伝道師の旅行記」のスペイン語の原本が英語に翻訳されて現代に伝わるものである。

十七世紀初頭におけるアラカン国のムロハウン（ミャウー）の日本人の侍などが記録されている貴重な資料だと言われているが、アウグスティノ会のローマ別院に保管されていた原本は、もはや存在しないと言われている。

しかし、イギリスやオランダのアラカン国の歴史を研究する歴史学者たちの努力によって転写され、現代に紹介されてきた。

黄金都市ミャウー

「十六世紀にこの地にやって来た最初の訪問者である、スコットランドやオランダの国の人たちは、ミャウーを、当時、西洋で繁栄していたアムステルダムやロンドンの都のようだと言っていた。また彼らは数々あるアジアの貿易港のなかで、この都が最も栄えていた町だとも話していた。当時のミャウーは、ヨーロッパの人たちに、『黄金都市』と呼ばれていて、国中が富に満ち溢れていた。ミャウーの各地には作物が豊富にあった。それは、この地域の年間の降水量が二〇〇インチ（約五〇〇〇ミリ）以上もあり、米作や野菜づくりに適していたからである。

外国からの技術指導のおかげで、米の輸出も毎年うなぎ上りで増加していった。

さらにその上、王朝は輸入商品に免税を許可していたので、商業は活気づき、世界から続々と商品が集まってきた。

この都に富を求めて、隣国の国々はもちろん、遠い西洋の国であるオランダ人、ポルトガル人、スペイン人などの大多数の商人がやってきて、王宮前広場はいつも市がたち、品物を買い求める通行人で混雑していた。

国内の農産物や外国製品などのさまざまな種類の商品が、ミャウーの貿易市場には常に満ち溢れていた[*1]」

マンリケがミャウーへ来たいきさつ

「ポルトガルの教父マンリケは、チリッダンマ王の時代（一六二二〜一六三八）に、ポルトガルの大使の一人として一六三〇年にミャウーにやって来た。

彼は最初の二年間、王女たちが住んでいる王宮の丘の第二テラス（庭園）に滞在した。

滞在期間は、〝一六三〇〜一六三五年〟の五年間である。

新王宮は、第三テラスの城壁に囲まれた中心にあった。

マンリケは、王宮にもしばしば呼ばれ、王や王女と謁見し、欧州の贈り物を献上し、頼まれれば広間の改装も手がけた。

彼は滞在中に、ミャウーのカラダン河やレムロ川の下流にまで布教に行った。また、王は親しみを込めて彼をこう呼んでいた。

『アウグスティノ会（The Augustan）のマンリケ教父（Father Manrique）さん[*2]』

護衛兵となった日本人の侍

「国王と王妃たちは王宮に住んでいた。王宮は安全対策がしっかりと構築されていた。

ミャウーの王朝の王たちは、護衛兵として日本人たちの侍たち（剣士たち）を選んだ。

当時、それらの侍は、ミャウーの町では人々にあまり知られていなかった。

＊1　Pen Shwe Kline, *The Golden City Of Mrauk-U*, 1992,〈M・A〉（ペン・ショウ・リィン『黄金都市ミャウー』）、十六世紀頃のアラカン王朝と大国との通商、PREFACE（序文）から
＊2　*The Inner City of the Palace-Site* から、In 1630 A.D, Father Manrique, Portuguese ambassador, stayed terras with prindes for two years at the terrace, with permission of Thirithudha raza（1622-1638 A.D.）The King of Mrauk-U

それは、彼らが王族の護衛兵として、秘密のうちに旧王宮のテラス（庭園）内の奥にいたからである［*1］」

「何人かの日本人の侍が、一六二三年にミャウーにやって来て、王族の身辺を警護する近衛兵に選ばれ軍務にあたった。その理由は、剣士として勇気があり、戦闘員として優れていて武威があったので、彼らは王族の近衛兵に選ばれたのだ」

またマンリケの著述では、日本人たちと協力して、教会堂を建立したと記しているが、この侍たち以外にも、ミャウーに日本人たちがいたことがわかった。

五年後に行われたチリッダンマ王の戴冠式に、幾人かの日本人が参列しているのである。

記録されている招待された外国人たちの叙述

「この国の歴史のことについて話を戻すと、アラカン王国は、ベンガルなどの近隣の国々を支配していたので、王族たちだけでなく、それぞれの土地の藩王たちが王位に就かなければならなかった。

外国の商人たちを除外すれば、そこには六万人くらいの人たちが住んでいる。

それらの土地へは、ベンガラ、ムスラパンタン、テナセリゥム、マルタバン、アチェ、そして、ジャカラタの港から、外国の商人が大型の帆船でアラカンのそれぞれの都にやって来る。

当時のアラカンが支配する土地は、インドとインドシナを結ぶ、非常に重要な海上交通の要所であった。

その上、その他の国の外国人、商人たちや兵士たちが現地の娘と結婚して、その土地に定着して住んでいた。

そして、王の傭兵のなかには、ポルトガル人、ペグー人、ビルマ人、ムガール人らがいた。

さらに付け加えると、それらの人のなかには、多くのクリスチャンの日本人やベンガル人などのいろいろな宗教を信仰する国民もまたいたのである」

マンリケの記録[*2]によるアラカンの日本人の侍に関して、また次のようにも書かれていたと伝わっている。

＊1　王様の王妃たちのうち、絶対的な第一王妃（主王妃）は、ナッ・シン・メイ王妃である。旧王宮は、城壁に囲まれた第一庭園の北西にあった。従って王宮内で侍たちの居住していた建物は、王宮を囲んだ第一テラス内にあったと思われる。ミャンマー考古学局発行の資料では、囲まれた城壁の中には、王妃、王族、大臣、剣士、顧問、僧侶たちが居住していた。そして、たくさんのパコダ（仏塔）や宗教上の堂々とした建物があったと伝わっている。

＊2　-S. Manrique, "*Itinerario de las missiones del India Oriental*"（マンリーク著『印度東洋布教師の旅程』）の別の翻訳書による。

「一六三〇年（寛永七）当時、日本人のキリシタン武士団は、ミャウーに三十二人くらいいた。その首領は、『Ue dono』（上殿）と呼ばれていて、ポルトガル語が巧みであった。武士団は統率がとれて勇猛であったので、王から信頼されていた。

彼らは一六一二年頃、東南アジア各地のポルトガル人居留地からマラッカ（マレーシア）に集まり、そこからムロハウン（ミャウー）にやって来た。

彼らと協力してマンリークはこの町に教会を建立した。

また、同地の人口は十万人と指示す」

オランダや他の外国人たちの特別居留地ダイングリ

外国人たちの特別居留地は、現在のミャウーのアンダット桟橋（Aung-datt Jetty）から、三マイル（約四・八キロ）南に行ったバンドエット集落のなかにあった。その場所は（Daingri Pet／ダイングリ・ペット）と呼ばれ、オランダの事務所や外国人たちの倉庫があり、そこは、大きな二つの運河であるアンダット・クリークとワ・ゼ・クリークによって町の中心地と繋がっていた。

その当時の地図によると、これらの運河は王宮の近くで曲がりくねっており、現在の運河とは違っていて川筋が変化している。

貿易業者は、その運河を利用して、海洋貿易やその他の商取引による商品を市内に運び、川の西には飲料水のタンク（貯水池）や倉庫が建てられていた。

その土地は、ミャウー王朝が終わりを告げるまで、貿易の港として栄えていた。かつてはこの国の主要な貿易拠点だったのである。

谷の南に向かって進むと、その居留地には、貯水池があって海洋貿易で持ち込んだ商品を保管するあらゆる設備が施されている大きな倉庫があった。

大使館や商館、支店、事務所などは、バゥングウェット村にあり、貿易業者が居住する住宅などもあった。

今では、荒れ果てているこの場所の周辺には、石で建てられたオランダの倉庫や木造の住宅、店などを囲んでいたことを物語る礎石や崩れた石塀の一部が残っている。

十五世紀にポルトガル人がインドのゴアからやって来て、貿易業者として成功すると、この地区に倉庫や事務所を持ったが、銃や大砲などを王朝に売却したり、この国の傭兵として活躍すると軍事にまで口を出し始めたので、次第に歴代の国王から疎んじられていったという。

王たちのなかで、ポルトガルの勢力をもっとも恐れてオランダに接近していったのが、第三期、第三代のサンダトゥダンマ王［Sandathudamma（一六五二～一六七四）］である。

この王は歴代の国王のなかで、「最も高潔な王」と呼ばれた。

チリッダンマ王の治世の時は、その当時の地図で見る限り、ポルトガルだけが王宮の南西に居留地を持っていた。

オランダは、一六二六年頃からムロハウン（ミャウー）ダイングリの郊外に倉庫を建て、事務所を設けていた。

この頃の外洋を航行する船舶は帆船だったので、その航行時期は季節風によって左右されたために、オランダは、東インド通商圏内の主要な取引地に支店ともいうべき商館（ファクトリー）を置いた。そこには、事務所、倉庫、社宅などが置かれた。

この頃のオランダが東南アジアで寄航する港は、アユチヤ、パタニ、バタヴィア、マラッカ、アチェ、テナセリム、アラカン、ペグー、マルタバンなどであった。

アラカン国とオランダが貿易を行っていたことを物語る資料がある。

『オランダ東インド会社の歴史』の「オランダの東インド通商圏」から抜粋する。

「〈一六三六年のバタビア（インドネシア）港輸移出入品の項目の内、アラカンに関する事項〉

アラカンから、

〈着〉：米、藍、ゴム、ヘ、

〈発〉：金、銅、鉛、錫、生糸、クローブ、ニクズク、メイス、蘇木、金糸、コショウ、磁器（コロマンデル経由）となっている[*1]」

一六八四年、王はオランダの援助で「錫蘭」（スリランカ）に、約四〇人の使節団を送った。そのことにより、オランダは、ミャウーで王と謁見する時には、唯一、通訳を同行することが許され、アランカン人の婦人とオランダ人の混血児を国外に出国させることを認めさせた。

また、王は、外国との通商において画期的な政策を断行した。

一、貿易品の一部に関税をかけないこと。
一、監督官庁を設け米穀の輸出を許可した。
一、一六六〇年頃から、自国で鋳造する貨幣を港で使い始めた。

ビルマは、アラカンを併合した後、その技術を利用して、一八六一年になって初めて貨幣を鋳造した。

ミャウー王朝が、ポルトガルをはじめ外国人の居留地を本格的に設けたのは、チリッダンマ王の時代からである。

＊1　『オランダ東インド会社の歴史』科野孝蔵著（同文館出版、一九八八）

レムロ川沿いの旧王都ラウンヂェッ・シティ

どんよりと灰色がかった空に、夏の煮えたぎるような太陽が、赤い焔を吹き出すかのように輝きふんわりと浮いている。

私は今、旧王都があったレムロ川（Lemro）沿いにあるラウンヂェッ・シティ（Lounggyet City）に向かって歩いている。

この道はミャウーからの幹線道路で、プリンスホテルやパレス・ホテルの前を通り、ヤンゴンに向かう路線バスが走っている。

だが、外国人はこのバスに乗れない。

治安上の理由から乗せないのだ。このことが、ミャウーが近代から取り残されている大きな原因であると現地の人たちから言われている。

伝統的なビルマ式の一戸建ての木造家屋を庭に点在させたヴェザリ・リゾートを過ぎると軍の駐屯地があった。

ここまでは一応アスファルトの簡易舗装だったのに、そこからは濃い黄土色の粘土道となり、辺りの光景が少しずつ変わってきた。

うっそうとした緑の森が疎《まば》らになり、沿道の大きな街路樹が切り倒されて転がっているのだ。

そして、ヒョロヒョロと立ち上がっている樹も、葉の全くない枝を天に突き刺すように伸ばしている。

これらの光景を見ていると、この地方では、ミャウーだけが緑が多い都だと言うことがよくわかる。

赤く膨んだ太陽は、ジリジリと射るような陽ざしを荒れた大地にあびせてくる。街道に面した小川の水も干からびて、わずかな水溜りも見る間に小さくなっていく。田圃の地面が暑い陽ざしに打ちのめされて深い亀裂を作り、あちこちが割れていた。雑草も干からびて横倒しになっている。

やがて、でこぼこの道は、砂利や小石が少なくなり、ほとんどが砂地となった。だが歩く人影は見当たらない。

遠くのテラコッタの日干し煉瓦工場では、汗で背中を光らせた若いミャンマー人が赤い土嚢をピラミッド型に積んでいた。

ミャンマーの人たちは朝が早い。

一番鶏が啼くと起きだし、近くに寺院の打版《ちょうばん》がカンコンと鳴り始めると朝飯をいただき、そして高僧の低くうなるような読経の声に送られて家を出る。町や村のマーケットに、野菜や果物、竹製品の雑貨などを金盥《かなだらい》に山盛にして頭の上に載せて、三人、四人と連れ立って歩いて行くのだ。

この時間帯になると、暑さで表に出ているミャンマー人はいないが、私は、この誰もいない、埃だらけの風景がなんとなく好きである。

たまに小さな村が道沿いに現れて、椰子葺きの家のなかを覗いて見ても、飲料水などを売る小屋掛けの店の奥や竹垣に囲まれた高床式の家々からも人の姿は映らない。声をかけても返事がなく、開けっ放しの風の通る土間で、ぐっすりと寝ている場合が多かった。

焼け付くような強い陽ざしのなかで、村全体が眠っているような、まどろんでいるような、そんな不思議な静けさがほてった身体を包んでくれる。

白シャツとズボン姿の少年の乗ったバイクが私を追い越してから止まった。振り返ってじっと私を見ている。

そして、ゆっくりと近づいて、巧みな英語で尋ねてきた。

「どこへ行くのか」

「ラウンヂェッ・シティまで歩いていくのさ」

「そこまでは遠いよ。良かったら乗っていかないか。五〇〇〇チャットでいいよ」

この十歳くらいにしか見えない少年は、ボソボソと絞るような低い声を出す。

すっきりした顔だちが可憐な感じがしたのと彼が無口なのが気に入って、私は歩くのを止めてバイクに乗った。初めて行く場所には、早めに着くのが鉄則だからである。

バイクは横揺れ縦揺れを繰り返しながら快調に走っている。

ふとメーターを見ると、ガソリン計が下を向いている。

私は、こんなところでエンコでもされたら大変だと思い、懐から一〇〇〇チャット二枚を取りだし、「すぐに入れろ」と声高に叫んだ。少年はニコニコ顔でお金を受け取った。

次の村までかなりありそうなので、早めに手を打てて良かったと安堵したのだが、次の村も彼は全速力で通過した。

三〇分くらい走ると、バイクは埃にまみれた干涸びた村のなかに入って行った。泥で汚れたロンジーを穿いた同じ年の少年が二、三人、駆け寄ってきて少年と話している。少年のバイクを撫でたりした子もいたので、私を乗せたこの少年は、この近在でもかなり裕福な家の子供ではないかと想像した。

そして、何でこんな子供がバイクに乗れるんだろうか。免許を持っているのか心配になってきた。

「免許は持っているのか」

少年は後ろを振り返り軽く首を振った。

「こりゃ事故したら終わりだな」と、私は一瞬、目を瞑った。

バイクの少年は、そんなことは気にせずにおしゃべりに夢中になっている。外国人を乗せてバイクを走らせることが自慢なのか、子供たちの憧れと羨望のまなざしが彼に注がれていた。

また三〇分も走ると、突然路端に停止し、ここがラウンヂェッ・シティだと言った。

「何もないじゃないか。うそだろう、どこにあるんだ」

少年はゆっくりとした手つきで左の小道の奥を指して言った。

「この道の奥にレムロ川がある。その手前にラウンヂェッ・シティがあるのさ」

私は近づいて来た少年たちに向かって左手を指さし、ラウンヂェッ・シティか尋ねた。すると、彼ら全員が頷いたのである。

また少年の廻りに子供たちが集まって来た。

私は礼を言って残りの金を支払い、竹藪を切り開いた道を歩き出した。

すると、少年のバイクがエンジンを吹かしてすぐに走り去ったのである。

歩いて川に向かったのだが、ゴムの葉で葺いた高床式の部落が数軒あるが、遺跡らしい場所は見あたらなかった。

とうとう道はレムロ川に突き当たってしまった。

レムロ川は、チン州のアラカン丘陵地帯から発して、ハンタース湾に注ぐ川である。

意外と大きな川で、川幅を広げて滔々と流れている。川幅は五〇メートルはありそうだ。

川堤で遊んでいる子供たちに向かって、「ラウンチェッ・シティ」と怒鳴っても、彼らは知らないと首を振る。

途方にくれて河岸にしゃがみ込んでいると、十五歳くらいの少年が現れて上流を指さし、「あそこがラウンヂェッ・シティだ。お寺の屋根が見えるだろう」とミャンマー語で言った。

どう見てもここから一キロ以上ある。

礼を言うと、私はそこに向かってゆっくりと歩き出した。

三〇分も歩くと、山の頂上に寺は見えたがそこまでの道がない。

左の遠くの方に緑の並木が細長く続いている。枯れた田圃を迂回するように、小高い山の麓が迫ってきている。階段らしきものと小路が遠くに見える。

たぶんあそこが参道に違いないが少し霞んでいる。

目的地はすぐそこだなと思いながら、私は刈り取った田の畦道を探して直線方向に歩き出した。行けども行けども参道に出られない。もっと近くに山があるように錯覚していたのだ。遠くで子供たちの籾殻を燃やす煙がうっすらと辺りを包み、地面からはゆらゆらと陽炎が立ち上っていく。小さな雑草は萎れて傾いていた。たまに吹いてくる気まぐれな風も熱を帯びていて、山の手前では行き場のないじっとりとした空気が滞留していた。

フラフラになって、やっと石の門柱のある参道に出た。

突然、頭を下方に向けた体長一メートルの赤斑のヘビが身体をくねらせて道を横切った。

あまりの速さに思わず身体がすくんで動けなかった。

あれは、猛毒を持ったクサリヘビではなかったのか。

前方からやって来た村人も、立ち止まって蛇の通過を心配そうに見守っていた。

タイのチェンマイの郊外でも毒蛇に出会ったが、その時、ガイドが田圃や川沿いの叢、密林などには決して入るなと言っていたことを思い出して身体が震えてゾッとした。

山の上からの新年の挨拶なのだろうか。

僧侶の説法の声がろうろうとスピーカーを通して流れてくる。

参拝が終わった二組の老若男女が階段を下りてきた。

私は彼らに会釈して急な階段を上って堂内に入っていった。

見知らぬ土地で現地の人と接触する時、私は必ず笑顔をつくる。まず敵意がないことを相手に知ってもらうためだ。

そして、手を合わせて膝を突き、仏像に向かって礼拝した。

正面の祭壇のようなところには、ザルに入れた米、房つきバナナ、瓜などが山のように積まれている。

私を見つけると、若い僧侶は話を中断して英語で話しかけてきた。

「どうなされた。何かを探しているのですか」

「ラウンヂェッ・シティはどこですか」

「この寺の裏手です。この河岸がラウンヂェッの旧都があった場所です。こんな何もないところへはめったに外人観光客は来ませんが、あなたはどこの国の人？　韓国人ですか」

「どうもありがとう。日本人です」

私は、はやる心を抑えて本堂を後にして裏手に廻った。

そこは、崖の上に建てられた大きな屋根つきの木製ベランダがある仏殿で、ここにも大勢の人が参拝に来ていた。

私はここでも手を合わせて膝を突いて、仏像に向かって礼拝した。

向かいに座っていた老人が、またどこの国の人かと聞いて来た。

「日本です。ラウンヂェッ・シティを探しています」

彼らはいっせいに眼下の河岸を指さした。

だがそこには、草ぼうぼうの何もない褐色の台地と思われる光景が川沿いに広がっているだけだった。

私は唖然として、しばらく立ち尽くしていた。

隣で座禅をしていた長老の僧侶が「二十世紀のレムロ川の洪水で、この辺り一帯は水に流され、遺跡は跡形もなく流れ去ってしまった」と声を曇らせて英語で話した。


ラウンチェッ王朝は、約二〇〇年に亘りこの地に都を置いた。

その場所はミャウーの南東に向かって、約二〇マイル（約三二キロ）離れたレムロ川の河岸にあった。


アラカン国の歴史は古く、最初の王朝として、第一期のダニヤワディ王朝（Dhanyawadi Dynasty）が成立し、マラユ王［Marau（紀元前三三二五〜三二六三年）］が記録されている。

仏教は、内地であるビルマ（緬甸）より早く、インドからこの地に伝わったと言われている。

シットウェーにあるローカーナンダ・パヤー（Lokanandar Paya）には、遮光ガラスで覆われた廟があり、紀元前の作と言われるサチャムニ（釈迦牟尼）像（Shakyamuni Imag）が納められている。

アラカン国は、外洋を航行する帆船を持っていたためか、古くからインドと交易していてバラモン（婆羅門）教も導入されていた。

そして、回教もマレー半島から北上し、この頃アラカンの地に奇妙な丸い形の回教寺院を建立した。

多宗教が混在していたが、ともかく十世紀頃のアラカンは、一応、仏教国として繁栄をしていた。

十一世紀頃までに、ヨチャウン河畔（Yochaung）に、タベイタウン（Thabeiktaung）、レムロ河畔に、ダニヤワディ及びヴェサリ（Wethali）に都を構える。

一一一八年まではピンサ（Pyinsa）、別名、サムバウッ（Sambawut）に都を移し、一一一八〜六七年はパリン（Parin）で、一一六七〜八〇年はクリッ（Hkrit）に都を置いた。

さらに、一一八〇〜一二三九年までにまたもピンサに移し、一二三七〜一四三二年には、ラウンヂェッに都を定めていたが、一四三三年に至って当時は〝ムロハウン〟または〝ムラウ・ウ〟と呼ばれたミャウーに移り、アキャブ地域に都を造った。

ラウンヂェッ王宮の丘稜の大きさは、長さが一マイル（約一・六キロ）、幅が一〇〇〇フィート（約三〇〇メートル）、高さが二〇フィート（約六メートル）あった。

一二五一年に、第一代オウ・ラオ・マー・フュー王［Ah-Lao-Mar-Phy（一二五〇〜一二五六年）］によって建立され、第十八代ザゥ・モン王［Saw-mon（一四〇四〜一四〇六年）］までここに王都を置いたのである。

だが一四〇四年、ザゥ・モン王とインワとの間で戦争が起こるとザゥ・モン王は破れ、ベンガルのスルタンの国へ亡命した。

一六三〇年頃、布教のために、王宮の屋形船でこの川を遡ったり下ったりした宣教師のマンリケは、危険を冒して遠くの集落にも布教に出かけたと言う。

当時はまだ、虎や野生の象が近隣の密林を横行していた。

変わらないのはゆうゆうと流れる川だけだ。

感慨深げに山頂から眺めていると、レムロ川の緑青色の色だけがまぶたにくっきりと焼きついた。

帰り際に一人の老人が寺の裏山に私を案内した。

その屹立した山の崖に経文が書かれていて、大勢の人がお参りをしている。

書かれた文字は相当古そうだ。よく見るとビルマの文字でもアラカンの文字でもない。

そして、信者は手を合わせて祈ると、廻りにある小石を崖の前に積み上げていく。

その二メートル近い塔のような石積みが何本も立っているのである。

このような原始的な信仰である石を積みながら壁に刻まれたお経の文字を礼拝する風習は、今まで見たことがなかった。

仏陀の死後、アショーカ王の時代、紀元前三〇〇年頃、二人の伝道僧がこの地にやって来て、この山の崖に経文を彫ったと、信者を指導していた袈裟掛けの老僧は厳かな口調で語った。

とすると、よくわからないが、この文字はサンスクリット語（梵語）かパーリ語（サンスクリット語の一種）なのであろうか。

現存するビルマ語の最古の「ミャゼッティ碑文」を写真で見たことがあるが、それはパーリ語、モン語、ビルマ語、ピュー語で書かれていると解説があった。

その文字とも違う。これは古代アラカン文字なのか。

「つかぬことをお聞きしますが、このお経の意味はなんですか」

「ブッダの尊い教えです」

ラウンヂェッ・シティの崖に刻まれた経文（撮影：ムーンさん）

信者たちが塔を回りだしたので、それ以上の会話ができなかった。

また、何と書いてあるかお経の意味を聞き損なってしまった。

思い起こせば、紀元前四〇〇年頃に、仏陀（ガウタマ・ブッダ）［ガウタマ・シッダールタ（紀元前四六三～紀元前三八三）］が入滅した。

ブッダは、三十五歳で悟りを開いて、四十五年間も伝道の旅を続けた。

しかし彼の死後、すぐに「教え」が文字に書き写されることはなかった。

その教えの原点である経文の「パーリ語聖典」が生まれたのが一〇〇年後だと言われている。

そして、インドを最初に統一した「アショーカ王」（在位期間　紀元前二六八～紀元前二三二）が、仏教に帰依したのは最後の大戦争であったと言われているカリンガ国との戦いの後であり、この国はベンガル湾沿いにあった。この戦いは凄惨をきわめ、十万人を超える人が殺された。

王はその惨状を見て改心し、熱心な仏教の信者となったと伝わっている。

紀元前三〇〇年頃、王は諸外国の地に五名の伝道師を派遣した。

それらの派遣先は、

一、ヒマラヤ山脈から南インドへ、
一、セイロン島へ、
一、西北方面のギリシャ系、トルコ系の住民の居住地へ、
一、さらに、アフガニスタンへ、
一、東方のビルマ、あるいはマレー半島へ、

となっている。

それら以外にも、諸外国に仏を広める僧を数多く派遣したと伝わっている。

彼らの訪問先の特徴は、当時、黄金や宝石の取引で繁栄している国が多かったようだ。

それは、仏陀の教えが、当時のアジアの主流であったヒンドゥー教の戒律に反して、神々への供物、供儀がなく、カースト制度による身分差別や婚姻の差別がない、食生活や移動などの制約がない等の理由で、商人や農民、労働者階級に広く受け入れられたからである。

悟りを達成したガウタマ・ブッダが初めて説法した地、南インドにあるサルナートの仏塔蹟を

発掘したカニンガムは、一八三五年、石版に刻まれた碑文を発見した。

そこには、こう書いてあったと言う。


「すなわち人生は苦であること。

その苦の原因に関すること。

苦を滅した悟りに関すること。

そして、悟りに至る修行方法のこと」


俗界を離れて修行していた仏陀の弟子たちは、その教えが散逸しないように伝道を始めたと伝わっている。

石に刻まれた仏陀の言葉は半永久的に残り、現在でも堅い巌の崖に刻まれた経文の下で、敬虔な仏教徒たちがお祈りをしている。

生前、ブッダは、

「自分を拝むのはやめなさい」

「比丘たちよ行け、すべて生命あるものに真理を伝えよ」

と、説法したと言う。

その後信徒の間で、「仏足跡」などを礼拝する習慣が生まれたと思われるが、すぐに遠くのアジアの地にまで広まってこなかったろう。

ガンダーラでギリシャ彫刻の影響を受けた仏像が生まれたと言われている年代は、紀元前一世紀初め頃と考えられ、クシャーン朝のカニシカ王の時代であると言われている。その原型となったのは、人物像ではなくインドで信仰されていた「法輪」だと言われている。その後、マトゥラーで仏像が製作されたのが一世紀中頃と言われている。

また、アーナンダー・チャンドラ王が建立した石柱（考古学局管理）に刻まれている碑文によって、この国では、五世紀から六世紀にはシヴァ神が、七世紀から八世紀には大乗仏教が信仰されていたことがわかる。

ムロウハン（ミャウー）からは、サンスクリット語とパーリ語とを混ぜ合わせたナーガリー文字が刻まれた六世紀頃と思われる碑文が出土している。

二千年にも亘って連綿とこの経文を守り、参拝してきた信者の、いまだ衰えぬ信仰の熱意に心を打たれた。

私はこの感動に酔いしれながらも、同地を後にした。帰りこそは、歩いて行こうと決めていたのである。遠い昔に、王の軍隊が列を連ねて、ミャウーに向かって黙々と行進した時の気持ちが少しでも伝わってくるのではないかと思ったからである。

しかし、歩きだしてすぐに、汗が顔から滴り落ちて目がかすみ、朦朧としてふらつき、土手に膝をついてしまった。いくら歩いても村らしきものが見えてこない。

はるか先の道路には、もうもうたる砂塵が巻き起こり、その中央に大小の六つの目玉が鈍く光っている。その薄黄緑色の光の玉は、浮き上がるように近づいて来た。

眼の前に来ると、それは屋根の上に人をのせた古いローカルバスだった。

だが、通過する時、荷物の間にへばりつくように身を伏せていた野良着姿の農民たちが、少し身を起こし、歓声を挙げて手を振ってくれた。

路肩の石にしがみついて車を避けた私は、くじけて倒れそうだった心を奮いたたせて両手を挙げたのだが、バスはあっという間に通過して遠ざかった。埃と黒い排気ガスの塊が、人影のように延々と乾いた路上に残されている。

しばらく立ち尽くしていると、バスが消えた寂寥とした原野が眼前に浮かびあがってきた。埃をかぶった沿道の枯れ木がやたら倒れている。

その両脇の赤茶けた畑のなかで、強い光を避けるかのように円い形の薄緑の小さな雑草が固まっていた。

黒く細長い粘土道が、どこまでも途方もなく繋がっていて、遠くにある燃えるような大地と青みがかった灰色の空ははっきりと区切られている。

ここには何もない。でも、太陽で焼かれた野を鋤で開墾しようとする少数の人が暮らしている。突き出した鼻腔の奥にまで、樹や森の臭いとは違う、掘り起こされた草地の土の強い臭いが入り込んでくるのだ。想像を大きく超えた荒々しい田畑に、鍬を手に必死にしがみついている人間の生きている息吹がじっとりと伝わってくる。

この大自然は古代から変わらずに、人を思うがままに支配していたことは間違いない。

だから、文明とは縁のないこの周辺の地を、贅沢に慣れた都会人のような考えで、つまらない、なんて退屈なところだと思ったら、この過酷な環境の地で昔からひっそりと暮らしている人間の温もりや逞しさは永遠にわからないだろう。

進歩とは、いったい何なのだろう。

経済的発展は、やがてモンスターみたいな富める者を生み、膨大な数の貧しい者をつくりだす。あの、最強の先進国と言われている米国でさえ、最も貧しい人を別にして、九五%の国民が日々の暮らしにもがいていると言うのだ。

金という人間の欲を背負ったこの怪物は、進歩と裏腹に、この国の助け合う人々のコミュニティや古くから伝えられてきた郷土文化を、今にズタズタにして引き裂き、破壊してしまうだろう。民主化という素晴しい改革と引き換えに、ミャンマーは、ブッダが教えてくれた人を敬う優しさを放棄し、文化や絆まで崩壊させてしまうのか。

オッと、また出すぎたことを。これ以上、出しゃばったことを考えるのはやめよう。この国のことはこの国の人が決めることなのだから……。

この炎天下に立ち、流れ出る汗を手で拭くと、私はまた夢遊病者のようにふわふわと歩き出した。

どのくらい、この静かなもの寂しい切株だらけの平坦な道を歩いたのだろう。もう、村も、田圃や荒野も、何も眼に入らなかった。

見慣れている風景が現れるまで、ただひたすら歩いて行ったのである。

何時間も歩いて、ようやく軍の駐屯地の道路前にある簡易舞台がある場所に来た。ヴェサリ・リゾートの前で、私に水をかけようと屯《たむろ》している子供たちをよけて歩いていくと、プリンス・ホテルの前で、びしょぬれ姿のムーンさんがカメラを手に持ち立っていた。

帰りは、身体のなかの水分が沸騰するほどのぶるぶると煮えたぎる太陽の陽を全身に浴び、途中で何回も休みながら、三時間半をかけてプリンス・ホテルに帰って来たのである。

私の話を聞いたムーンさんは、翌日、ラウンヂェッ・シティに向かった。

現地の若いバイクの運転手は、ジュース一本で彼女を乗せて行ったと言う。彼女は旅の魔術師である。どんな場所でもすぐに友だちをつくり、彼らはムーンさんを、まるで女王さまのように扱うのである。

しかしよく見ていると、彼女は、なかなか細かなところにも日本式の気配りをしている。プリンス・ホテルで働いている子どもたちにもお菓子を買ってきて、一人一人に手渡しで配っていた。

そして、彼女も日本人なんだなあと感心したのは、他の国の外人観光客が決して行かない、観光地でもない辺鄙な遺跡のある場所に出かけていって、あの山に刻まれた経文を見て感動したと語ってくれたことだった。彼女は、現地の男性と二人きりで人気のないところへ行くなどの軽はずみな行動はしないとも言う。

もう一日滞在して、さらに奥地のチン州にまで行って見ると語っていた。

彼女とは二日後に別れた。

シッタウン寺院にある王宮の風景画（撮影：ムーンさん）

なお帰国後、彼女からミャウーでの私の写真を数枚送っていただいた。

そのなかに、黄金に包まれた王宮の写真があった。

シッタウン寺院で撮影したものである。

この寺院は由緒ある名刹で、入り口の階段脇にはベルの形をした三基の大ストゥーパと、その周りを三三基の小さなストゥーパが囲んでいて、インドネシアのボロブドール遺跡を彷彿させる。

私もこの寺には行っているが、奥深い堂内の天井の近くの壁に架けられていた十六世紀ごろと思われるこの木版に描かれていた絵は見落としていた。

なるほど、この写真は黄金都市ミャウーを象徴している。

聞けば、彼女はインドのブッダガヤにも行っていると言う。

この人の仏教や文化に対する見識には本当に頭が下がる思いである。

サムライのレリーフがあったピタカ・タイ

今朝、オーストラリア人のケビンさんは、ヤンゴンに戻るためにホテルを去った。

私も二日後にはシットウェーに戻らなければならない。そして、ムーンさんは三日後に旅立つと言う。

プリンスゲストハウスのオーナーが昨夜になって、サムライのレリーフがあるところを教えてくれた。

私がバーミャインさんから購入した資料をオーナーに見せていた時、彼はチリッダンマ王の護衛をしている兵士達の絵を見て、「この絵のレリーフがあるところを知っている」と言って、現地のガイドブックからピタカタイの載っている場所を指でさした。

カーラン・ピタカ・ライブラリー（Khrun-kite Pitaka Library）は、ミャウー第一の古刹、シッタウン寺の北、ヒッ・パロン・パコダ（Htu-Par Pagoda）の先にある。

ラカインでは、カーラン・ピタカ・タイ（khrun Pitaka tite）と呼ばれている。

その由来は、この書庫が長く続くカーラン崖（Khrun wall）の手前にあるからだ。

急いでホテルを出て私は、相変わらず人が誰も通らない道でこの書庫を探した。

シッタウン寺院から一キロも歩いただろうか。左右にパコダは林立しているが、その建物がどうしてもわからない。

陽ざしはますます強く楝瓦の塔の間から斜めに大地に射しこんでくる。

大きな菩提樹の下で一人で石蹴りをしている少年が見えた。

私はよろけながら一歩一歩少年に近づいて行った。

どうしたことか。まばゆい光の輪のなかで、石をける少年の小さな身体が地上から浮いたり沈んだりしてあちこちに動き、まるで光とたわむれているかのようだ。

かげろうのようなその黒い影を追ってようやく追いつくと、彼を呼びとめ、急いでガイドブックのページをめくり、ピタカ・タイの写真を見せた。

何も言わず目線をあげて、彼が指をさした先の道が途絶えたところに小さな石造りの建物が見えた。

礼を言うと少年は少しはにかんで下を向き、また小石を遠くに蹴とばした。

その建物に近づいてよく見ると、新しく建てられた屋根がかぶさっている。

間口は一メートル半ぐらいで、ウナギの寝床のように細長く建てられていた。

右側の白い石板に、

「この建物は、宗教の本を集めた書庫で、モン・パラウン王（King Mong Phaloung）によって、一五九一年［ラカイン暦九三五年（935 Rakhine Era）］に建立された。

このような図書館はミャウーに幾つもあったが、今はこの建物が現存する唯一の書庫である」

と書かれている。

そんな大きな建物ではない。間口は二メートル、奥行きは十メートルくらいで、日干し棟瓦造りの小さな祠のようだった。

入り口の門も、扉もなく、奥に向かって風が静かに流れて行く。

薄暗い堂内に入ると、両サイドの壁は少し窪んでいて、ジグザグになる通路があった。

しかし、壁のどこを見てもサムライのレリーフらしいものは見つからなかった。

私はがっかりして、しばらく周りを見廻した。

静まりかえった堂内の壁には唐草の形のような装飾が刻まれていて、スリランカからもたらされた仏典などを保存していたという厳かなお堂の雰囲気が、今でも確かに感じられる。

ガイドブックには、「棟瓦の上に四メートルの段々になった屋根が被さり、内壁には蓮の花やいろいろな植物の花の模様が彫刻された壁が続いている。さらに入り組んだ四段の棚があり、内壁には、厳しい労働に従事している人たちを表す石の彫刻もあったようだ。また、このような書庫はミャウーに四八ヶ所以上もあった」と記してある。

これらのレリーフは今でもシッタウン寺院に存在し、回廊には歴代の王が奉納したアラカンの生活を描いた労働者のレリーフがある。

チリッダンマ王の護衛をしていたキリシタン侍のレリーフが存在しているということは、あながち間違いではないようだ。

きっと以前にピカタ・タイには、サムライのレリーフがあったのではという思いが頭をめぐった。

私は外に出て手を合わせ、サムライたちの冥福を祈ると静かにその場を離れた。

帰りに、市場の前にあるダニヤワディレストランに寄り、なかにいた何人かの客に侍たちが王を護衛している絵を見せたら、老人の一人が、「それはピタカ・タイにある」と記憶していた。

だがそのレリーフはどこかに消えてしまい、いくら聞いてもその行方は誰にもわからなかった。

なお、パラウン王は、一五七一年にピタカ・タイの近くに、一四六体の仏像が安置されている城塞のようなダッカン・ゼイン寺院（Htukkhank Thein Temple）を建立した。


ホテルに戻ると夕食の席で、ムーンさんから、ケビンさんは今日乗るフェリーが出航できなくて明日のシットウェーからの飛行機に乗れないことがわかり、渋々五十ドルも出してバイクでシットウェーに向かったと言われた。

悪路を夜通し走って六時間もかかるという。

しかもこの幹線道路は、夜になるとゲリラが出没する危険な場所でもあるのだ。

このことを聞いた私は、翌日の自分のフェリーの出航のことを思いめぐり、とても嫌な予感がした。

帰り船が欠航のためラタナポン・パコダに行く

既に一時間以上、ホテルのオーナーはこの町の老人たちと話している。

すぐに帰りのフェリーに乗れると言われてたので、朝早くオーナーのバイクで船着場まで荷物をまとめて出てきたのに、乗船の話し合いの場に責任者である船長がいないらしい。

誰かが探して来いと言うと中年の男が首を傾げながら出て行った。

言葉はわからなくてもその場の空気は読めた。

船は桟橋には横付けされていないし、他の外国人乗客の姿も見当たらない。

間違いなく帰れるという気持ちがだんだんと萎えてきて、イラつきながら直射日光が降り注いで白く輝いている遠くの小船を眺めていた。

あれほどしつこく言って、オーナーに帰りのフェリーの手配を頼んでおいたのに、いったい何をしていたのだろう。

屋台のイスに腰掛けて、四人もの男たちが一時間以上も延々と話をしている。

そのうちに、到着した時に私をプリンスホテルに連れて行ってくれた若い運転手まで加わって、さらに三十分が過ぎた。

外国人はガバメントボートに乗れないのだろうか。先日に船着場に行ってチケット売場を探しても、それらしき建物が見つからなかったのである。

やがて、船長らしい人がのっそりと現れて話し合いは続けられたが、いつまで経っても船は桟橋にやってこない。

チェックアウトをして荷物を纏めて出てきたのにやはりダメか。

最悪、明日も乗れなかったらバイクに乗るために高額の料金を支払うことも考えていた。

要するに、外国人が集まらなければ、フェリーは何日も出航しないのではないかと考えたりして不安におののいていたのである。

やがてオーナーが私に向かって、今日、船が出なくて申し訳ないと英語で言った。

シットウェー空港からヤンゴン行きの飛行機に乗る日までまだ二日ある。

私はもしも、という気持ちから、エアーマンダレーの飛行機に搭乗する日の三日前にミャウーを離れることにしていた。

ケビンさんのこともあるので心配だったがどうしようもない。

今までの不満が爆発したのか、昂った感情をうまく押さえられない。

私はオーナーに向かって顔を赤くして声を荒げて怒鳴ってしまった。

「明日船が出なかったら帰りの飛行機に間に合わないぞ」

「明日は大丈夫ですよ。船長が約束しましたから……」

「またここで一泊するのか。本当に明日は船が出るんでしょうね」

「外人さんが集まったから大丈夫です。お金も船長に渡しましたよ」

私はホテルまで乗せて帰るというオーナーを見上げ、大きくため息をつき首を振って断った。

こんな状況でも怒ってはいけないと手ぬぐいをかぶって頭を冷やした。

ラタナポン・パコダ

「そうだこの機会にリラックスしてぞんぶんに最後の日を楽しもう」と思った。

実はもう一つ行ってみたかったパコダがある。

キリシタン侍がアラカンに現れたのは、一六一二年頃[*1]、第二期ミャウー王朝のミン・カマウン王の治世の時で、この王が一六一二年に建立したラタナポン・パコダ（Ratanapon Pagoda）がピタカ・タイの近くにあったのだ。

アラカンの歴史書によると、このパコダはシン・ダッウィ王妃とカマウン王が一緒に建立して奉納したと書かれているが、王妃が一人で建てたという説もある。

カマウン王は、フセイン・シャー（Husein Shah）というスルタンの名前を持っていて、チッタゴンを中心としたベンガル地方にまで遠征し、二千人の捕虜を連行し奴隷や職人にしたという。

一六二五年には、モーグル朝が支配していたベンガルの首府であるダッカの知事が「ムグ族」（アラカン族）の占拠により、一時、奥地に避難したことがビルマの史書に載っていた。たびかさなるアラカンの侵入によりこの南方地方はかなり荒廃したようだ。

この土地からアラカン族を完全に駆逐したのは、スルタンとの戦争で勝利をおさめた英国で、一八世紀に入ってからである。

このパコダもシッタウン寺院の北、ニィダウ・パコダ（Nyidaw Pagoda）の隣にあった。泥土のテラスを周囲にめぐらせ、そのなかにストゥーパが立ち並んでいる。円周が約三〇メートルもありそうな巨大なパコダだ。

高さは十五メートル以上もあって上部はベルの形をしている。石版には、「このパコダを積んだ棟瓦のなかは空洞になっていて、地震などによって崩壊していたが、修復を繰り返して一九九八年に再建した」と書かれてある。

このような大きなパコダは王妃が一人で建てたものではないだろう。今まで見てきた王妃のパコダはすべて王様よりかなり小さかったからだ。

東側のテラスには、腕をもぎ取られたような小さな仏像が二体鎮座している。

現地のガイドブックを読んでみると、

＊1　江戸幕府は慶長十七年〝一六一二年〟三月二十一日、京都所司代板倉勝重と長崎奉行長谷川藤広にキリスト教の禁止と南蛮寺の破却を命じている。

「三段のテラス状の基壇が取り巻いて、その角には石で造られた獅子の像が置かれていた。また小さな広場には、飲料水を引くための象の形をした土管が埋められた配水管の跡があった。石のブロックで造られた東側のテラスはお祈りをする場所で、たくさんの仏像が置かれていた」と書かれていた。

しかし、今はそれらの建造物は何もなく、首のない仏像が石段の脇に捨てられている。

石仏は微風に震えてカタカタとかすかに体を震わせている。

この壊れた古い仏像を見つめていると、なぜか遠い昔の記憶がありありと記憶の底からよみがえってきた。

もう十五年以上も前のことである。

まだ格安のエジプト航空やバングラデシュ航空が東アジアの空を飛んでいた頃、成田発、バンコクに向かう途中のバングラデシュ航空機のなかで、隣の若いバングラデシュ人が話しかけてきた時のことだ。

彼は、日本の中古自動車の販売をチッタゴンで営んでいて、商談が終わって群馬の前橋から帰国する途中だった。

「私の故郷であるバングラデシュのチッタゴン丘陵地帯には、隠れ仏教徒がかなりいますが、彼らの一部は銃で武装しイスラム教徒と争ったりしています。でも、海岸線には穏健な仏教徒もいて、ある村の寺院には、宝石で象嵌された金箔の仏像が幾つも安置されているのです。

またイスラムの町の下に、破壊された仏像の破片が散乱しているのを見たことがある。ベンガル地方は、もともと古代仏教国が存在していて、埋もれた仏教遺跡があちこちにあるんです。

そしてベンガルでは、十七世紀に起こったスルタンの軍と英国との激しい戦争で日本の勇猛なサムライが戦死したことが伝わっているので、あなたもぜひ一度この国へ来てください」と言ったのだ。

その時は何も感じなくてすぐに忘れてしまったのに、なぜ、彼が喋った時のことをこの場所で思い出したのだろう。

それは一六二五年のアラカン軍のチッタゴン侵攻のことにこだわって、ずっと考えていたからかもしれない。

気がつかなかったが、この年のミャウーの王はチリッダンマだったのだ。

この王も何度もベンガルに遠征をしている。

だから、キリシタン侍も王に従軍してチッタゴンに行っていたかもしれない。

チリッダンマ王が亡くなり、新王になったナラパテージが王族や日本人たちを皆殺しにしたと今までずっと思い込んでいたのだが、生き残った日本人の侍が少しは土地勘があるチッタゴンに逃亡した可能性が出てきたのだ。

飛行機のなかで聞いたたわいのない話がミャウーで起こった出来事と一つに繋がっているのだろうか。

キリシタン侍の末路をめぐる話が、バングラデシュの侍の謎を解き明かす貴重な鍵になるかもしれない。

日本に早く帰って、この謎の人物のことを古文書などで調べてみようと思った。

なぜなら、戦死した勇猛な武士が戦場で使用した日本の有名な槍術の槍が「プラッシーの戦い」の戦利品として、ロンドンにある大英博物館に展示されていると、あのバングラデシュ人が言っていたからである。


黄まだらの数匹のアゲハチョウが、熱さを避けるように基壇の崩れた煉瓦の上をすれすれに飛んでくると、草原から吹いてきたつむじ風に乗ってあっという間に上昇し、パコダの頂華部にある蓮華座の周りに舞っている。

やがて、あざやかな色の蝶たちは離れては近づき、からみあっては飛び続け、蓮根から上に向かって鋭く突き刺すパコダの傘蓋にぶつかりそうになりながら塔の先端を軽々と越えると、羽を銀色に光らせて、どこまでも続く青い天空のなかにもつれあいながら消えた。

辺りはひっそりと静まりかえって何の音も聞こえず、風さえも止んでしまった。

旅の終わりに、謎が謎を呼ぶミステリアスなミャウーの侍のことをじっと考えていると、私の疑問の一つ一つがパコダの欠けた日干し粘土のなかにどんどん吸い込まれていった。

私は誰もいない回廊の端に座り静かにもの思いにふけって、しばらくの間、思いきり自由な空想の世界に浸ることができた。

翌朝、眠い目をこすりながらオーナーのバイクに乗り船着場にやってきた。

「あれっ、オーナー夫人が歓迎門の脇に自転車を停めて立っている」

思い通りにならない時、悪い癖で、ついこの人に愚痴を言ったり、辛くあたったりした。冷たそうに感じていたが本当は優しい奥さんだったのだ。

私は丁重にご夫婦に会釈をすると、荷物をかついで急いで桟橋に向かった。

船着場に碇泊していたフェリーボートに乗り込んだのは、ドイツ人一人、アメリカ人三人と私の五人である。

四月下旬の朝十時、軽く汽笛を鳴らして船が岸を離れると、売店にたむろしていた男たちが桟橋に飛び出してきていっせいに手を振った。

人々の姿がどんどん小さくなり豆粒になっていく。

太陽が照らすまぶしい空を、細長いすじ雲が慌ただしく走っている。

その黒い影がチラチラ映る水面は、薄い泥色を橙色に染めて光っていて、子供たちの素敵な笑顔が三つ横に並んで浮かんでいた。

船べりを掴んで見ている私たちの顔もこぼれるような笑顔に満ちている。

ミャウーは激動する現代のうつろいをよそに、今も静かに時を刻んでいる。

遺跡群を流れるゆったりとした時間は、この地域がこの後に世界遺産に登録されたとしても、忘却の彼方へ流されることは決してないだろう。

朝靄が川面に低く垂れ込んでくると、岸辺の風景が少しずつぼやけていき、大きく広がった空やくねくねと蛇行する川も大地との境界をすっかりなくしてしまった。

第三章　ミャウーのキリシタン侍——小西行長残党説

『私たちは家康の迫害からシャムに逃れた、ザビエルのイエズス会の会員です！』

マンリケの故郷――ポルトガルの第二の都「ポルト」

宣教師のマンリケについては、現在まで日本に何も伝わっていない。

しかし、モーリス・コリスなどの欧米の作家や学者の研究から少しずつ彼の経歴がわかってきた。

セバスチャン・マンリケ（Sebastian Manrique［一五九〇～一六六九］）は、一五九〇年から一六〇〇年頃の間に、ポルトガルの第二の都 Oporto（ポルト）に生まれた。

ポルトガルの人口は約一〇六一万人で日本の約四分の一。その九〇%はカトリック教徒である。

モーリス・コリスがマンリケの生誕地を〝Oporto〟と記したのは〝Porto〟のことである。ポルトガルの首都のリスボン（Lisboa）から北へ約三〇〇キロ行くと、この国の商工業の中心地で人口は約三〇万人が暮らす、古の歴史を今に残すポルトガル第二の都ポルトがある。起伏の多い街で、〝七つの丘を持つ街〟と呼ばれており、ドウロ川（Rio Douro）を取り巻く急勾配の沿岸に多彩な壁と橙色のスペイン瓦の屋根を持つ家々がしがみついている。

南岸にあるヴィラ・ノヴァ・デ・ガイア（Vila Nova de Gaia）は、ローマ帝国時代にはカーレ（Cale）と呼ばれる中州であった。

アウト・ドウロと呼ばれるドウロ川の上流は、世界的に有名なポートワインの産地である。ここで収穫されたぶどうは、ポルトのヴィラ・ノヴァ・デ・ガイアの酒蔵で熟成され、香りがよい芳醇なワインとなる。

ドウロ川の河口の街が港（Portus）の役目をしていたので、この地区はポルトゥス・カレーと呼ばれていた。これが、ポルトガルの語源であると言われている。

十四世紀から十七世紀にかけて、良港であるポルトから海外へ向かって多くの商人、航海者、宣教師たちが未知なる土地へ旅立っていったのである。

若い時、マンリケは、アウグスティノ会（Augustinian Order）の布教活動に魅せられ、自分から進んで入会したと伝わっている。

その後二十歳頃に、彼は当時のポルトガルのアジアの主要な都市であるゴアに布教のために送られた。

そこは、まだポルトガル領になったばかりの、今まで見たことのない新鮮で美しいインドの都だった。

彼はそこで多くの月日を過ごした後、自分から進んで修道士としてそこの僧院に住み込んだ。広大な敷地のなかに、バロック調の見事な建物の修道院、祈祷所、教会、学校、寄宿舎などが点在していた。

一六二八年、彼が三十歳か四十歳頃の間に神父となり、現在のカルカッタ（Calcutta）近くにあるベンガルのフーグリ（Hugli）に転勤になった。

そこはポルトガルの植民地で、アウグスト派の修道院があった。

ベンガルは、ビルマから遠く離れているが、アラカンの近くに位置している。

ベンガルには独立した王国が幾つもあって、ビルマ人にとてもよく似ている民族のモンゴル系の人たちが住んでいた。

ベンガルの王国群は独立国であるが、アラカン、ペグーなどの周辺の国々と領土をめぐり争っていた。

マンリケは、好奇心からアジアの地域を旅していたが、彼の旅のスタイルは、旅先で一般の人と親密に付き合うことだった。飾り気のない誠実な彼の性格が、その土地の王様や王妃、王女などの王族たちに愛されたのである。

そして、一六三〇年にミャウーにやって来て、五年間滞在した。

時の最高統治者であるチリッダンマ王に寵愛され、ミャウー王宮の修復、大広間の改装などに手腕を発揮している。

マンリケが来訪した時には、ミャウーには教会がなかったが、日本人のキリシタン侍たちの申し出を受けて、王がどうしても許可しなかった教会堂建設の許可を請願して取得した。

彼は、王様から布教の許可までもらって、カラダン河やレムロ川を舟に乗り、上流や下流の近隣の村々を布教して歩いた。

五年後の一九三五年の末か一九三六年の初めにミャウーを離れ、ムガールのチッタゴンやダッカに向けて旅立った。

一六三七年、ゴアに戻ったが、同年四月にマラッカ（マレーシア）やマニラ（フィリピン）に向かって旅立った。

一六三八年に安南のフェフォ、ホイアン（ベトナム）に現れて、ここで起こった日本人町のキリスト教徒が現地の日本人たちによって迫害される事件の模様を記録している。

マンリケはここから日本に布教に行くつもりで日本行きのジャンク船を探したが、日本でのキリスト教徒迫害の情報が伝わっていたためにとうとう船を見つけることができなかったようだ。そこで彼はマニラに向かい、そこでも日本行きの船を捜したが、すべて不首尾に終わった。

彼はそこから、バタヴィア（インドネシア・ジャカルタ）に行き、マラッカに渡った。

そして一六四〇年にインドのゴアに帰ってきた。

その後、シリア、アフガニスタンに行き、イランを巡り、そこから船でスペインに行き、母国のポルトガルに戻った。

一六六九年、彼はロンドンの修道院に派遣され、同地で死去した。享年七十であった。

マンリケは生存中から、アジアでの旅先の不思議な体験の記録を多く残していた。彼の死後、これらの記録集はローマのアウグスト派の修道院に保管されていたが、広く世間に公開するようにと言う彼の遺言で、この記録の原本のコピーがモーリス・コリスらのところにも送られてきた。

また一九二七年には、コーネル・ルアード会社の創始者であるホーステン（Hosten）がハックル教会（Hakluyt Society）に依頼して、マンリケの旅行のノートを解説し、『マンリケの旅行記』として編集し出版している。

一九四二年、モーリス・コリスは、マンリケが記録した貴重な体験をそのまま伝えたいと考え、*THE LAND OF THE GREAT IMAGE* という題名で出版した。*1

この本のなかにマンリケの経歴や詳細な人物像が書かれていたのである。

＊1　Maurice Collis, *THE LAND OF THE GREAT IMAGE*, 1942（『アラカンのマンリケ』モーリス・コリス著）ラッセル広場地区・24Square　ロンドン・1、INTORODUTRY and xxx1・THE MURDER OF FRIAR MANRIQUE（序文）より

この本は、仏教国アラカンにおけるキリスト教の布教の状況を描いた真実の記録である。

またマンリケによって、江戸幕府のキリスト教の迫害によって、遠くアラカンのミャウーにまで逃げていった日本人キリスト教徒の存在が明らかにされた。

マンリケは、幕府の恐ろしい弾圧が行われている禁教の実態を知りながら、東南アジアで何度も日本行きの船を捜したと言われている。彼の日本行きの願いは叶わなかったけれども、遠いアジアの辺境の地で戒律を守り真摯に生きる日本のキリスト教徒たちに愛と勇気を与えたことは間違いない。

アラカンで日本人たちと遭遇する

サムライの頭領は「レオン・ドノ」だと名乗った。

「X11 THE ADMIRAL」（海軍大将）の章から引用する。

「王様への贈り物を用意して出発を待っていたら、最高統治者（チリッダンマ王）の軍船が遠征先から帰ってきた。

そこで、幾つかの興味深いことを聞いた。

王室の護衛をしている日本人のサムライの集団の事だが、彼らは一人の頭領に率いられているカトリック信者たちだった。

それらの人たちの故郷は偉大なる日本で、同地でキリスト教の普及に成功したイエズス会のフランシスコザビエル会に属している人たちである。

彼らは、およそ一六一二年頃、将軍家康の時代に迫害されて日本を逃れ、野生の羊と共に航海を続けてきた。

国外追放者の彼らは、他に比べようのない勇敢で優れた剣士たちで、誠実な信徒たちでもあったので、サイアム、ペグー、アラカン兵たちの親衛隊の集団に加えられ、さらに遠くの辺境の地を治める王族たちにまで護衛兵として雇われた。

彼らの一部の将兵は、チリッダンマ王がマハムニ仏（大牟尼）を参拝する間中もずっと王をお守りしていたのである。

彼らはすばらしい特別な絹の服装で飾りたてていて、腰のベルトに日本の剣をさしていた。そして、彼らを乗せて来たガレー船（奴隷船）が並んで浮かんでいるそばで佇んでいる私に向かって日本人らは感情を奮い立たせて軽く会釈した。

彼らの頭領は、神父である私の前にひざまづいて挨拶して、自分の名前は日本で洗礼した時に名づけられた『レオン・ドノ』である、また二番目の日本語の名前を持っていて、その言葉の語源は『上品な家柄を表す』と言うことを意味していると、私にポルトガル語で話した。

マンリケは、この地で日が昇るように成功しつつある彼に慈悲をかけ祈ったのだが、その後なぜかレオン・ドノは、大変な剣幕で会話を途中で止めた。

やがてレオン・ドノは、船の甲板に彼の全ての部下たちを集めて、そんなに大きくない望みでも必要なだけのことをするように努力せよと言った。

頭領のタイバオは、土手の上の樹の下に莫蓙を広げて座るように部下に命令した。そこで彼らは散会となった。

彼らはとても献身的で、もしかして私が聖人（St）であるかのように、私の腕にキスをするために立ち上がってきた。

でもそのようなキリストを尊敬する行為は、私にするよりも、司教様や、我々信者たちの教区長様にしてくださいと私は言った。

彼らは、長い間教会もなく、司教も牧師もいなくて、貧しく慎ましい信仰生活を送っていたようだ。

レオン・ドノは、我々は日本のイエズス会の会員で七年間もここに滞在しているがこの地には司祭はいないと言った。

彼らは、精神的なキリスト教の信仰をよりどころにしているので、慰めとなる教会の建設を熱烈に望んでいる。

彼は続けて、『我々は特別の要望をお願いしたい。我々は信仰上長い間貧しかったが、今、あなたを尊敬しているので、我々の心のよりどころとなる教会の建設を王に話すことを特別にお願いしたい』と打ち明けた。

ミャウーには、信徒にとってなぐさめとなる教会がないと言った。

今までに何回も我々の代表を王様のところへ送っているにも拘わらず、仏教徒である王様は今までに教会建設の許可を与えてくれなかったようだ。

我々は王宮で信頼されている威厳のあるあなたがこの提案を王様に話し、あなたを尊敬している王様がこれを認め、教会が建設されることを信じていると話した。

また、私がダイングリ地区でカトリックの生活共同体の建物をも造ろうとしているので、私が危険を避けて、この提案をそらそうとしていると感じているようだ。

『誓って、あなた方を深く信頼しているので、現世の信仰生活をこの地で有意義に送るために、私の指導による教会の建設のことを王様に必ず要望する』とマンリケは答えた」[*1][*2]

この頃日本では、徳川家康は、関が原の戦いに勝利し、江戸幕府を開いた後も、キリシタンに対して、寛大な取扱いを命令していたが、やがてキリスト教の存在が全国を統治するにあたって大きな障害になると考え始め、次第にキリシタン禁制に傾いていった。

＊1　Maurice Collis, *THE LAND OF THE GREAT IMAGE*, 1942（モーリス・コリス『アラカンのマンリケ』）、XI1 THE ADMIRAL（海軍大将）より

＊2　この時、マンリケとキリシタン侍の頭領であるレオン・ドノとの会話の中で、頭領のタイバオ（Captain Tibao）と言う者が部下に命令したり、奴隷や召使を使用していることが書かれているが、この者が「レオン・ドノ」の日本名であるか、または「別人」であるかどうかは、はっきりしない。ただキリシタン侍の頭領も、マンリケは同じように「キャプテン」と呼んでいる。

慶長十七年（一六一二）には、幕府は、直轄領内における旗本、御家人のキリスト教の信仰を禁止する。

そして全国に禁教令が発令されて、キリシタンへの本格的な迫害が始まったのである。

マンリケは侍たちの願いを聞いて、チリッダンマ王に教会の建設を提案した。

「マンリケは、最高統治者（チリッダンマ王）と宮殿で会話をしていたが、その間サムライの頭領は恭しく腰をかがめて立っていた。

マンリケは、教会建設の反対意見を持っていた礼儀正しい仏教徒の海軍大将が質問してきたので、言い争いを避けるため、そこを離れてすぐサムライたちに他の遊覧船に乗り移るようにと警告した。

サムライの宮廷での地位は余りにも低かったので彼らはずっとひれ伏したままだった。

しかし、意外にも、最高統治者は教会の建設許可を与えてくれた。

続いて、日本人の召使たちが呼ばれ、サムライをはじめ日本人たちは王様に心の底から礼を言った」

教会が建てられたのは、

日本人町ではなくポルトガル人地区

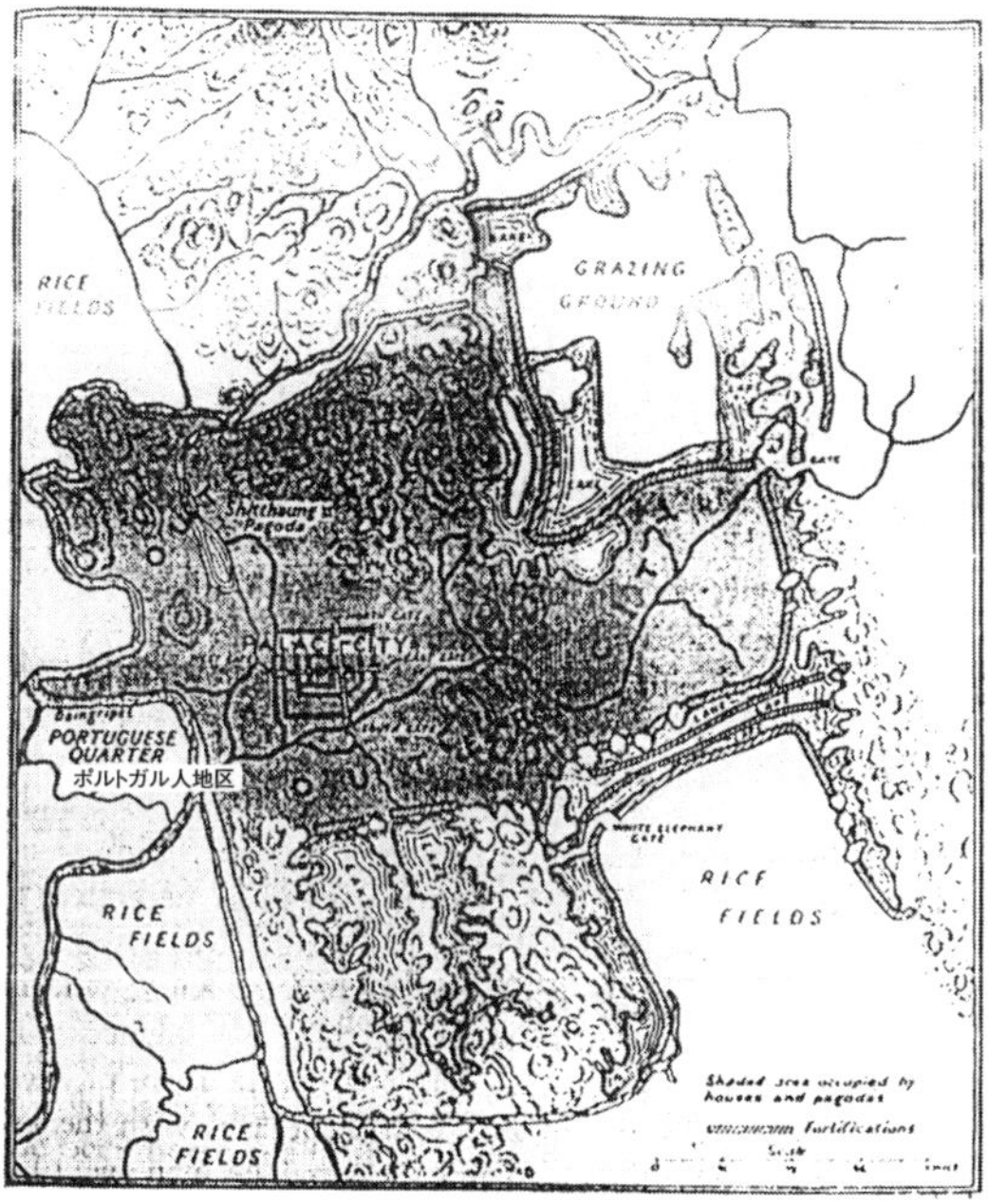

PLAN OF MRAUK-U

モーリス・コリスの『大陸の偉大な姿――アラカンのマンリケ』にある教会の奉納（XV11, THE DEDICATION OF THE CHURCH）の項目一七四頁に地図が載っている。

題名は、PLAN OF MRAUK-U（ミャウーの計画地図）である。

王宮（Palace City）を中心にして、南側にシッタウン・パコダ[*1]（Sittaung Pagoda）。

南側は、水田（Rice Fields）が開けていて、突き出すように城壁がめぐらされている。

北側は、水田と城壁、右に伸びて、

＊1　シッタウン寺院があり、西側の大きく蛇行した運河に沿って、ポルトガル地区（Portuguese Quarter）が描かれている。

弧の字型に城壁があり、その上は未確認の台地となっている。

説明書きによると、この都市は、前世紀にビルマの侵入を阻み、これを打ち負かした自然の城壁が聳えている。

そして、主だった要塞は東側の沿岸沿いの広がった場所に構築されている。

西側には広くて深い運河があり、もっと効果的な戦争用の堀がある。

北と南は、ジャングルや小高い丘に囲まれていると書かれている。

現在の王宮や市内を周回する道路とは少し違っている。また、運河の場所や支流の位置なども今とは合っていない。

しかし、一六三〇年頃に描かれた地図と思われるので、時代の変遷によって、この辺りの地理が大きく変化したことは否めない。

肝心なことは、この地図のなかにポルトガル人地区があったことだ。

現在のミャンマー政府が発行を許可するガイドブックでは、オランダ人や外国人が住んでいたダイングリ居留地のことは詳細に書かれているが、ポルトガル人や日本人町の位置に関することは全くわからなかった。

ミャウーのポルトガル人町を見つけることは、当時、ポルトガル人の宣教師であるマンリケと密接に接触していた、同じカトリック教徒のキリシタン侍や日本人たちの住んでいる場所を発見する糸口になるのではないかと、ずっと考えていた。

このポルトガル人地区の状況が描かれた箇所を、モーリス・コリスの「教会の奉納」から抜粋して要訳する。

「王様から教会建立の許可を戴いたので、マンリケは教会を建てる場所をあれこれ考えた。なぜなら、市内には、仏陀の寺院やパコダが乱立していて、近くに教会を建てれば、この国の熱心な仏教徒の感情を害するので、遠くの荒野に建てなさいとの王様の特別の配慮があったからだ。

六月のある日、教会を建てる場所を探しに、マンリケと彼の親しい人たち、及び日本人の頭領とその配下の人たちを引き連れて、王様の軍隊に護られた奴隷が漕ぐガレー船で、ミャウーのマハムニ仏から、二〇マイル（約三二キロ）のところにあるウィンディング・クリーク（Winding Creeks）の幾つかの運河を通り抜け、教会の設置に適した場所を探していた。

その日の夕暮れになって奴隷が船を漕いでいると、岸から幾らも進まないうちに舳先に国王の旗を掲げる五隻のガレー船に遭った。

彼らはこちらに向かって進んで来ると、船べりに兵士が整列して、歓迎のラッパを高々と吹奏した。彼らは、国王の外人部隊で、ポルトガル人の将軍であるマニュエル・リドリゲス・タイガーとその部下たちだった。

この船は、舳先が曲がりくねっていて紋章を掲げているもので、見かけは、ポルトガル王室が使用するガレー船のようだった。

私たちは、将軍とその部下が行った権威ある歓迎式典を見て感激し、拍手を惜しまなかった。

この出会いの場所は、王宮から約十五マイル（約二四キロ）の地点だった。

その夜は、近くの村の岸辺で夜を明かしたが、この場所が気に入り、教会を建てようと思い、翌朝、ミャウーに急いで戻った。

そして、次の日の朝には、噂を聞きつけた王宮の城壁の外側に住んでいるポルトガル人、ヨーロッパ人、そして、郊外のダイングリ・ペット（Daingri-pet）と呼ばれる運河沿いの西部地区に住んでいるこの国のキリスト教徒たちがマンリケに付き従った。

マンリケら一行が上陸したが、そこには既に、カトリック教会の仲間たちがいて、彼らを盛大に出迎えた。

その場所は、王宮の郊外のダイングリ・ペットから半マイル（約八〇〇メートル）ほど離れているだけで、肉眼で見えるほど近かった。

運河に沿って、十五フィート（約四・五メートル）ほど上ったマハムニ仏が横たわっているところである。

その時、高位にある仏教徒の僧が現れて、この土地は不吉な土地であるから、こんなところではなく、別の場所へ移動するように勧めたが、マンリケは意に介さなかった。

だが、この後マンリケは、マラリア蚊にやられて高熱を続け、出血して死にそうになったと言う。

この危険な状態はやがて王様の耳に入り、王宮にはポルトガル人の医者はいなかったが、王様はアラカン人の医師をマンリケの住まいに派遣した。

しかし病状はいっこうに回復せず、王様は中国のマラッカやジャヴァ（インドネシア）から、良く効くという漢方薬を取り寄せ、マンリケに与えた。

これによって、マンリケがいかに王様に寵愛されていたことがわかるだろう。

やがて七月の初め頃、病状は回復し、すぐに教会を建てるための作業に取りかかった。これは実に素早かった。

まず教会を建てるための材木を各地から集めミャウーの町から運んだ。

現地の職人の話では、約二ヶ月で完成するという見積もりだった。

しかしマンリケは、洗礼を受けた青年や奥さんたちから、これから仕事上で最大の難関が待っていることを告白された。

それは、一六三〇年の八月の第一週のことだった。

もたもたしていると、暴風をともなう強烈なモンスーンが襲ってくるというのだ。

彼は、主なるイエス・キリストに告白し、教会の無事な完成を祈った。

やがて、幸運にもモンスーンが終わり、主のご加護により、建築を始めて二ヶ月後の十月の第三週に教会は完成し、その喜びに包まれて落成式が行われた。

それは、めでたい立派な行事だった。金で装飾された竹や小枝が内装を飾り、喜びの印としての純銀のプラムの実のついた枝葉、そして絹で造られた花々が、日本人のキリスト教徒から寄進された。

王室の財宝からは、宝石が散りばめられた金塊、銀塊などの王室が誇るあらゆる宝石類がこの式のために貸し出された。

この夜の光景は、キリスト教徒たちに鮮烈な印象を与え、キリスト教がこの地でますます栄えることを確信しており、数年後に、彼らが皆殺しにされることを疑った者は誰一人いなかったであろう。

その夜は、日本人キリスト教徒らも、遅くまで灯明を点し、屋外では篝火をかざして、キリスト教の繁栄を心から祝ったと言う」

このガレー船に関しての記述を紹介する。*1

教会堂の建立に関する日本人の記録は、小澤親光著『雄魂山田長政』で語られている。

「それではケントン地方以外のビルマの地に日本人がいなかったものか……。

これもケントン地方と同じく鈴木孝氏の執念にも似た調査によって、ビルマ東側のケントン

*1 『葡萄牙人の亜細亜』ファリア・イ・スーサ著“*Asia Portuguese- Manuel de Faria Y,Sousa*”の英訳書〔ジョン・スティヴン大尉〕第三巻一六一頁によれば、「王は此の壮麗な屋形船に乗り宮廷の人々に囲繞せられて領土内を隈なく旅行した。屋形船は云ゞ動く町である」とある。

地方の反対の東ビルマ、当時のアラカン王国に国王の護衛を勤める日本武士の一団があったことが明らかにされた。

この一団はいはゆる日本人傭兵隊として勤務していたものであるが、山田長政が活躍していた時代と時を同じくしていたが、彼等の相違はすべてキリシタンであることにあった。

小乗仏教国であるアラカンの他に、いわば異端者ともいえる日本人たちが受け入れられたものか不思議である。

しかし彼等は首都ムラウーにあって、ケントン地方のような多人数ではなかったが、数家族による日本人町を造り、外人町のなかでは特異な存在になっていたことは事実である。よほど国王に信頼されない限り、国王の護衛の役を勤めることも不可能であるが、おそらく日本のキリシタン禁圧によって日本を逃れた武士団の一団が、偶然にビルマに上陸し、人柄や武威を認められ、宗教を超えて信頼を受けるに至ったものと思われる。

彼等の信頼の厚さは、当時のアラカン国王であったチリッダンマが彼等の要請によって、日本人町に教会堂の建立を許したことでもわかるが教会堂は日本人たちの手によって寛永七年（一六三〇）十月に完成し、内外に美しい手製の絹の造花が飾られ、落成式がその十日後に行われた」

日本人町はどこにあったのか

まず、キリシタンが居住していた日本人町について考えてみたい。

キリシタン侍は、王様や王妃、王族の一族を護衛するために、旧王宮のある庭のテラスの一角に建てられていた宿舎にいたと伝わっている。

その手がかりは、マンリケの記録にある。

外国人町については、十七世紀に描かれた、ミャウーの都市の模様を克明に写実した絵のなかに、ポルトガルの町の倉庫や高い尖塔のある中国風の建築物の北側に、王宮の建物が高く聳えているのがわかる。そしてもう一つは、ミャンマー考古学局発行の本によると、十七世紀のミャウーの軍隊には、ポルトガル人、シャム人、日本人、インワ人らがいたと記録している。さらに、オランダ人のことについては、彼らの倉庫は、現在の船着場であるアウン・ジェット波止場（Aung-datt Jetty）付近の沿岸にあったとはっきり書かれている。つまりその場所は、シットウェー行きの船着場の沿岸から南に約四キロ行ったところで、崩れた石塀や壊れたアン・ダット・カン（貯水設備）がある場所ではないだろうか。

これと同じように、ポルトガルの人たちの倉庫などがある場所も王宮の南西に運河沿いにあったと想像できる。

ここは、外国人のための専用の居留地であったのだが、日本の長崎の出島などと違って、通交の制限はなく自由な往来が許されていた。

日本人のキリシタンたちは、シャムのアユチヤやカンボジアのピニャールでも、ポルトガル人町に近いところに居住している。

しかも、マンリケが協力して、ミャウーで初めて教会が日本人の協力で建てられたのだから、ポルトガル人町の近くに日本人町があったと考えてもおかしくはない。

日本人町の位置を確実に報告できる資料はないが、現在の王宮跡から西に向かって約十キロにある、運河が集まっていた、最初にできた外国人居留地のダイングリ・ペットと呼ばれる西部地区にキリスト教徒たちが住んでいた。そこは、王宮からもそう遠くはなく、何か異変があればすぐに駆けつけられる場所であったと考える。

日本人町は、これらの地区に隣接して建てられていたと考えると、ハマウータの門（Hmauktaw Gate）の運河沿いにあったのではないだろうか。

マンリケの記録でも、日本人のキリスト教徒が住んでいるとは言っていないが、現地のキリスト教徒たちが、そこから教会の建設地に集まったと叙述している。

ここから、さらに西に二キロほど行くと、ワ・ゼ運河（Wa Ze Creek）があり、その弧を描くような沿岸にポルトガル人地区があり、ここが教会を建てた場所だと思われる。

また、居住していた人数ははっきりわからないが、王様や王族の護衛兵は、王帝がパコダ詣りをした時に周辺を護衛していた人数は四〇人くらいであったとマンリケは伝えている。

この時の護衛兵の集団が、日本人の侍だとは書いていないが、チリッダンマ王が行軍している時に、日本人が護衛していると言われている絵画を見ると、この軍団が王の周辺をがっちり守っている。

別の資料からも、日本人の護衛兵の数は三〇人前後と書かれている。そして、一六三五年のチリッダンマ王の戴冠式に若干の日本人が参列していたこと、王様が召使を呼んだ時に日本人が召し出されたことが読みとける。教会の落成式に日本人のキリスト教徒が、参列していたことなどから考えると、ミャウーには七〇人から一〇〇人くらいの日本人が居住していたと推測される。

そして、王宮を廻る西側の運河は、十七世紀にはもっと川幅が広がっていて、外国の帆船もやって来たと町の古老も言っているのである。

王の突然の死とキリシタン侍の運命

一六三五年の末にマンリケは、ベンガルのチッタゴン地方に旅立った。

その後のキリシタン侍や日本人のキリスト教徒たちはどうなったのであろうか。

勇猛で名を馳せたチリッダンマ王は、帆船を使ってベンガル湾を南下し、モッタマ湾沿岸から上陸して、モールメインやペグーの都にまで侵攻した。

ペグーの町では、アナウペッルンの大鐘を持ち去り、ミャウーに持ち帰った。

この鐘は、トングー王朝の王であるアナウペッカルン（Anaukpetlun）が、ペグーの寺院に寄贈したものである。

なお、この有名な鐘は、後にミャウーに運ばれ、市内の仏塔に安置されていたが、第一次英緬戦争の時（一八二四〜六年）に、当時英領であったインドのアルガール（Aligarh）に占領品として英軍に持ち去られた。

チリッダンマ王は、一六三八年の四月の初め頃、急に病に倒れた。

王の病の災いを取り除くために、また前回と同様に生贄が必要であると呪術師が告げたので、身に危険を感じた王族たちが各地に逃亡を始めた。

彼は、一六二二年に星占術師から一年後に死ぬだろうと宣告されていた。王は黒魔術をかけられていたとも言われている。

この宣告をした魔術師の中心人物が、ナッ・シン・メィ王妃の愛人であった、王族の一人であるナラパテージ［クッサラ・ナラパテージ（Kuthala Narapatigyi）］であり〝ラウンヂェッ王〟であったと言われている。

一六三八年、五月に王は頓死した。この余りにも突然の死は国内に大混乱を巻き起こした。王が呪い殺されたのか病死なのかははっきりわからないが、その後、王位継承をめぐって烈しい王族間の争いが始まったのである。

ある者は、以前に三〇〇〇人の生贄を殺したので祟りが起こったのだと言い、また、ある者は、次の王位を狙って、王族の一人である占星術師のラウンヂェッ王が黒魔術で呪い殺したと騒ぎ立てたことが伝えられている。

だがその騒動の原因は、ナッ・シン・メィ王妃がラウンヂェッ王と情を通じていたからだと、『大緬甸史』の「アラカン」の項目でハーベイが記述している。

一六二九年に、チリッダンマ王がサッキャマン・パコダを建立したのに続いて、同じ年に王妃がモンコン・パコダを建立したので、仲睦まじき夫婦と思っていたから、私はこの愛人問題について最初はまさかと疑っていた。

チリッダンマ王には、弟のナガ・ツン・ヒム［Nga Tun Khim（通称〝チッタゴン王〟）］と、王の嗣子である息子のミン・サニィ［Min Sanay（一六三八年～二十日）］がいた。

しかし、ミン・サニィは幼少で十歳前後だったと伝わっているので、その権力をめぐって当然、王妃であるナッ・シン・メィと弟の親王の間の王位を巡る抗争が激しさを増した。

だが、王妃の黒幕には、権謀術師のナラパテージがいたために王妃側がすぐに完全な勝利を収めた。

身に危険を感じた王の弟はベンガルのムガール朝廷に亡命した。

その後、王の嗣子であるミン・サニィが王位に就いたのだが、その王も就任後急に病気になり死亡した。

その時、王妃は懸命に介護をしたと伝えられている。息子が王位に就いていたのは、たったの二十日だったと言われている。この男子も生まれつき病弱だったのか、また誰かに密かに毒を盛られて死んだのかはわからない。

王妃は嘆き悲しんだが、これから後が思わぬ展開になって行くのである。

一六三八年、彼女の息子のミン・サニィ王の死後、すぐに新王が王位を継承した。

その王の名は、ナラパテージ王である。王妃の愛人と言われたあの占星術師のラウンヂェッ王だったのである。

最初は、ナッ・シン・メィ王妃を王宮に入れて仲が良かったのだが、安全のために、すぐに彼女を王宮外の他の場所に移したと言われている。

しかし、その直後からナラパテージ王は前王の一族の皆殺しを始めた。その攻撃の矛先は親族だけにとどまらず、彼の近衛兵、護衛兵までもが虐殺されたと伝わっている。

東南アジアでの王位継承の争いは、勝利した方が敗北者を皆殺しして滅亡にまで追い込むのだが、この時の殺戮のやりかたは象の足で踏み殺すなど特に残忍無比な手口だったようである。

乱世と言われる時代から、「日本の戦後処理のやり方」は、徹底的に追い詰めるようなことはしない。首謀者は処刑するが他の者はどこかに逃げ道をつくってやり、全体が調和が取れるように図るのが常である。

ここまでは、アラカン史が語っているストーリーなのだが、新しい事実を見つけた。

一六四〇年に新王妃が、モン・コン・シュウェッ・パコダを建立したとミャウーのガイドブックに書かれていたのだ。

一六四〇年の王は、ナラパテージ王である。新しい王妃の名前は、シン・ヒゥ（Queen Shun Htwe）と書かれていた。

つまり、ナラパテージ王はナッ・シン・メイを捨て、すぐに新しい王妃を娶っていたということである。

王位に就くと、ナラパテージ王はポルトガルに代わって、オランダと盛んに通商を始めた。

そして彼は翌年の一六四一年に、フタン・タウ・ム・パコダを建立し、錫蘭《セイロン》の経典を奉納した。

この時のセイロン行きの帆船を用意したのがオランダであった。

アラカン王国のキリシタン侍や日本人町も、この戦乱のなかで滅亡したと伝わっている。

一六六五年頃に、この地を訪れたオランダ人旅行者の記録には、もはや日本町の存在が語られていない。

家康や清正の弾圧から
シャムに逃れたキリシタン侍

キリシタン侍の頭領である「レオン・ドノ」はポルトガル語が堪能であったと言う。

当時、貿易を行うにはポルトガル語が話せなければ交易が成り立たなかった。

会話ができるということは、普段からポルトガル人と接していなければうまくは話せない。

また、頭領が「ドノ」と呼ばれているのは、日本国内の大名クラスの呼称で「殿」を意味するが、彼がこれらの血筋を引く者かどうかはわからない。

だが、いずれにしても、その統率力から見てかなりの武人であったと思われる。

チリッダンマ王を護衛する日本人のコマンダー

東南アジアのポルトガルの貿易都市として、ミャウーから一番近い港はシャム（タイ）が統治していたテナセリム（Tenasserim）で、アンダマン海に面した現在のミャンマーのメルギー（Mergui）、タニンダーリ管区（Tanintharyi Division）のメェイ（Myeik）である。マレー半島の付け根にあたる場所で、テナセリム河口の島だ。

この軍管区は、西側でタイと長く国境を接している。

当時のポルトガルの船は、キリシタン侍も乗船してきたという櫂つきのガレオット船、シャムで建造させたジャンプ船、三本マストのハヤト船などで、すべて風が頼りの帆船であったため、航続距離はそれほど長くない。

この港は古くから天然の良港として、タイ、イギリス、ビルマが争奪を繰り返していた。

彼らはシャムからポルトガル船でミャウーに来たとマンリケに話している。

シャムからミャウーまでの間でポルトガルの居留地があったのはテナセリムだけである。

この町がヨーロッパに知られるようになったのは十七世紀の初め頃である。それまでは、インドのベンガルから重罪人が流されてくる流刑地だった。

やがて、この町は隣国から侵入したシャム軍に制圧されてシャム領となり、テナセリム省となった。

シャム国王によって任命されたアユタヤ王朝の七人の評議員で統治され、港務官は「サミエル・ホワイト」と呼ばれ、シャム国王から任命されている。

その後すぐに、ポルトガルが勝手に居留地を造り、この町の港を実効支配した。

一六一二年頃には、シャム人、ポルトガル人、ビルマ人が入り混じって住んでいた。

キリシタン侍は、シャムから航海してきた時にこのテナセリムに寄航した可能性がある。

シャムでは、キリシタン侍の記録が多数見つかっているのだが、この町には、キリシタン侍の痕跡が全くない。

やがてテナセリムは、アユタヤの滅亡と共にビルマ領に編入された。

そして、一八二四年、第一次英緬戦争でビルマが破れアラカンとこの地を失った。

モーリス・コリスは、行政官として三年間このメルギーに赴任している。

モーリス・コリス著『シャムのホワイト』のなかから、メルギーの部分を抜粋する。

「そこは、二万人の住民が住む町で、半島の突端にある肥沃な島である。

住民たちは、ビルマ人、マレー人、シナ人、インド人などの混血である。

彼らは、一般に巻きスカートのビルマ風な服装をして、ビルマ語を喋る。

深緑に覆われた島の景観は、サムエル・ホワイトがいた頃とあまり変わらない。

それればかりではなく、町全体も何にも変わっていないのである。

竹壁の高床式の家、曲がりくねった泥の小道。

その沿道にあるバザール、椰子小屋の商店、草葺の寺院や僧院、それらは十七世紀当時と全く同じなのである」


十七世紀、シャムの王都（アユチヤ）のチャオプラヤー河沿岸に日本人町があり、対岸の北側にポルトガル人町があった。

一六〇〇年（慶長五）の関が原の戦いの四年後から、日本人のキリシタンの侍が日本を脱出したり追放されたりして東南アジアに逃れた。

日本人町は約二〇ヶ所に存在し、七〇〇〇〜八〇〇〇人が居住していたと言われている。


「一六〇四年（慶長九）、加藤清正の重臣で切支丹の市河治兵らが信仰に対する主君の圧迫に堪えかねてシャムに亡命する」

「一六一一年（慶長十六）、アユタヤのキリスト教徒が反乱を企てた」

「一六一四年（慶長十九）、幕府は切支丹追放令により、ペトロ岐部、原マルチノ、ポルトガルの宣教師、及び切支丹大名の高山右近、小西行長の重臣であった内藤如安、内藤好次ら一四八名をマカオやルソンに追放する」

「一六二七年（寛永四）、マラッカからポルトガル人教父ジュリオ・セザル・マルジコがアユタヤに来着し、日本人キリスト教徒四〇〇名と若干のポルトガル商人らに秘蹟（サクラメント）を授けた」

ミャウーのキリシタン侍は、一六一二年頃にシャムからミャウーに逃げてきた。彼らは将軍家康の迫害から逃れてきたキリスト教徒で、イエズス会の会員であると言っている。東南アジアのマラッカ、アユタヤ、ルソン、マカオなどの主要都市では、イエズス会が教会を建てたり、居留地ではポルトガルの商人が貿易を活発に行っていた。イエズス会を頼って、彼らはいつ頃シャムにやってきたのか。日本のどの船でシャムまで来たのだろう。当時、どのような日本人がシャムと貿易をしていたのか。これらを物語る記録がある。

どんな大名や豪商の御朱印船がシャム貿易を行っていたか、またどのようにして交易が行われていたか。『山田長政資料集成』の「シャム行の御朱印帳」から抜粋する。

「シャム行きの御朱印帳の記録を見れば、慶長九年八月二十六日（一六〇四年）長崎の人、与右衛門、日本人シャム国に居住の者、有馬晴信殿より申来也。

慶長十一年八月十一日（一六〇六年）
長崎、木屋弥三右衛門、木屋船で有名であった。十数回シャムに渡航し、本人も延十年滞在す。
シャム使節来朝の折、江戸で通事を勤めた。
慶長十一年八月十一日（一六〇六年）
長崎惣右衛門（長崎）
慶長十一年八月十五日（一六〇六年）
有馬晴信（長崎の領主）
慶長十一年十月八日（一六〇六年）
今屋宗中（堺）」

ポルトガルの商館（アユチヤ）の記録によれば、一六〇六年に多数の日本人がアユタヤに来たと伝えられている。

この頃から朱印船貿易が盛んになり、豪商の手代が長崎、大阪方面から駐在員としてやってきたり、関が原の戦いの残党が武力をかわれて外人傭兵部隊の兵士として渡来してきた。

「慶長十三年八月二十五日（一六〇八年）
田辺屋又左衛門（大阪末吉船の末吉孫右衛門の親族）
慶長十四年一月十一日（一六〇九年）

伊藤新九朗（長崎）
慶長十四年八月　二十五日（一六〇九年）
木屋弥三右衛門、（〃）慶長十五年八月二十五日（一六一〇年）
木屋弥三右衛門、（〃）慶長十七年八月六日（一六一二年）
木屋弥三右衛門、（〃）慶長十八年一月十一日（一六一三年）
長谷川　忠兵衛（〃）慶長十九年一月十一日（一六一四年）
木屋弥三右衛門、（〃）元和元年九月九日（一六一五年）
長谷川　権六、（〃）元和元年九月九日（一六一五年）
高尾　次右衛門（〃）」

大名で朱印船の渡航をさせていた者は、亀井茲矩《これのり》、島津忠恒、加藤清正、細川忠興、有馬晴信、松浦鎮信等十名ばかりと、京、大阪、堺、長崎の大商人、角倉与一親子、末吉孫右衛門、茶屋四郎次郎、荒木宗太郎など、その他五十人、家康の愛妾お夏の方、大阪天満の茨木屋又左衛門の母など女性もあった。

外人では[*1]ウィリアム・アダムス（William Adams／三浦按針［一五六四～一六二〇年］）、ヤン・ヨーステン（ヤン・ヨーステン・ファン・ローデンスタイン／Jan Joosten van Loodensteyn／耶陽子〝八重洲〟［一五五六～一六二三年〈元和九〉］などがいた。これら多数の御朱印船が慶長年間（一六〇四～一四年）、長崎―シャム間を毎年四隻ほどが往復していた。

さらにジャンク船などを使った密貿易船も同数以上あり、日本人の交易船だけでも、この十年に八十隻から百隻を越していた。シャムにいた山田長政の船も幕府に朱印状許可を願い出たがおりなかった。[*2]

関が原の戦いの時、約十万人の牢人（浪人）が西軍に雇われたが、そのうちの一万人がキリシタンだったと言う。

戦後、京で処刑された小西行長の残された家臣たちも、有能である者は加藤清正、有馬晴信らが召抱えた。

南蛮貿易を行うには、ポルトガル語を話すキリシタンがどうしても必要だったのである。

貿易の実務はもちろんであるが、遠洋航海の舵手や航海図による案内には外国人が多く雇用され、帆船を操る技術的な用語としてポルトガル語が使われ、日本人の助手や乗組員に伝達していた。その当時の長崎の通詞は、オランダ語ではなくポルトガル語を話す者が世襲制で役職に就い

＊1　慶長五年（一六〇〇）三月十六日、オランダ船リーフデ号（De Liefde）が豊後（大分県）の臼杵湾入口の佐志生《さしう》に漂着した。家康は和泉《いずみ》の堺に同船を回航させ、生存者の航海長のウィリアム・アダムスと船員のヤン・ヨーステンを大阪城に呼び、尋問した。この後江戸幕府ができると彼らは外交及び貿易顧問に迎えられた。

＊2　『山田長政資料集成』山田顕彰会編（一九七四）「シャム行の御朱印帳」より転載

ていた。

熊本県の天草には約七〇〇人が住んでいる「通詞島」がある。現代ではほとんどの島民は漁業に従事しているが、この人たちの先祖は異国との交渉にあたった通訳のパイオニアで、「御朱印船時代の通詞たち」である。

では、シャムに逃れたキリスト教徒たちは、日本のどこからやって来たのだろうか。

南蛮貿易で繁栄していた九州の各地では、急激に増えたキリシタンの弾圧が既に始まっていた。突然の禁教に苦しむ宣教師の各支部に宛てた手紙やイエズス会の本部に宛てた書簡などから推察すると、秀吉に寵愛され、全く性格の異なった永遠のライバルである小西行長と加藤清正が、ミャウーのキリシタン侍に纏わる話のなかで、謎解きのキーパーソンとしてここに登場してくるのである。

『シャムに亡命した加藤清正の家来たちは、小西行長の遺臣でキリシタンだった』

若き日の秀吉と小西行長

安土桃山時代、小西行長（永禄元年／一五五八〜慶長五年／一六〇〇）は、永禄元年（一五五八）頃に、小西立佐《りゅうさ》（隆佐）の二男として京都に生まれた。

ちなみに、石田三成は、永禄三年（一五六〇）に、近江国坂田郡石田村の土豪である石田正継の子として誕生した。

小西家は、和泉國の堺で薬種業を手広く営んでいた大店で、小西党と言われた朝鮮貿易を牛耳る一派の出身であったと言われている。

小西立佐は、この頃に堺の奉行をしていた羽柴秀吉（天文六年／一五三七〜慶長三年／一五九八）と、密接な関係を結んでいたと考えられている。

長男が播州室津の奉行をした小西如清《じょせい》で、一時、堺の奉行も務めた。

そして、次男が弥九朗と称した。

天正十年（一五八二）六月二日に、明智光秀が京都の本能寺に滞在していた織田信長（天文三年／一五三四〜天正十年／一五八二）を襲って自害に追い込んだことが、六月三日の深夜の飛脚によって中国で布陣していた秀吉のもとへ届けられた。

その悲報に号泣する秀吉に、信長の敵討ちと天下取りの京への反転を進言したのは、名参謀の黒田官兵衛（天文十五年／一五四六〜慶長九年／一六〇四）だとされている。

小西の父の立佐は、中国攻めをしていた秀吉に、いち早く本能寺の変を知らせた人物だと言われている。

この小西家が、キリスト教と密接に繋がっていた。

イエズス会の記録では行長のことを「京都出身の小西行長」と書いてあり、堺出身の父は「小西立佐《りっさ》」、洗礼名は「ジョウチン」、母の洗礼名は「マグダレナ」である。

長男の小西如清は「ベント」、その妻は、キリスト教徒の一家である京都の有名な豪商の日比屋家から嫁いできており、「アガタ」と言う洗礼名を持っていた。幼少の頃、弥九朗も「アゴスチノ」と言う洗礼名を受けた。

また、キリシタン大名で有名な高山右近（天文二十一年／一五五二〜慶長二十年／一六一五）は、一五六三年に「ドン・ジュスト」と言う洗礼名を与えられている。

彼らはフランシスコ・ザビエルの所属するイエズス会員だった。

右近は、天正十三年、秀吉から播磨明石城（兵庫県明石市）六万石を与えられている。

領主によって無理やりキリスト教徒となった者と違って、選抜されてイエズス会員となった者は、島原のセミナリオ（神学校）やコレジオ（学校）、天草にあった修練所などでキリスト教の戒律を学び、ポルトガル語を学ぶ修行に明け暮れる厳しい生活を要求された。

行長は早くから、小西家に出入りしていた秀吉とは幼なじみであったと、「備前軍記」は伝えている。

やがて、この次男は備前岡山に養子に出され、その家の屋号をもらい「魚屋弥九朗」と名乗った。

養子先は、「岡山城下下之町」（現在の岡山県岡山市表町）にある呉服商の魚屋九朗衛門で、この人は、元、備前福岡の豪商であった阿部善定の手代で、「源六」と呼ばれていた。

その弥九朗（二十一歳）が、突然、戦国の歴史の舞台に登場するのである。

天正七年（一五七九）頃のことである。

行長と秀吉の出会いの場面を記す。

「秀吉、宇喜多直家よりの使者到来のよしを聞けば、一間に請ふて対面す。
弥九朗少しも恐るる色なく、秀吉と座を対して礼をなすに、秀吉熟々と打見守り、使者の姓名いかに問ふ……」――「太閤記」

この時の備前の戦時状況は、「備前軍記」によると、

「備前岡山の領主は、元来、毛利家に忠誠を誓っていたが、織田信長に叛心した時に、直家の命を受けて、羽柴秀吉のもとへ赴き、信長へのとりなしを依頼したという」

と書かれていて、このことは天正七年五月頃のことだったと伝えられている。

弥九朗はこの講和の使者を見事にこなし、両者を結びつけるのに成功した。

実は、この小西家と秀吉はもともと深い絆で結ばれていて、弥九朗が養子に行ったのも、秀吉の密命によるものだと推測されるのである。

天正七年（一五七九）頃の『吉備群書集成（三）』の一部を引用する。

「又此度秀吉屁の使に添えて遣しける小西彌九朗といふ者、本は堺の町人小西壽徳といふ者の次男なり。又以前直家幼少の時たのみて居られし阿部善定といふ福岡なる富家の手代に源六といふ者ありしが、直家岡山の城を取立て、國中の商賣人を城下へ呼寄せられし時、此善定が手代源六岡山下之町へ出て呉服商をして魚屋九朗衛門といひしが、實なくてかの小西寿徳が子の彌九朗を養子としたり。秀吉若年の時、大阪、堺などへ上り給ふ時此壽徳がもとに居て、此彌九朗と友達なりしよりの馴染なりしゆゑ、此度の使にもそひて行きしが、是より一人入懇にな

りし、其上此彌九朗利根發明なる者にて、町人ながらも秀吉より諸方へ内々の使などに行き、間者のやうなる事どもせしが、程なく呼出され侍に取立小西彌九朗と名乗り、段々立身して後に五奉行の一人となり、小西摂津守といふ則此人なり。今堺にも岡山にも小西屋といふものは、皆此類なりといふ[*1]」

その後、行長は結婚した。妻は洗礼名で「ジュスタ」と呼ばれていた。

行長は天正十年（一五八二）に羽柴秀吉軍の備中高松城攻めに参加、その功績により播磨の室津（兵庫県たつの市）の所領を得、対馬、小豆島、塩飽諸島の治安を任せられる。

天正十一年（一五八三）、堺にも教会堂が建立された。天正十三年（一五八五）に秀吉は関白となる。一五八三年のイエズス会の年表には、当時の日本におけるイエズス教会の日本人の中心メンバーは、文化人として、茶聖・千利休の高弟で利休七哲[*2]の一人である高山右近、次に秀吉の祐筆であった安威了佐、そして、行長の父である小西立佐、その次に小西行長の名が記されている。

同年、行長は根来、雑賀攻めに参軍し、ここでも軍功をあげ、従五位摂津守となった。

様々な苦難を乗り越えて、一五八五年には、日本人のキリスト教信者は二〇万人を超えていた

*1　『吉備群書集成（三）』（歴史図書社）、「宇喜多上方と和睦林小西彌九朗が事」より
*2　『利休七哲』とは、藩主氏郷、細川忠興、古田重然（織部）、芝山宗綱、瀬田正忠、高山長彦（右近）、牧村利貞ら士名の茶人である。

と言う。

布教の要となったのは、九州北部のキリシタン大名たちで、彼らは、西洋との交易が第一で、貿易との交換条件で信者になった者が多かった。また、領民も領主の命令により、施しを受けんがためにいとも簡単に仏教から弥祖教(キリスト教)に改宗していたのである。

この頃、最初はこの宗教が嫌いで逃げまわっていた黒田孝高《よしたか》(官兵衛)も、いつしか逆に高山右近を追い掛け回すようになり、キリスト教に入信している。

洗礼名は「ドン・シメオン」で、秀吉が禁教令を出した後もしばらく信仰心を棄てなかった。

また官兵衛は、出家してから「如水」と名乗ったが、「シメオン・ジョスイ」と書かれた印鑑を持っていたと言う。また、秀吉家臣の藩主氏郷も右近により改宗させられた。

天正十三年(一五八五)、行長は秀吉に従い、紀州・四国の平定に水軍を率いて参戦した。この戦いの功績により、「摂津守」に任ぜられた(二十七歳)。

天正十四年(一五八六)、秀吉は大阪城にて、コエリョ、フロイス、オルガンティーノらを引見して、そこで、明(中国)、朝鮮征服の決意を語る。

同年、対馬島主の宗義調、息子の宗義智は、秀吉に謁見し、対馬を正式に与えられ、朝鮮出兵の際の先鋒を命じられた。

天正十五年(一五八七)、秀吉は朝廷から太政大臣に任ぜられ、豊臣の姓を賜った。

そして、九州征伐にあたって、石田三成、大谷吉継が兵站奉行を務める。

同年、島津義久の討伐を終え、九州を平定した秀吉は、博多でポルトガル船を見物した時、宣教師のコエリョからポルトガル語を教わり、「余は伴天連《ばてれん》の弟子じゃな」と、至極ご満悦であったと言う。だが数日後、態度を豹変し、「伴天連追放令」を布告した。

また、キリシタン大名の高山右近に対して、

「民がキリシタンになるのは構わぬ。しかし大名たる者が権力を用いて神社仏閣を破壊し、領民を改宗させるのはけしからぬことである。汝は余に仕えるか。もしデウスを選ぶというなら、すべて領地を没収する」

という内容の文書を突きつけた。

これに対して、右近は、

「民をキリシタンにしたのは私の手柄であり、何ら恥じるところはない。たとえ全世界を与えられようとも、キリシタンをやめることはしない……」

と決然とした態度で秀吉に答えたと言う。

この時に小西行長は、一旦イエズス会から身を引き、表面的には秀吉に従った振りをしている。宣教師のコエリョたちは行長のことを、「水師提督」と呼んでいた。

金持ちの商人の息子に生まれ、あまり苦労をしたことがないのか、彼は時折、高飛車な態度で人と接するので、その都度、宣教師が諫めたと伝えている。

同年、秀吉の九州平定に参加した後、三成は博多奉行となった。

翌、天正十六年、行長(三十歳)は秀吉から「宇土《うと》」、八代など肥後の南半分の十四万六〇〇〇石を与えられ、宇土城に入城した。

同時に数々の戦で武功をあげた清正（天文七年・一五三八〜慶長四年・一五九九）は、肥後の北半分の十九万五〇〇〇石を与えられ、その他に約六万石の秀吉蔵入（直割地）の代官を命ぜられる。清正は、後の朝鮮の役では戦費調達に苦しみ、この直割地の蔵米を借り入れて兵糧にあてている。

武名が天下に鳴り響いていた清正と、官僚的で事務屋タイプの行長は、この時から宿命のライバルとして火花を散らして出世を争うのである。

当初秀吉は、この国を「高麗国」と呼称していたが、朝鮮役で明国の使者との交渉の途中から「朝鮮国」という名称を使い出した。

行長は父の立佐の威光もあったろうが、ともかくここまでは、商家出のやり手の行政官マンとして成功している。

水軍の大将として活躍したのではなく、むしろ裏方の仕事に徹して、兵員、軍馬の水運、海運などによる輸送、軍需糧秣《りょうまつ》や兵站《へいたん》の設営、後方支援などの、むしろ「海将補佐」のような存在だった。

秀吉の水軍の大将には、かつて、大阪、木津川河口で、毛利方の村上海賊衆を破った九鬼嘉隆を筆頭に、藤堂高虎、脇坂安治、来島通総などのつわものたちがいたのである。

豊臣の姓を朝廷から授かった秀吉は、伴天連《バテレン》追放令を発布した後、「伴天連の大旦那」と言われた右近を、棄教命令を無視した理由により領地を没収した。

見せしめのために、日本のキリシタンのカリスマ的存在であった右近の自国の領地を取りあげたのである。

この時に、当面何食わぬ顔をして静観していた行長を、宣教師のオルガンティーノが叱咤し、また激励などを繰り返して必死の説得をしたと言う。その後ようやく彼は、高山右近を招き重臣として重用した。さらに秀吉の追求が厳しくなると、自国の領土である小豆島の教会に右近らを匿ったと伝えられている。

この時期、天正遣欧使節の随員だった原マルチノからも、キリスト教の危機に際してキリスト教徒を救済する気があるのかどうか行長は詰問されている。これらの説得が効いたのか、全国に散っていた宣教師を秘かに集めて自国の領土に運んだ。

ほとぼりが冷めると、行長は宇土地方一帯にキリシタンの教会を建て、宣教師を招いて領民たちにキリシタン信仰を奨励した。

熱心さのあまり、領内に古くからあった寺社、仏閣を容赦なく取り壊したと言われている。表面きっては言わないが、彼は、伴天連追放令で怯えるイエズス会の意向を受けて、自分の所領の土地にキリシタンの国を造ろうとしていたふしがある。

だから、秀吉から高麗（朝鮮）出兵の命令を受けた時は、内心ではしめたぞと思ったに違いない。九州の大名たちに、秀吉は太っ腹なところを見せ、ぶん捕った朝鮮の土地を与えると言う宣言をしていたので、彼は占領した地域でキリスト教を広め、ここにキリシタンの新しい王国を造ろうと考えたとも推測されるのである。

秀吉は有力な武士たちに領土を分け与えたくても、国内では、もう与える領土がなく苦慮していたと言う。

天正十六年（一五八八）、秀吉は、対馬の宗義智に対して、先年に命令した第十四代朝鮮国王宣祖《ソンジョ》（一五六七〜一六〇八年）の日本への恭順を示すための来朝を執拗に求めていたが、何の進展もないことに腹をたて、朝鮮国王が来日しないのであれば出兵をすると決意を述べた。

貿易などを通して朝鮮と交流の深い宗義智は、慌ててこれをとどめたと言う。

天正十七年（一五八九）、行長は加藤清正の援軍を得て、共同で天草の国衆の一揆を平定する。

天草にはキリスト教徒が多くいたが、行長は強硬な鎮圧を避けていたために秀吉から叱責され、しぶしぶ清正の援軍を認めたようである。

対馬の宗氏に対して、秀吉は、朝鮮国の日本への入貢、及び入朝、参洛に関して最終的な交渉を命じた。

天正十八年（一五九〇）、イエズス会の日本副区長ガスパル・コエリョは、肥前加津佐の地で病没した。

天正十九（一五九一）、秀吉は「征明嚮導《せいみんきょうどう》」の国書を宗義智に朝鮮に告示させる目的で、彼に渡海を命じた。

この書面の内容に驚いた宗義智は、「征明嚮導」（明国を征討するから朝鮮も服属して一緒の道を進め）に驚き、秀吉の大陸進攻が近いことを朝鮮の重役たちに必死に説いたと言う。

朝鮮王の宣祖《ソンジョ》は宗義智と、ようやく接見するが、彼は日本への服属を全面的に拒否する。

だが、高麗王はしぶしぶながら朝鮮通信使を日本へ派遣することを決定した。

彼らは、宗義智に引率され日本に向かった。

これは、秀吉の命令に従ったと言うより、横暴なことを言っている秀吉の国である日本国の内情を視察する目的であったと考えられる。

秀吉は朝鮮通信使を謁見させるも、明国への進撃に対する朝鮮の協力は何一つ得られなかった。

同年、秀吉の子、鶴松が死亡し、秀吉はなりふり構わず諸侯の前で落涙する。

やがて気を取り直した秀吉は、天正十八年、小田原の北条氏を攻め、小田原城を落とし、天下統一に向かって足場を固めた。

秀吉は上機嫌で鎮西の諸大名に命じて、唐入りの本拠地として、肥前に「名護屋城」(大分県唐津市)の築城を命じた。この城は、本丸に五層七階の天守閣を持つ巨大な城郭であった。

この年に、朝鮮との貿易を通して、利害が一致していた行長と宗義智は急速に接近し、行長の娘(キリスト教徒、洗礼名マリア)が宗義智に嫁いだ。

そして秀吉は、行長、宗義智を高麗(朝鮮)に派遣して最後通告を述べさせた。この時、加藤清正が後見人として同行している。

秀吉の強硬な姿勢に対して、宗義智、柳川調信らは、行長らと謀り、対馬において、帰国の朝鮮通信使に「征明嚮導」を「仮道入明」(明国への討伐に向けて、朝鮮が協力し、進撃する道を譲る)という文面に書き直した国書を持たせたが、朝鮮国の明国に対する忠義を貫く姿勢は固かった。

天正二十年、三成は朝鮮出兵のため、名護屋城に向かい、六月、増田長盛、大谷吉継らと共に朝鮮出兵の総奉行に任ぜられた。

この大それた朝鮮出兵に関して、全国の大名のほとんどは異議を唱えなかった。

むしろ武勲をあげて、占領した朝鮮の領土を秀吉から拝領しようと、出兵に対してかなり意気込んでいたのである。

この年に、行長の父立佐が亡くなり、長男の如清が家督を継いだ。

朝鮮出兵――はかなく消えたキリシタン王国建設の夢

出征に際して、秀吉が朝鮮における日本軍の軍規として布告した「禁制」は、次の通りである。

禁制　高麗国

一、軍兵で乱暴・狼藉をすること

一、放火をすること

一、地下人・百姓に不法なことをすること

天正二十年正月、秀吉印

同年、豊臣秀次が関白に就任し、三成は朝鮮出兵のため、名護屋城に向かった。

文禄元年（一五九二）四月、行長（三十四歳）は秀吉の朝鮮への出兵を命じられ、第一軍の大将として、キリシタン大名の有馬晴信、大村喜前、宗義智、松浦鎮信、五島純玄ら、一万八七〇〇人を引き連れて、対馬を経由して、四月八日、釜山浦《プサンポ》に上陸した。

この戦は、「文禄、慶長の役」と言われているが、朝鮮では、「壬辰《イムジン》・丁酉《チョンユ》」の倭乱と呼んでいる。

行長は、対馬において、景轍玄蘇《けいてつげんそ》を使者として朝鮮に遣わし、「征明嚮導《せいみんきょうどう》」を得々と説明させたが、釜山鎮《プサンジン》僉使の鄭撥《チョンパル》はこれを無視した。

第二軍の大将である加藤清正の軍勢は、鍋島直茂、相良頼房、大友吉統ら二万二八〇〇人である。

行長に続いて出兵した清正は、途中の対馬で暴風に遮られ、四月十二日に釜山浦《プサンポ》に上陸して熊《ウン》川《チョン》に向かった。

そして、開戦後の半年間は、日本軍の一方的な勝利が続いた。

行長軍らは、釜山《プサン》、東莱《トンネ》城を落とし、慶尚道にある梁山《センリン》、蜜陽《ミリャン》、清道《チョンド》、大邱《テグ》、尚州《サンジュ》の城塞を攻略した。この尚州の占領時には、前方に高麗の都から来た軍勢二万が布陣していた。

その戦闘で捕虜となった者のなかに、日本語を話す通詞（通訳の景応舜）がいたが、彼は行長に向かって次のようなことを言った。

「高麗国王から、自分は、秘密の命令を受けてこれを日本軍の司令官に伝えるように派遣された者である。

戦闘が不利に展開した場合には、秀吉のもとに人質を差し出し、明国への遠征に対しては、国王が自ら軍を率いて、先頭にたって道案内を務める覚悟でございます。

ですから、一刻も早く漢城《ハンソン》（京城）に帰って国王に報告して許可を戴き、またこちらに戻りたいのでございます」

この通詞が、一旦、高麗国王に報告をしたいと言うので、この通詞を釈放し、国王の返事を待っていると、ことの仔細を秀吉に報告している。

鍛え上げられた武人としての加藤清正は、このことを伝え聞いて、行長は騙されているのに違いない、今に朝鮮の大軍が押し寄せるぞと断言したと言う。

また、清正軍の兵士と行長軍の兵士らはこの付近で遭遇したが、行長軍は道を譲らず、漢城への先陣争いでも熾烈な争いを展開していた。

高麗国王の使者が忠信道の忠州《チュンチョン》付近に来ると言うので、行長が王を迎えるために当地に出向いた。

しかしこの町には、高麗の都から駆けつけた八万の軍勢が参陣していて、粛々と前進してきた行長軍に突撃を敢行した。

激戦となったが、鉄砲の威力の成果で、行長軍は高麗軍を撃破し勝利した。

かろうじて勝ったものの、キリシタンの教えとしての人間愛が己をしばるのか、行長はその後も大事な場面で敵国の使者に度々騙されるのである。

行長は出身が商家なので、約束ごとは必ず守るという習慣が身についており、騙されやすいのかもしれない。

それ故か、彼は占領地の朝鮮の人たちには柔軟に対応し、他の大名たちよりはるかに多くの現地の人が逃げずに残り、行長軍の布告に従って生活をしていたと言う。

この敗北に慌てた李朝国王の宣祖《ソンジョ》（一五六七～一六〇六）らの一行は、漢城を発して平壌《ピョンヤン》に向かい、すぐに平壌を去って寧辺《イョンピョン》に向かった。

行長軍は、続いて忠信道《チュンチョンド》にある忠州を攻略し、敵の最後の砦である漢城を陥落させ、大同江《テドンガン》を渡って平安道の平壌を占領する。

清正軍も快進撃を続け、慶尚道《キョンサンド》の彦陽《オニャン》から慶州《キョンジュ》に入り、慶州城《キョンジュソン》を落とし、氷川《ヨンチョン》、新寧《シンリョン》を経て忠州城《チョンジュソン》を攻略した。そして、忠州《チョンジュ》で行長軍と合流した。

両軍はさらに北進し、五月二日、行長の一番隊が漢城に入り、続いて五月三日に清正の軍が同城に入城した。

清正はこの頃、不老長寿の薬として、有名な虎の肉を秀吉に献上するために虎退治を行ったが、その武器は槍ではなく鉄砲であったと言う。

また、清正が漢城入城に遅れをとったのは、行長が朝鮮の地理に明るい対馬の宗義智を案内人としているのに対し、清正軍には、進軍するにあたってろくな案内人がいなかったと言っている。

漢城での軍議の後、清正は黒田長政の軍勢と共に戦い、臨津江《イムジンガン》を渡り、開城《ケソン》を占領する。

ここから清正軍は進路を北東にとった。

七月に安辺《アンピョン》を占領し、二十一日に咸興《ハムフン》に侵入する。

続いて、海汀倉《ヘジョンチャン》において勝利し、さらに数回の戦闘の後に、明川《ミンチョン》を経て鏡城《ギョンソン》に入るが、この地には朝鮮王朝に叛いた者らがいた。

当地に進軍すると、すぐに清正軍は、現地で反日の軍を組織するために潜行している朝鮮皇子らの情報を得た。

鏡城《ギョンソン》を鍋島直茂に任せて、清正軍はさらに北進し、端川《タンチョン》を占領した。

六月、三成は、増田長盛、大谷吉継らと共に朝鮮出兵の総奉行に任ぜられ渡海した。

七月二十三日に、国境付近の会寧《フェリョン》において、かつて文官であって、政争に破れこの地に流された鞠景仁《フックギョンイン》が清正軍に情報を流し、清正は彼らの協力で朝鮮の皇子二名と従属の大臣らを捕縛する大手柄をたてた。その皇子らは、第一皇子の臨海君《イメゲン》と第三皇子の順和君《スンファグン》である。

彼らは、王の密命を受けて、咸興で義兵を募集して、日本軍に対抗しようとして活動していたのである。

清正は、さらに豆満江《トマンガン》を越えて、「オランカイ」（女真族の居住地）に入った。

この頃秀吉は、初戦の勝利に喜び、朝鮮に出征しようとしたが、徳川家康や前田利家に止められている。

文禄二年（一五九三）、秀吉は、元キリシタン大名であった内藤如安《じょあん》（洗礼名、ドン・ジョアン）を登用し、小西行長に配属する。内藤如安は、戦国時代の武将である松永久秀の甥にあたる。彼は、小西の苗字を貰い、「小西飛騨守如安」と称した。

行長は、宗義智と、朝鮮の主だった三候に降伏して、一緒に明へ侵入してはどうかと持ちかけたが、いとも簡単に拒否された。

秀吉は勢いを得て、小西行長軍を再編成してさらなる明国への進撃を命じた。

同年（一五九三）、朝鮮は明に援軍を要請し、七月になって明軍が平壌に攻撃を仕掛けて来た。明軍の攻撃で、行長軍は苦戦を強いられるが、反撃によって明軍に損害を与えた。しかし、明軍は大反撃を計画しているという情報が日本側に伝わる。

行長は、宗義智を平壌に残し、評定のため漢城に戻った。

この後、行長は順安に向かい、明軍の遊撃のなかで先鋒の沈惟敬《チェンウェイジン》と会い、明との和睦を取り計らい、五十日の休戦を約束した。

さらに、この沈惟敬は、交渉の最中に、

「朝鮮の高麗王を捕らえて遠くの山中に匿っている。

この王を日本側に引き渡せば、あなたは秀吉から最高の栄誉が与えられるのは間違いないでしょう。自分は落馬して足が悪いのでそちらに行けない。北京から使者が来ているので平壌の近くまでぜひ来てもらいたい」

と、行長に何度も頭を下げて懇願した。

行長の命令を受けた竹内吉兵衛（アンプロジオ）ら二〇名余りの武士団が目的地に到着すると、抜刀した明軍に取り囲まれ、竹内吉兵衛は捕縛されたが、近習たちは何とか平壌に逃げ延びた。

彼は結果的に沈の姦計によって騙され、明の大軍が来るまでの時間を与えてしまったのだ。

行長は、基本的には平和を愛し、戦を回避する方法をいつでも交渉で探っている。

合戦の達人であった清正は、このような平和主義の行長をあざ笑い、かつ糾弾している。

四月には、朝鮮王は、西生浦《ソンカンポ》に布陣していた加藤清正のもとに、都惣摂僧の惟政《ユジュン》（松雲大師）を派遣して講和の協議を行ったが、清正は、行長と沈惟敬の講和の成否を問うただけで、これ以上の両者の講和の進展はなかった。

そして、駆けつけた明軍の大軍は、次第に日本軍を追い詰め、日本軍は平壌《ピョンヤン》を撤退し、開城《ケソン》付近の防衛線も破られ、漢城を守っていた宇喜田秀家も明軍に攻撃された。

同年、漢城に向かった明軍は、ここで日本軍に大反撃された。

六月、清正は、秀吉の命令により、二皇子と大臣らを石田三成に預ける。

この明国との戦闘中に、行長は独断でイエズス会の宣教師を朝鮮に呼んだ。

グレゴーリオ・セスペデスと日本人修道士ファンカンらは、途中で対馬に寄航し、宗義智の奥方であるマリアの立会いのもと、主だった武将の二〇名と四人の重臣に洗礼を授けた。

同島には、既に一〇〇名以上のキリシタンがいることをイエズス会に伝えている。

文禄二年（一五九三）十一月、イエズス会の宣教師であるセスペデス神父らは朝鮮に着いた。

そして、「熊川《ウンチョン》」でミサを行った。多くの現地の人々も参加したという。

天正十三年（一五八五）にも、行長はセスペデス神父を小豆島に招いて布教にあたらせている。

要するに、引き連れていたキリシタン大名たちに、この地を占領した後に、キリスト教の国を造るぞという、デモンストレーションでもあったのだ。

この地で、セスペデスらに会ったキリシタンは、ヴィセンテ（日比屋兵右衛門）、ジアン（義兄の小西末郷（作右衛門）、セバスティアン（大村純忠、〝ドン・バルトロメロウ〟の息子である）、その兄のドン・

サンチョ（大村喜前）、ドン栖本殿と天草のドン・ジョアン（久種）、対馬のダリオ（宗義智）、ドン・プロタジオ（有馬晴信）、その他、有馬、大村、五島、平戸、天草、栖本の諸侯の配下の武士ら約六〇人である。

セスペデス神父から、日本のイエズス会に送られた手紙には、同地で多数の身分の高い武士や現地の人々に、人格を尊重する教誨をした。

特に対馬殿の家来は洗礼を受けた者が多かったので、日本軍が朝鮮から帰国したら、対馬国に宣教師を派遣すれば、対馬の領民全員がキリシタンになるのはほぼ間違いないと書かれてあった。なお、神父のセスペデスは、キリスト教徒の多い韓国では、「ザビエル」のような扱いを受けていると伝えられてきたが、現在、韓国のキリスト教会ではこれを全面的に否定している。

キリスト教の伝来は別の宣教師からだと言っている。

文禄三年（一五九五）、正月二十五日、李如松《リールウソン》率いる明軍二万は平壌を発し、日本軍の主力は四万一〇〇〇は、漢城を出て開城方面に向かった。

先鋒は、小早川隆景、本隊、宇喜田秀家で、小西行長、大友吉統は漢城の守備についていた。

翌二十六日、双方が遭遇して激戦となり、明軍は開城を落とし、漢城に迫ってきた。

ところが、正午頃、明軍の大将、李如松が乱戦中に落馬して明軍はあっけなく総崩れとなり、開城に撤退した。

この敗戦に衝撃を受けた明国側は、日本との講和を結ぶ機運が高まった。

小西行長と明軍の代表である沈惟敬《チェンウェイジン》は、龍山《ヨンソン》で再度会合し、彼は、前回の裏切りを、自分のいたらぬところで明軍が勝手に暴走したと行長に深く陳謝した。話し合いの結果、両者は一旦和睦し、和議の条件をさらに模索し、次の条件が案出された。

一、明は講和使節を日本へ派遣する。
一、明軍は朝鮮から撤退する。
一、日本軍も同時に朝鮮から撤退する。
一、朝鮮の二皇子、及びその重臣二名を朝鮮に還付する。

などである。


休戦中の四月七日、秀吉からの撤退命令が朝鮮の日本軍に届いた。

小西行長は、明の使節、及び朝鮮の二皇子を伴って漢城から撤退する。

五月、日本軍の部隊が釜山に到着し、小西行長、石田三成ら三奉行は、明の使節を伴い、日本の名護屋に向かって釜山を出発した。

一行は、五月十五日に名護屋城に到着し、二十三日には、秀吉は早くも明の使節を謁見した。

石田三成、大谷吉継、小西行長らは釜山において、秀吉の命により朝鮮の晋州《チンジュ》への攻撃に着手した。

また宇喜田秀家は、二皇子らを朝鮮に返還するために、王子らを釜山に連行した。

六月二十八日、秀吉は、明の使節に講和の条件である七ヶ条を交付した。

一、和平の証拠として、明国の皇女を妃として秀吉に提供すること。
一、往時、日本人が中国との間で行っていた「勘合船」を再開すること。
一、日本、明国の大臣が誓詞の書状を作成し、各々がその書状を交換すること。
一、朝鮮北部四道及び漢城を返還する。
一、朝鮮の皇子、大臣の各人を秀吉に送り、これを人質とすること。
一、朝鮮二皇子と従臣二名の身柄を返還する。
一、朝鮮の大臣は、代々日本に背かないと誓詞を書くこと。

秀吉は、六月二十八日に、当時、学識が高名であった小西飛騨守如安を講和使節に任命し、彼は明の使節を伴い、朝鮮経由で明国の北京《ベイジン》に向かった。


この時、名護屋城下には高山右近が潜伏していた。彼はこの地において、度々茶会を催し、多くの武将たちはその場に招待されるのを誇りに思っていた。

そのなかには、徳川家康もいたと言われている。

気まぐれな秀吉は、寺沢志摩守の屋敷で能が行われた時、上機嫌で右近を呼び、彼に声をかけたと伝わっている。

同年、如安は、沈惟敬を伴い釜山を出発し、漢城を経て、十二月には平壌にいたが、何の進展も見られなかった。

また戦況が膠着状態になると、行長は奇怪な行動に出た。

その不思議な行動の内容は、秀吉には極秘にして、明側にある提案をしている。

「中国が秀吉を国王と認めてくれた場合に、日本の要人たちにも皇帝から官職を与えてほしい。日本国王は、豊臣秀吉、世継ぎは豊臣秀頼、大都督（大臣）は、小西行長、石田光成、増田長盛、大谷吉嗣、宇喜田秀家、徳川家康、前田利家、小早川、毛利らである
また、行長が中国沿岸の警備と対朝鮮との修好の任務を担当すること」

これは、自分を石田光成よりももっと重要なポストに就けるように自分をアピールして、徳川家康や前田利家ら、当時の豊臣政権の重鎮である大名を差し置いているのである。

このような自己中心的な行長の性格を、当時から徳川家康は見抜いていたのではないか。

日本軍が各地で籠城を余儀なくされたこの頃に、武断派から、石田光成は「茶坊主のくせに」、安国寺恵瓊《あんこくじけい》は、「僧侶のくせに」、小西行長は「商人のくせに」と言われ、戦のこともわからない奴らが作戦に余計な口を出して戦況を混乱させたと皮肉られた。

清正ら武人たちからこの三人がひどく嫌われた共通点がある。

それは、彼らは生真面目の上に「酒」を飲まない、それどころか、三成は酒を飲む人を嫌悪し

たというのである。

文禄三年（一五九四）十二月、小西如安は、明側に迎えられて北京に向かったが、途中で監禁されたのか、彼はなぜか消息を絶ってしまった。

何事もうまくいかなくなると、今でもこの国のトップにいる人たちは、誰かに罪をなすりつけようとする傾向がある。

この時も、三成や行長に対して、戦の失敗を批判する声がにわかに大きくなった。

同年、行長は、沈惟敬と熊川で出会い、秀吉の降表を表す偽の書状を作り、沈惟敬はこれを持って遼東に向かったと伝えられている。

しかし、このような証拠として残る重要な偽の文書を、秀吉に無断で作ったとは考えられない。

講和を結ぶための政治工作として、口約束でお互いが了承していたと思われるのだ。

それは、何としても和議を結んで、一旦、両国の兵を帰国させたいと言う思惑から画策したようだ。

明廷は、秀吉が示した講和の七ヶ条に対しては、全面的に拒否をしたと伝えられている。

この時点で、講和を模索した小西行長と小西如安は、狡賢い明側に欺かれたと言う風評が朝鮮に布陣している諸侯から挙がった。

だが文禄四年（一五九五）、明廷は封議を定め、金印を押した国書を携えた正式な使節を日本に派遣することを決定した。

朝鮮側は徹底抗戦を叫んでいたが、戦線は各地で膠着状態となり、中国、日本双方ともに厭戦気分が漂い始めたのである。

この間に、石田三成ら三奉行と行長は、日本人が高麗（朝鮮）に領土を持つことを明国が許すはずはなく、不可能であることを認識し、巧みに秀吉を納得させようとした。

ここにきて、明軍の実力を改めて認識した秀吉は、一旦は、領土獲得の野心を断念したかのように明の使節との講和に応じたのである。

秀吉は、朝鮮王に、人質として、新たに、王族の一人を日本側に渡すように書状により命令した。

小西行長は、沈惟敬と相談後、日本へ急行し、石田三成らと会談後、急遽、釜山に戻る。

明朝廷は、正式に「封倭」使節として、正使李宗城、副使として楊方亭を日本に派遣することを決定する。

明国使節が漢城に到着する。朝鮮の二王子も小西行長、石田三成のいる釜山に着いた。

しかし、この使節が釜山に到着すると、副使の楊方亭が突如逃亡する。明側は、急遽、沈惟敬を副使に任命する。

明朝廷の使節らは行長に付き添われ、日本に到着し名護屋から大阪に向かう。追って朝鮮使節が堺に到着する。

ところが秀吉は明国の使節が来るとなると、本心をむき出しにして急に高姿勢に転じ、朝鮮の一部を引き渡すこと。もし、この希望が受け容れられなかったら、再度、明国に戦いを臨むであろうことをはっきりと述べている。

明は、日本軍の漢城からの撤退を、日本は、秀吉の要求する「わび状」がどうしても欲しかった。

そして、現在日本軍が占領している朝鮮の地域を保有することが、日本にとって重要であることを、行長らは和議の目的と考えていたと思われる。

行長は、日本では想像もできない朝鮮の寒さや食糧、武器などの欠乏に苦しんだ。日本からの食糧や援軍を運んだ船は、渡航中、ことごとく朝鮮海軍に撃沈させられていたからである。

行長は、この戦争は勝ち目がないと考え、朝鮮の領土の一部でも日本側へ割譲させようと、朝鮮を無視して、明との講和に性急に動いたとも推測される。

無論、このことは秘かに石田三成らに相談していたに違いない。

だが用心深い秀吉は、九州の大名たちに、占領した朝鮮の土地に十二の城塞を築かせ、軍勢四万七〇〇〇の兵を分散して配置した。

九月一日、秀吉は明国使節らを大阪城において謁見する。

この時朝鮮使節に会わなかったのは、彼らが人質を連れて来なかったことによると言われている。

この接見の場で、秀吉が明国の国書を読んで、激怒し、この国書を破り捨て、小西行長を罵り、彼に騙されたかのような話は、後世に創られたものであると言う。

『戦争の日本史16　文禄慶長の役』の一部を転載する。

「九月朔日の接見の場で、秀吉が明の国書に激怒し、その結果和議が破綻したというのは、よく知られたエピソードである。

しかし、これは後世に創られた話であり、大阪城での謁見自体は無事に終了したようである。現に明国皇帝が秀吉に贈った冊封文は現存しており、やはり皇帝が秀吉に『下賜』した常服も妙法院に伝わっている。

さらに、イエズス会の年報などによれば、秀吉は、堺に戻った明使を引きつづき歓待する意味から、高位の僧侶を派遣したとある」[*1]

この歓待の場で、明使が僧侶に対して、日本側の城塞の完全な破壊と軍勢の撤退などを要求した書翰を秀吉に渡そうとした。これを知った秀吉がひどく激怒したというのである。

この間の事情を次のように伝えている書籍もある。

「使節一行が堺へ帰ると、太閤はただちに彼らの後をおって、高貴と言われた大いなる権威を有する四名の長老といわれる名僧に命じて、(太閤)みづからが先日出席して、謁見したのとおなじように彼らを歓待させた。

シナ人たちはこのことによって非常に安心したが、とりわけ(太閤)仏僧たちを通じて書状をしたため、そのなかで、彼(秀吉)は彼ら(使節一行)が己に対して要求するものは、何でも断念せぬがよかろうと、彼らに対して非常な懇切ぶりを示した。

彼らはこれに対して書状をもって答え、次のように要望した。

（朝鮮の）全陣営を取り毀し、また朝鮮による日本の駐留軍を撤退させること。

つぎにシナ国王が何年も前に慈悲によって許したように、朝鮮国民の過失を寛恕をすること。

彼らはたしかに破滅に値したかも判らぬが、たとえ破滅の罰をもって処罰されたところで、そこからは何らの利益ももたらさないであろうと。

こうして彼らは極力朝鮮人に対する慈悲心に動かされるようにと太閤に懇願した。

仏僧たちは大阪へ帰ると、ただちに書状を太閤に差し出した。

太閤はそれを読み、諸陣営を取り毀すことに関する、かの要請の箇所に及んだ時、非常な憤怒と激情に燃え上がり、あたかも悪魔の軍団が彼（秀吉）を占拠したかのようである。

彼は大声で罵り汗を出したので、頭上からは湯煙が生じたほどであった。

彼はかくも激怒したのは、日本人がシナ人にひどく恐れられており、朝鮮人にはなおいっそう恐れられていることを承知していたし、また講和を結ぶためには、朝鮮国のわずか半分だけでも入手するという己（秀吉）が最初の考えを忘れていなかったからである[*2]」（略）

＊1　『戦争の日本史16　文禄慶長の役』中野等著（吉川弘文館、二〇〇六年）「Ⅲ　講和交渉とその破綻・大阪城での使節謁見」より
＊2　『十六・七世紀イエズス会日本報告集第一期第二巻』松田毅一監訳、三二一〜三二二頁

朝鮮の領土の問題に関しては、沈惟敬が行長らに対して口頭で朝鮮の領土の一部を割譲させることを約束していたと言われている。

行長らもそのことは、明国王や朝鮮国王の了解なしに勝手に沈惟敬が言っているのをかなり前から知っていたようだ。

彼ら明国の使節団は、日本に着いてからこの書状を書いたのではない。当然、明国から携えてきたのに違いない。釜山において、既に行長と明軍の指示を受けた沈惟敬が、この書状を秀吉の前では出さぬように、双方が取り決めていたのではないだろうか。

では、なぜこのようなことが行われたのか、使節の派遣が決まると行長は急遽本国に戻って石田三成に報告している。

日本側にも明の使節が来日することによって秀吉の顔をたて、明国と和平を結び、朝鮮の占領地にそのまま居座るつもりだったと考えられる。

明側も朝鮮にいつまでも軍を駐留させておくような状態ではなかった。東北にある韃靼《ダッタン》国の侵略を受けていたからである。

明の使節は、帰国の途につき、九月八日には堺を出て、十月上旬に、小西行長が同行して明国使節は名護屋城に到着した。

明の使節が帰国した後、沈惟敬は反逆罪で処刑されている。

同年、順安《スンチョン》において、明側から、内藤如安、及び文禄二年（一五九四）に明軍の捕虜となっていた竹内吉兵衛は引き渡された。

そして十一月、朝鮮使節が釜山に帰還した。小西行長、寺沢正成も同地に再上陸した。

朝鮮は自国の領土をたとえ一部でも日本へ渡す考えは毛頭なく、また人質を秀吉のもとへ送ることも拒否した。

朝鮮としては、ただひたすらに日本軍の自国からの撤退を望んだのである。

文禄五年（一五九六）四月、秀吉は清正を本国に召還している。

この原因は、清正が豊臣の姓を名乗ったとか、行長を町人呼ばわりしたことを三成や行長が秀吉に讒言したと言われているが、本当は、明との間で秘密裏に交渉していた者たちにとって、朝鮮と直接交渉し、領土の割譲などの秀吉の要求を正確に伝えようとする清正が、妥協を条件とする交渉の妨害になっていたからである。

長引くこの無益な戦いを終わらせたいと願い、三成、行長らは、停戦交渉に邪魔な清正に罪を被せ、本国に帰還させることに成功した。

このことは、三成や行長との確執に決定的な要因をもたらし、秀吉亡き後、彼らを恨む清正ら武断派は、憎悪の焔をたぎらせ、文治派への反抗の炎を再び燃え上がらせるのである。

なお、日本国内で秀吉に従い、数々の武功をたててきた武断派と呼ばれた大名たちは、加藤清正、福島正則、池田輝正、藤堂高虎、加藤嘉明らの派閥で、一方の軍政や財政、民政などの事務方の仕事をこなしてきた文治派とは、石田三成、増田長盛、前田玄以、長束正家、小西行長らの派閥があった。

この戦に見切りをつけた三成と行長の苦心して擬装した講和は、秀吉の怒気にふれ、もろくも破綻した。秀吉は、大坂の和議決裂により再戦の意思を固める。

小西行長、三成らは、講和を模索し続けたが、秀吉があくまでも朝鮮の日本への服属を要求したため、朝鮮側はまたしても断固としてこれを拒否した。

肥後で蟄居していた清正は、前田利家、徳川家康の取り成しによって秀吉から正式に赦された。

慶長二年（一五九七）朝鮮が領土を譲る考えがないことを知ると、秀吉は、九州の諸大名へ渡海を命じ、朝鮮への再派兵の陣だてを発表する。総勢十四万人の軍勢であった。

苦心惨憺して、戦費の調達に苦労している清正に対して、豊臣政権の財務官僚の石田三成は、情け容赦なく前に借りた蔵米の返還を求めたと言う。

また行長は、秀吉に偽の和議を纏めたという疑いをかけられ、宇土に蟄居していたが、二月に秀吉の怒りが解け、出陣を命じられた。

この時の朝鮮への先手争いはくじ取りとなり、当たった行長が先行することとなった。

再上陸した日本軍は、南原城《ナムウォンソン》、金石山城《キソクサンソン》を陥落させたが、朝鮮軍が次第に優勢になっていく。

同年、鳴梁水道《リャンズードー》において、朝鮮水軍の名将、李舜臣《イスンシン》（一五四五～一五九八）の亀甲船軍団に九鬼喜隆の巨船団は完全に打ちのめされ敗北した。

日本軍は苦戦を続け、朝鮮沿岸に追い詰められ、各地に分散し城塞を構築した。

安辺《アンピョン》から撤退した清正は、蔚山《ウルサン》、行長は順天《スンチョン》、毛利秀元は泗川《サチョン》を守っていた。

清正軍は、西生浦城から朝鮮の南半分の占領を目指し、蔚山《ウルサン》に築城していたが、明軍の総攻撃を受けた。日本軍は、よく持ちこたえたが、各地で籠城を余儀なくされていた。

同年八月、秀吉は伏見城で逝去。享年六十二。

三成は、朝鮮からの日本軍の撤収の相談のために博多に向かった。

十月、徳川家康、前田利家ら五大老より、在朝鮮の諸将に帰国命令が出された。

十一月、明の水軍が、南海島《ナメド》を護る島津義弘の武将である樺山久高を攻めた。

行長は、宗義智、寺沢正成らと救援に向かい、樺山軍を救出後、唐島に帰った。

この時の「露梁津海戦《ロイリヤンジン》」での戦闘中に、日本軍の発砲した流れ弾にあたって、朝鮮の名将、李舜臣《リスンシン》が死亡した。

釜山付近に集結していた日本軍は、暫時、日本へ帰還を始める。

清正は、蔚山の諸城を焼き払い、浅野幸長とともに釜山に到着、十二月十日博多に凱旋した。

帰還命令を無視して最後まで朝鮮に残ったのは、小西行長と宗義智であったが、その後行長は寺沢正成と共に釜山を出発し、十一日に博多港に到着した。

この「文禄、慶長の役」は、朝鮮におびただしい死者をだし、朝鮮国の国土を荒廃させた。

また、この無謀とも言える企てに対して、日本の諸大名が誰一人、秀吉に忠告し、諌めるような進言をしなかった責任は大きい。

そのなかで、明国や朝鮮を相手に戦った行長は、この戦に勝ち目がないと考え、いち早く講和に動いた功績は評価すべきである。

講和を結ぶことは敗北と考えられていた時代に、一つ間違えれば首が飛ぶ危険な行為を、あえて模索した結果、武断派から訴追を受けた。特に加藤清正は、戦争の継続を求める諸将らに、石田三成と小西行長は同じ軟弱な一味であると言う書状を送っている。

しかしこの時期、朝鮮の各地では、抗日の義兵が立ち上がり、日本軍はこのゲリラ作戦に悩まされた。

当初、小西軍らの兵力は一万人を超えていたが、この時点では、約六六〇〇人と減少し、清正軍も一万人から約五四九〇人に減少していたことも苦戦の原因である。

「戦において、一番難しいのは撤退であると言う」

「なぜ日本軍は、初戦の勝利に我を忘れて、戦線を拡大し過ぎる過ちを何度も繰り返すのか」

戦況が好転するのを待ったり、もっと良い条件で講和を結ぼうとずるずると戦争を継続していると、泥沼に入り込んで抜け出せなくなり、最後は大敗を喫することになる。

朝鮮の場合は、朝鮮国民の義兵がゲリラ戦を展開して、ジリジリと日本軍を押し戻していたので、軍神と言われた加藤清正をもってしても戦局を変えることは難しかったと思われる。

従って、たとえどんな条件でも撤退を優先させた小西行長、石田三成は、この戦が勝ち目のないことを、明軍が攻勢をかけてきた時期に見抜いたに相違ない。

秀吉の「唐入り」の野望に踊らされた行長や三成にとっても、秀吉の死を契機に最後は砂を噛むような、あっけない幕切れとなり、この後、過酷な運命が彼らを待ち受けていたのである。

関が原の戦いの後、行長、京都六条河原で斬首される

慶長三年（一五九八）十二月、帰国して室津にいた行長は、上洛すべきとの命令を受け、領国に寄らずに大阪に向かった。

同月、加藤清正、鍋島直茂、毛利吉成、黒田長政らは連名で、行長らの朝鮮における数々の不手際を訴追する書状を五大老に提出した。

慶長四年（一五九九）三月三日、秀頼の後見人であり五大老の一人である加賀の前田利家が死去する。

秀吉が死去の際に、年少である息子の秀頼のことを支えてくれるように懇願した五大老とは、関東の徳川家康、北陸の前田利家、中国西部の毛利輝元、中国東部の宇喜田秀家、東北会津の上杉景勝だった。

そして実務を司る五奉行とは、石田三成、浅野長政、増田長盛、長束正家、前田玄似らがいたが、権力中枢にいた者たちの天下の覇権を握る争いが激しくなっていったのである。

同年、三成の石田屋敷の茶会に、小西行長、神屋宗湛、宇喜田秀家、伊達政宗らの諸大名が招待された。

天下は、次第に家康を中心に動き出し、風雲急を告げる情勢がめまぐるしく変化していくなかでの三成と行長の親密な友情を交わした安息の日でもあった。

徳川家康と親しい伊達政宗が招待されたのは、この茶会は政治的な会話を話す場ではないと言うことを家康に知らしめるために、あえて正宗を招待したのではないかと思われる。

秀吉の死後、五奉行の一人であった石高二五〇万石の徳川家康が一気に勢力を伸ばしていた。同年、朝鮮出兵で辛酸をなめた秀吉の家臣団であった武断派の加藤清正、福島正則、黒田長政らは石田三成を襲撃する。

この時は徳川家康が仲介に乗り出し、三成は奉行職を解任され、伏見を出て佐和山に隠居を命じられる。

また家康は、上洛していた小西行長に対して、九州大名の取次ぎとして待機するように命じた。やがて彼は次第に本性を現し、豊臣政権の存続を語りながら天下に号令するようになる。朝鮮出兵の際の秀吉の意向を推し進めた官僚たちと、加藤清正、福島正則ら武人との対立は家康の策謀により益々烈しくなっていった。

慶長五年（一六〇〇）五月、家康は、五大老の一人である会津の上杉景勝に謀反の疑いをかけ、豊臣秀頼の名代として討伐に向かうため、伏見城を出て日光道中（日光街道）の小山（栃木県小山市）江戸城に向かった。

この隙を狙って、三成は、安国寺恵瓊、大谷吉継らと家康打倒の挙兵を相談し、秘かに西国の豊臣恩顧の大名に参軍を促し始める。

行長はそれまで、家康の命令に従っていたそぶりを見せていたが、三成が決起すると急遽上洛し、宇喜田秀家らのいる美濃の大垣城に入った。

行長と三成はそれほど仲が良かった訳ではない。同じ文治派でも、両者の性格はかなり違っていたと言う説がある。

行長が、自分が先頭に立って物事を性急に行おうとするのに対し、三成は、目的遂行のために粘り強くじっくりと仕事をするので、諸大名に最も嫌われた。

この性格の違いを表す出来事が伝わっている。

行長が、この頃に藤堂屋敷に滞在している徳川家康の暗殺を三成に進言したと言う話である。

「とにかく謀反人の名を蒙らんと思い定め軍せらるべくんば、今宵味方を集め、藤堂の屋敷を襲い攻め、運を天に任せるべし、内府は旅営なり、藤堂は小身なれば、弓、銃も少なからん、一定味方の勝利たるべしと、一向に勧めけれども、異議区々にして、決せず、行長大いに憤り己が宿舎に帰りけり……」――『名将言行録』

大義名分を掲げて暗殺に逡巡した三成に対し、行長は部下に、「あんなに臆病では駄目だ、この戦には勝てない」とも言ったと伝わっている。

平常は冷徹だが、どこかで急に激情する行長の性格を物語る話である。

「無謀」と思われるこの戦で行長が三成に味方したのは、あくまでも恩義のある太閤殿下、秀吉のためであると割り切っていたのではないか。

それに、行長の面倒を見てきた、備前岡山の大名宇喜田秀家も西軍に味方したのである。

ちなみに、対馬の宗義智は妻マリアと離婚し東軍についている。

そして、三成の性格を物語るものとしては、三成の名軍師と言われた島左近の逸話が残されている。

「慶長四年三月十一日、家康の宿泊先を焼き打ちする計画を、島左近が三成に打ち明け、三成も一旦は、これを了承した。

しかし、事前にこの計画を察知した家康は、守りを固めていたために、三成はこの襲撃を中止させた。

また、慶長五年六月十八日、家康が上杉征伐に向かう途中にある水口城（滋賀県甲賀市）で、家康の寝込みを襲おうとしたが、渋っている三成が決断を下さず、その隙に家康が逃亡した」――「前田家譜」『関が原覚書』

一方、三成挙兵の報告を受けると、小山にいた家康は上杉討伐を中止して、ただちに東海道を引き返し、江戸城に入った。秀吉から恩を受けた武将たちに「自分に協力したら過分の領土を与える」という『手紙作戦』を展開し、約一ヶ月後に赤坂に陣を張った。ようやく城を出て東海道を西に向かって進軍した。

多くの関西の大名たちが三成方についたことを知り、三成もなかなかやるじゃないかと、やたら感心したと伝えられている。

そして、慶長五年の関が原の前夜の八月十四日、江戸城から出発して美濃赤坂に着陣したばかりの家康を討つべしとの島左近の進言を、またしても三成は取り合わなかった。

何事にも熟考する三成は、悪く言えば優柔不断、良く言えば慎重型の官僚方で、島左近は三成のことを、こんな弱腰では今度の戦は勝ち目がないと、嘆き悲しんだと伝えられている。

九月十五日、朝八時過ぎに、石田三成を大将とする小西行長、大谷吉継、宇喜田秀家らの西軍八万と、家康を総大将とする福島正則、藤堂高虎、黒田長政ら、東軍七万の、両陣営合わせて十五万の兵力が関が原で激突した。

正午頃までは戦線は膠着状態だったが、正午前、小早川秀秋の裏切りにより、西軍は総崩れとなり敗北が決定的となった。

開戦当初からぐずぐず迷っていた小早川秀秋に対して、「この時に何をぐずぐずしておられるのか。早くお裏切りめされよ」と叫んだ者がいる。深慮遠謀の家康は、裏切り目付として旗本の奥平藤兵衛を小早川軍の先鋒に配置していたのである。

関が原の戦いで破れ敗走した行長は、四日後の九月十五日に伊吹山の山中で捕らえられた。

この時、山中で落人狩をしていた庄屋の林蔵主らに取り囲まれた時、彼らが落ち延びることを勧めると、行長は次のように言ったという。

「吾は小西摂津守なり、内府(徳川家康)のもとへ連れて行き褒美を取れ我は自害するも易けれ共、根本切支丹なり、切支丹の法は自害せず」

捕縛された行長、三成、恵瓊ら三人は、後ろ手に縛られ荷車に乗せられて、堺、大阪、京都を引き廻された後、十月一日、西軍の首謀者として処刑された。

小西行長は、享年四十二であった。

三人のうち、なぜか行長だけが牢内で首枷をされていたと言う。

徳川家康は、キリスト教を信仰する行長を心底憎んでいたのではないだろうか。

彼は、高山右近亡き後、日本でのキリスト教徒の象徴となり、イエズス会の期待を一身に集めていたことを知っていたのだ。

徳川家康は、この有力なキリシタン大名である小西行長が、ポルトガルの力を得て、いつか日本のどこかでキリスト教の王国を造るのではないかと、内心、恐れていたのであろう。

また、小西行長だけが首枷をされていたのは、家康の暗殺を三成に諫言したから憎まれたのだとも言われている。

しかし真相は、行長が領地の宇土、八代などで旧来からある寺社仏閣を壊して、次々とキリスト教会を造ったためではないだろうか。

八代に限って言えば、イエズス会の年表によるとこの地で二万五〇〇〇人のキリシタン信者と十四の教会が造られたと書かれている。

神社、仏閣は、日本の武士たちが、古来から敬い武家社会と深く結びついてきた。

その由緒ある建物を壊して教会を建てていった行長はもってのほかであり、大逆賊であると言う理由から、民衆への見せしめのために鉄の首枷をつけ、大坂や京の町を引き回されたと思われる。

京の六条河原で、処刑の白刃が抜かれた時に切腹の自刃を促されたが、小西行長は、首をふりポルトガル王妃から賜ったイエスとマリアの像を握りしめ祈っていたと言う。

その遺骸は、イエズス会の資料によると、教会側に引き取られたと伝えられている。

なお、この行長らの処刑の場に清正が立ち会ったと言う記録があるが、牢にいた石田三成と小早川秀秋との怨念の話は残されているが、行長と清正との会話はいっさい残されていない。

九州・宇土での小西一族及び郎党の末路

慶長五年の九月の初め、豊前（福岡県東部・大分県北部）の中津城にいた黒田官兵衛は、豊後（大分県中枢部）の大友義統軍の討伐に向かって進軍を開始した。

九州の諸大名の間でも、この時、西軍と東軍の二派に別れての戦いが始まった。

西軍と言われる三成方の大名は、大友義統、小西行長、島津義弘、立花宗茂、有馬晴信、鍋島直茂らである。

一方の東軍と言われる家康方の大名は、加藤清正、黒田官兵衛、細川忠興、伊藤祐兵らの大名がいた。

大友義統は、かつて、九州北部一帯を治めたキリシタン大名の大友宗麟の嫡男であるが、朝鮮の役で勝手に敗走したことで秀吉から領地を没収され、毛利輝元のもとに預けられていたが、このたび、西軍の総師となった毛利の支援を受け、旧領の奪還をめざして杵築城（大分県杵築市）を包囲していた。

そして、両軍は石垣原（大分県別府市）で全面衝突をする。

この戦いで勝利した官兵衛は、さらに領地の拡大を求め、豊前、豊後の二ヶ国を平定して筑後に向かった。

この時、肥後に残っていた清正も、官兵衛に負けじとすばやく動き出したのである。

清正は、杵築の細川軍の留守部隊の後方支援のために、豊後の大友義統を攻撃目標に選び、この居城に向かっていた。

関が原の戦いの決着がついたのは、慶長五年（一六〇〇）の九月十五日であるが、この時を待っていたかのように、十七日になると、軍勢の転進を命じた加藤清正は、小西領の「宇土城」に向かって進撃を開始した。

かねてから清正は、「宇土」を攻略した後は、その所領を戴きたいと「吝嗇《りんしょく》大将」と比喩されていた家康に申し出て、その承諾を貰っていたのである。当時この城は、小西行長の弟の小西隼人が城代として守っていた。

また八代城には義兄の小西末郷が城代として八代城を守っていた。

宇土城は兵糧も十分でなく、それほど多くない守備隊で善戦しよく守ったが、小西行長の死を知ると十月十五日頃に開城した。

小西隼人は切腹、残る家臣は助命を許された。城を固守していた家臣らが切腹を免れたのは、加藤清正の家康への免罪を要望する配慮があったためだと伝えられている。

宇土城の敗北を知ると八代城の小西末郷は島津氏を頼って逃亡したが、まもなく薩摩の地で死去した。

加藤清正は、行長の家臣の内から才能がある者を召抱えた。

彼は、九州の他の大名たちと同じように、大船を建造し遠くのシャムや安南まで交易に出かける夢を持っていたので、海外貿易を行うには、ポルトガル語を操れるキリシタン侍をどうしても必要としていたのだ。

また大洋に向かうには、ポルトガル人か中国人の操舵手を雇うか、彼らの手ほどきを受けて自藩の者に操船の技術を習得させねばならなかったろう。

そのために、宇土城にいた小西行長の重臣、内藤如安・洗礼名「ドン・ジョアン」、そして矢部城にいた結城弥平次をはじめとしてキリシタン侍を多く召抱えた。

だが、法華宗の熱烈な信者であった清正は、すぐにキリスト教との宗教問題に直面し、内藤如安と結城弥平次に棄教を迫ったので、彼らは順次、加藤家を離れていった。

清正は、天正十三年（一五八五）には、父である清忠の菩提を弔うために大阪に本妙寺を創建し、後に熊本城内にこの寺を移して、九州における日蓮宗の本山とした。

法華宗は日蓮を宗祖とし、釈迦（仏陀）の教法のうち法華経を最高の教えとした宗派を結成している。

清正の母もまた、敬虔な法華宗の信者であったと言う。

その後、内藤如安は加賀前田家の重臣となり、結城弥平次は有馬晴信に召抱えられた。

現在の熊本市や熊本城には、小西家ゆかりの地名や熊本城内の櫓名が残されている。

また慶長五年、加藤清正は占領した宇土の城に、捕縛した五名のイエズス会員たちを牢内に投獄していた。

その内の一人は、ポルトガルの宣教師ペドロ・ラモンであったことはわかっているが、他の四人は外人の宣教師としての名が残っていないので、日本人の教徒である可能性は高いと思われる。

これらのキリスト教徒の釈放にあたって、イエズス会から派遣され粘り強く交渉したのは、あの天正遣欧使節の随員であった原マルチノである。

加藤清正は熱意のある彼の釈放要求に応え、五人のイエズス会員を釈放した。

ポルトガル宣教師である他のイエズス会士のこの後の消息は不明である。

原マルチノは語学にも優れ識見があり、かなりの秀才であったと伝えられているが、イエズス会の記録のなかで、大名である小西行長と加藤清正の両名に堂々と自分の意見をぶつけたのは彼しかいない。

原マルチノは慶長十九年（一六一四）にマカオに逃れ、寛永六年（一六二九）に客死した。

「宇土小路」とは、熊本市の京町にある一角で、小西家に纏わる遺臣たちが住んでいたと言われている。

「宇土櫓」とは、熊本城の天守閣近くにある櫓で、元の小西家の家臣たちが、この櫓の管理や守衛に拘わっていたと伝わっている。


小西留守部隊を鎮圧させた清正は、鍋島の救援のために黒田軍と合同で攻略し、降伏させた敵である立花の家来も一時召抱えている。

清正は優れた武将ではあるが、非常に柔軟性に富んでおり、有能なる者であれば、敵側の武人であれども自分の家来に召抱えた。

これらの豊臣の遺臣たちを召抱えたのは、秀吉の旧恩に報いるためであったのではないか。彼はこの後大阪城を何回も訪れ、落ち目となった秀頼を励ましているのである。

彼は、筑城、土木、治水などに手腕を発揮したが、そのために、それぞれの専門分野の侍や職人を全国から集めていた。

そのため、江戸幕府から謀反の疑いをかけられても、意に介さなかったと言う。

武将としての清正の人気は、遠い江戸においても高く、人々は次のように唄ったと言う。

「えどのもがりに
さはりはすると

よけて通しやれ
たいしゃくくりげ」

「もがり」とは、竹で結った物干し竿用の垣根で、「帝釈栗毛」とは当時の清正の乗馬で、身の丈が六尺五寸（二メートル）を超える立派な栗毛馬のことである。

関が原の戦いの後、旧小西領を含めて五二万石の大名となった清正は、すぐに茶臼山と呼ばれていた丘稜にある千葉城、熊本城の両城を合わせる大改築を行った。
「武者返し」などを備えた築城工事は慶長十二年に完成し、新たな熊本城の完成を祝賀する落成式が出京町で催されたが、この時に、普請奉行として出席していた森本義太夫の息子である森本右近太夫一房が後にカンボジアに行っているのである。

右近太夫一房は、寛永九年（一六三二）に、肥前松浦氏の御朱印船でカンボジアに渡航したと言われている。
そして、カンボジアの首都であるプノンペンから北西約二三〇キロにあるアンコールワットに落書した。

一房がこの地を参詣した時、カンボジアの日本人町の人たちに案内されて来たと思われるのは、アンコールワットがこの頃、既に巨木に覆われて廃墟となっていたことと、一房の落書の他に、墨書が他に十一例もあったと伝わっているからである。

慶長十五年（一六一〇）頃、徳川家康は豊臣家の存在が全国統治の邪魔になり、無理やり秀頼に謀反の疑いをかけた。

清正は、豊臣家の謀反の疑いを晴らすために、慶長十六年三月、秀頼に付き添って上洛し、二条城まで赴き家康と対面し、秀頼に反逆の意思がなかったことを真摯に話した。家康はその誠意を認め、秀頼と表面的には和解したと伝わっている。

この後の五月、大阪から帰国する船のなかで脳卒中にかかり、六月、熊本城にて病没した。享年、五十であったが、権勢を誇り「大狸」と揶揄された家康を相手に媚することなく、大阪にいて孤立していた秀頼を援け、家康と堂々と渡りあった立派な生涯であった。

清正は今でも熊本市民に愛されていて、「清正公さん」と呼ばれ、神として祀られている。関が原の戦いの後、謀反を企んだ極悪人とされて現代まで言い継がれてきた行長と比べて、先見の明があったのであろうが、この後、大阪夏の陣で秀頼が自害し、豊臣家が滅亡したことを考えると、何と幸せな人生だったのだろうと思わずにはいられない。

また、加藤清正が生存していれば、家康も豊臣家を簡単にはつぶせなかったとも考えられる。だが皮肉なことに、その後、二代目の加藤忠広が幕府から謀反の疑いをかけられて領地を没収させられるのである。

慶長十七年（一六一二）に、キリシタン信徒であった岡本大八が、キリシタン大名である有馬晴信を騙して多額の賄賂を詐取した事件が起こった。

この事件後、幕府は直轄領における旗本、御家人のキリスト教信仰を禁止した。

そして、翌年の一六一三年、キリシタン追放令（慶長令）が出されるのである。

キリシタン侍が安住の地を求めて、アユタヤから新天地に向った理由

ミャウーのキリシタン侍は、小西行長の残党たちか

慶長九年（一六〇四）には、ポルトガルは日本との唯一の定期航路を持っていた。ポルトガル船は出島に入港し、平戸に商館を開いて早くから長崎を中心に貿易を行っていた。この頃、オランダやイギリス、中国の貿易船は、まだ不定期な入港を繰り返していたのである。

アラカンのキリシタン侍は、「将軍家康」のキリシタン迫害により、日本から逃げてきたと言っ

ている。

そして、彼らが家康に対して、かなりの反感を持っている態度が気にかかる。

この集団が日本の侍である特徴は、彼らが勇敢で礼儀正しい剣の使い手だと現地で褒められていたこと、彼らの着ていた衣装が、どうやら日本から持ってきた着物をアレンジして作り直したものであると思われることである。

その上、かなり統率が取れていたと伝わっているので、彼らは、日本でどこかの大名に召抱えられていた侍ではなかったのかと考えていた。

当然そのなかに、侍だけでなく商人や一般のキリスト教徒もいたはずである。

もう一つ、重要なことがある。

彼らは、宣教師のマンリケに、「将軍の家康」から逃れてシャムに行き、その「シャム」からアラカンに来たと告げているのだ。

慶長九年(一六〇四)、シャム行きの正式な朱印状を出したのは徳川家康で、当時の外交文書の「異国日記」に記載されている。

この年に、清正は大船の「天地丸」を建造し、鶴崎港に浮かべている。

さらに同年、加藤清正の臣下である市河治兵衛らがシャムに渡航した。

この年には、合計四隻の朱印船がシャムに向かっている。

市河らがどの船に乗ってシャムまで行ったのかはわからない。

ただ、彼らは、山田長政らのように、日本から「飛び乗り」(密航)してきたのではないことがわかる。

アユタヤに到着した市河治兵衛ら数名は、主君である加藤清正の自分たちの信仰に対する圧迫に堪えかねてシャムに亡命したと言うことが書かれた、ポルトガルのアユタヤ商館の文書があったと伝わっている。


当時の清正のキリシタン弾圧に関して、詳細に叙述した資料があるのでここで紹介する。


「慶長十年十月、朝鮮への再出征を前にして、清正はスペイン支配下のルソン長官に宛てて、『宣教師を歓待するかわりに、フィリピンに赴く船に便宜を与えてほしい』と親書を送っている。海外と交易するには、宣教師の保護が前提になることを知っていたのである。

隣国はキリシタンの小西行長が統治しており、多くの宣教師を抱えていた。

行長は宣教師を介して東アジアに進出したスペイン人やポルトガル人との交易を盛んに行っていた。

清正も、その利用に関心を持っていたのである。

だが、関が原の合戦において、清正のキリスト教に対する考え方はその本質を明らかにしてくる。

関が原の役のとき、清正は九州において黒田如水とともに東軍のために戦った。

キリシタン大名の有馬晴信や大村喜前を説得して東軍に味方させ、小西行長の居城である宇土と属城の八代を陥れた。

清正と行長の確執は朝鮮出兵以来根深く、憎悪に満ちたものになっていた。

戦後、清正は小西領を吸収し、肥後一国五四万石の大名となった。

行長は宣教師を保護し、布教にあたらせていたために、キリスト教は領内に広まり、信者は十万人に達していたと言う。

この小西領が清正の領地に加えられたとき、キリシタンたちは清正の弾圧を恐れて他領へ逃亡した。これはキリシタン領民が逃亡したというより、清正と戦った行長の家臣が粛清を恐れて逃れたものであろう。

このとき、かつてキリシタンの黒田如水の仲介によって、清正は一部の宣教師を保護し、行長のキリシタン遺臣を抱えた。彼らを優遇することで、海外交易の布石にしたかったのである。のちに彼は大船を建造し、家康から少なくとも二度の朱印状を受けて、タイ、インドネシア方面に朱印船を出している。

ところが、行長の遺臣を抱えたものの、旧小西領の統治は順調にいかなかったようだ。

関が原の翌年の慶長六年から、清正は独自でキリシタン弾圧を進めた。

それはいわば、小西行長の息のかかった者を払拭し、自らの支配力を領内に徹底させるものであった。

キリシタン家臣に対して法華宗への転宗を強請し、従わぬ者には迫害を加えた。

そのため転宗者は多く、転宗を拒んだ者はひそかに脱藩して他国へ逃亡した。

これを取り締まるために国境に関所を設けたため、転宗を拒絶した家臣は、山中に逃れて惨たんたる生活を送らざるをえなかった。

これを聞いた長崎のキリシタンは、商人や職人に変装して肥後に潜入、救助にあたったという。

特に旧小西領の宇土や八代はキリシタンの中心地で、たびたびの弾圧が加えられ、その指導者や家族の多くは転宗を拒んで殉教した。

慶長八年十一月、八代では、キリシタンの頭上に法華経を奉戴させ、これを拒否した者は処刑された。

こうした弾圧は慶長十四年まで断続的に行われたという。

徳川幕府によるキリシタン弾圧が始まったのが慶長十七年であるから、清正の禁圧は彼独自の治政観と宗教に基づいていたものである[*1]」

慶長十八年に家康がキリスト教を禁じる「伴天連追放令」を発布したことで、弾圧を逃れるために、外国船で海外へ逃亡したキリシタンは、アジアの各地にある日本人町へ流れ込んでいったのである。ちなみに、鎖国になるまでの朱印船の数は、慶長九年（一六〇四）から寛永十二年

---

*1　『加藤清正のすべて』安藤英男編（新人物往来社、一九九三）「清正と法華経信仰……武田鏡村・キリシタン弾圧と寺院建立」から抜粋

（一六三五）までに、約九十一隻が東南アジアの国々に向かっている。

海外からは、キリシタンにとって、イエズス会に協力的な交易船である明のジャンク船などが日本に来航した。

では、この頃の日本からの密出国や密入国はどのようにして行われたのか。

ポルトガルの交易船が、キリシタン侍を乗せて来たり、また日本のキリシタンを乗せてマカオに向かったことが考えられる。

後にキリシタン弾圧が激しくなった時でも、ポルトガルの宣教師が積荷のなかに隠れて密入国するのに、幕府は手を焼いているからである。

この外国船に乗るのは、出島や長崎の港から小舟に乗って外洋に出て、そこで外国に向かう船を待ち構えて乗る「飛び乗り」と言う方法と、長崎の港の船の出入りを監視する船番の役人に賄賂を贈って積荷に隠れて出国する方法などがある。

この交易船は、ポルトガル船だけではなく、中国からの交易船であるジャンク船も密出国に使用されたと思われる。

また秀吉は、文禄二年頃から、イスパニア（スペイン）の船がマニラのルソンから日本の港へ交易のために入港することを許可していた。

慶長の時代に入ってから江戸幕府の政権下に来航した船は、ポルトガル、イスパニア、オランダ、イギリス、中国などの各国からやって来た。

徳川幕府が初めて朱印状を交付したのは、慶長九年（一六〇四）の安南国宛てのもので、茨木屋又左衛門の母に下付された。

この年には、二九隻が東南アジアに向かっているが、キリシタン侍が向かったと見られるポルトガル人町がある国へは、ルソン四隻、シャム四隻、カンボジア五隻、安南四隻などである。

これらの交易船のいずれかに乗って、キリシタン侍は日本を密出国し、東南アジアの日本人町へ分散して逃れていったと考えられる。

慶長十四年（一六〇九）正月、清正は、シャム（タイ）及びコウチ（ベトナム）と貿易する朱印状を受ける。

そして、翌年の慶長十六年（一六一〇）八月、シャム国王に対して交易の書状を発した。

同年、シャムでは、アユチヤの家督騒動に捲き込まれ、二〇八名の日本人が、一時、王宮に立てこもり、この争乱がシャム軍によって一掃されると、その内の何十名かは近郊のペッチャブリーに逃走したという記録が残されている。

この事件について調べてみると、この時期の日本人町の頭領は「オークプラ・純廣」である。

彼は日本にいる因幡候（鳥取県東部）、亀井茲矩《これのり》と私的な貿易を行っていた。

キリシタン侍は、この時の反乱に加わっていたとも考えられるのだ。

この争いの原因は、恩を受けた日本人侍の司令官であったシャム人の処刑に抗議した結果であるが、侍の集団のなかでも、キリシタン侍は孤立していたのではないか。

日本人町におけるキリシタンの布教は許されていたものの、主流を占める日本人義勇軍のほとんどの人が、日本との交易に携わり江戸幕府に追従していたので、キリシタンの信仰が貿易の邪魔になるとして、日本人の町のなかでも彼らは差別されていたのである。

一六一一年(慶長十一)アユタヤの日本人町のキリスト教徒たちが反乱を企てたと言うことが、アユタヤの王朝記に記録されている。だが、その騒乱の原因については何も触れてはいない。

慶長十七年(一六一二)、キリシタン信徒であった岡本大八が起こした事件が原因で、キリシタン大名である有馬晴信が領地を没収され、切腹を命じられるが、有馬家には、晴信に召抱えられていた小西家の遺臣である結城弥平次がいた。

ちなみに、慶長十七年(一六一二)頃には、山田長政が、駿府の豪商である滝左右衛門、太田治右衛門らが仕立てた船に乗り込み、長崎から密出国し、台湾経由でシャムに渡海している。

そして慶長十九年(一六一四)、幕府は切支丹追放令により、ペトロ岐部を含む宣教師、及び切支丹大名のジュスト右近(高山右近)、ドン・ジョアン(内藤如安)、トマス内藤好次等、一四八名をルソン、マカオに追放する。

その内の約一〇〇名を乗せた二隻のジャンク船がマカオへ、残りの四八名を乗せた和船でルソンに流された。

流されたのは、右近の妻子と友人でもあった内藤如安、その息子、その妹で、日本で初の女子修道会であるベアタス会の創始者であるジュリアや天正遣欧使節の一人である原マルチノらがいた。内藤如安の息子は一旦棄教し日本に戻っていたが、後日、またルソンに戻ってきて父の介護に当たったという。

これらの主だった人々の他にも数多くのキリシタン侍が彼らにつき従ったのである。

またこの頃、カンボジアのプノンペンにも、小西行長の家臣であった者が数名いたということが伝わっている。

一六一五年(慶長二十年)、高山右近はマニラで病没する。

元亀元年(一六一五)、大阪夏の陣にて秀頼と淀君は大阪城で自害し、ついに豊臣家は滅亡する。

一六二七年(寛永四年)、内藤如安はマニラで没した。その遺体は右近の墓の隣に葬られたという。

秀吉に見出され、小西行長に仕えた如安は、また小西行長の領土であった「宇土」とも関係が深かった。

この内藤如安も、イエズス会の日本における布教の要となっていた人物である。

如安は、我国のキリスト教の発展に身を捧げてきた。この人物も、キリスト教苦難の時代に信仰を貫いたことを再評価しなければならない。

同年マラッカから、ポルトガル人の教父であるジュリオ・マルジコがアユタヤに到着し、アユタヤのポルトガル人町に教会を建立した。

彼はその教会で、日本人キリスト教徒たち、四〇〇名と若干のポルトガル商人らに秘蹟(サクラメント)を授けた。

なぜ、シャムや東南アジアの国々に逃れたキリスト教徒を追いかけているのか。

それは、彼らがポルトガルのガレー船に乗ってアラカンにやってきたと言っているからである。

また、マニラのルソン、ベトナムのフェフォ、カンボジアのピニャールなどのポルトガル人町や隣接する日本人町に教会が造られていたので、これらの東南アジアの各地から、キリシタン侍が分散してアラカンに逃れてきたとも考えられる。

当時の普通の帆船では遠洋航海はできない。ポルトガル船かオランダ船、中国のジャンク船などでなければ、遠くのアラカン国までは辿りつけなかったのである。

しかもこの時代、これらの船の半数が、途中で海賊の襲撃を受けたり、暴雨風にあったり、過酷な船内での作業による病気で、目的地に着けなかった。

要するに、シャムからも遠く離れたアラカン国には、ガレー船（奴隷船）などがなければ到達が不可能だったと思われるのだ。

侍は二本差しをしていて衣服も立派だったと書かれている。

従って、ガレー船と言っても奴隷としての扱いは受けていなかったのではないか。

またこの時代には、通商や交易でインドのゴアまで定期航路を持っていたのは、ポルトガルだけだった。

イエズス会との繋がりで、ポルトガルの人たちの協力があったこそ、キリシタン侍は、アラカンのミャウーまでようやく到達できたのである。

最後に、小西一族で、外国で死亡したり、行方がわからなくなっている人物を紹介する。

小西行長には日比屋了荷の子、弥右衛門に嫁いだ一女がいるが、小西家没落後の行方は不明である。弥右衛門はマカオに流され客死した。

洗礼名をジュスタという小西行長の妻は、徳川家康に助命されたとも言われているが、その後の消息は不明である。

小西行長の兄で、堺の奉行を勤めたことのある小西如清については、宣教師のカルバリヨが、いずれ捕らえられ死刑にされると述べているが、その後の消息は皆目わかっていない。

また、有馬晴信が岡本大八事件で失脚した後、結城弥平次も行方がわからない。


大阪冬の陣、夏の陣で豊臣家が滅亡した後、全国に散ったキリシタン侍は、その内の何人が外国に逃亡したのかはわからない。

ただその頃に、シャムのアユチヤでは、急激に日本人の数が増えたのは確かである。

だがアジアの地に逃れたキリスト教徒たちも、仏教を信奉する国王や仏教徒たちから迫害を受ける困難が待ち受けていた。

アユチヤも、キリシタン侍にとっては安住の地ではなかった。

そこからまた、信仰の自由を求めて異国へ旅立っていったのである。

これらの理由により、行方不明者も含めて海外逃避したと思われるキリシタン侍のうち、アラカン国へ到着したキリシタン侍は、記録から追跡すると、シャムから逃れた小西行長の残党ではないかと推測したのである。

小西行長は、現代の我々にとっても、より人間臭くて親しみが持てる。

私も取材のために、日曜日の小田原カトリック教会のミサにたびたび出たことがあるが、そこで感銘を受けたのは、ミサの最後に全員が自分の席の周りの人たちに頭を下げて、深く愛する姿勢を取ることだった。イエズス会のインド副王使節として天正少年使節を連れて日本に戻ってきたヴァリニャーノから、人を愛するというキリストの教を深く諭された行長が、朝鮮の民間人や明軍の沈に騙されてもなおも和議を模索したこと、また、秀吉を欺いたと言われている明国との講和の改竄された条件などの出来事に、彼の平和にかけた執念を感じるのである。

敢然とキリスト教の教えを守った高山右近と同じく、最後まで信仰を全うしたのだ。西洋の文化、とりわけ兵器などに眼を向けた「エセキリシタン」の多かった時代に、右近を除いてイエズス会にこれほど協力した大名はいなかった。

歴史上における評価は低いが、真のキリシタン大名であった小西行長は、今こそ見直されるべきである。

また、当時の日本を統括していたイエズス会は、キリシタン大名の領民である一般のキリスト教徒とイエズス会会員になるキリスト教徒を厳しく選別していて、あの天正遣欧使節の四人の随員たちも、イエズス会の会員となったのは、欧州から帰国した後の天正十九年（一五九一）のことである。

従って、ミャウーのキリスト教徒がイエズス会会員であったと言っているのは、彼らが筋金入りのキリスト教徒であったと考えられるのだ。

しかもミャウーには、既にポルトガル人のカトリック教徒がいたにも関わらず、マンリケを通じて日本人が強く教会の建設を国王に願い受け入れられたのは彼らの信仰心が優っていたのだろう。

教会の建設から、三年あまりで彼らは消息を断つが、わずかの時間でも自分たちの信念を貫き通し、日本から脱出した後、転々として、遠く離れた異国の地でキリスト教を自由に信仰できたことは幸福な生涯であったと思われる。

ミャンマーでは無常にも彼らのキリスト教団実現の夢ははかなく消え去ったがイエズス会の崇高な教義の精神は、日本において現在まで連綿と引き継がれている。

江戸時代にイエズス会はライ病患者など、病に冒されて見捨てられていた人々の救済のために、四谷鮫ヶ橋（新宿区若葉町）に療養所を設け、会から派遣された医師の資格を持った宣教師らが診療にあたった。

この地区は江戸の中心地から外れていて貧民が多く住む荒れた土地だった。

診療所は幕府のキリシタン弾圧によって潰されたが、イエズス会は明治になってこの付近の土地を購入した。

貧しい人々がひっそりと住む希望のない土地だからこそ、イエズス会はこの地区で、日本におけるキリスト教の布教を再開したのである。

大正二年（一九一三）、カトリック修道会であるイエズス会はこの土地に現在の「上智大学」を設立した。

「日本のミヤコに大学を……」

「世界をつなぐひとになれ……」

ザビエルは教会で日本人の信徒に向かって、こう語りかけたという。

来日後、日本人の知性や好奇心に深い感動を受けた彼は、日本での大学創設に大きな希望を抱いた。

ザビエルの夢は現代に引き継がれ、上智大学は、二〇一三年に創立一〇〇周年を迎えた。

その一角に聖イグナチオ教会がある。

毎週日曜日には大聖堂でミサが行われ、在日フィリピン人やインドネシア人のカトリック教徒が多く集まる。

ミサが終わる頃には庭内に屋台が並んで、ランチタイムを楽しむ人たちの情報交換や憩いの場となっている。

なお、取材中にわかったことがあるので追記する。

小西行長の末裔

小田原の「小西薬局」

この話は、平成二十四年二月中旬に、箱根の温泉旅館で行われたある新年会の席で持ちあがった。

宴たけなわの席上で自己紹介が始まり、私が小西行長について書いている話をすると、会場の二、三の女性から、

「小田原に小西行長の末裔が住んでいるわよ」

「確か、お祖母さんはキリスト教徒だったはず……」

「お店は小田原では有名な漢方の老舗なの」

という声がいっせいにあがった。

私は飛び上がるほど驚いてしまった。

なぜなら、各地にある小西行長の関係先から資料を集めていたのだが、そこには小西行長の末裔に関しての記事は全くなかったのである。

特に、小西行長の銅像が建っている熊本県の「宇土市」は、小西行長の研究が盛んな土地で、市の後援を含め、何回も「小西行長のシンポジウム」を開催している。

全国の小西行長研究者やファンを集めて討論を重ねたこれらの内容を記録した本も出版されている。

また、「宇土市の歴史研究書」の小西関係の本もかなりの数が出ている。

このなかでは、「小西行長の家系図」などが載っていて、小西行長の処刑後の家族の消息についても詳細に書かれている。

だが、小西行長の末裔がいるという話はどこにもなかったと記憶していたのである。

しかも、私の住んでる膝元での小田原で……。

小西一族は熱心なキリスト教徒だったし、出身の堺では「漢方の薬草」を扱う大店だったから、この話は全くの見当違いだということはないだろう。

私は胸の高鳴りを抑えて「小西薬局の場所」を問いただした。

その場所は私がお城に向かうために国道一号線を通るたびに、ガラス越しに覗いていた店だったのだ。

「おや、小田原市が後押しをしている〈町角博物館〉の旗もかかっているぞ」

店の前に置かれている台には、小田原市の観光コースのパンフレットも置いてあり、そこには「薬博物館」(Medicine Museum)と書かれている。

「ずいぶん、古そうな漢方の店だな」

二月の末、オーバーの襟をたてた私はアポもとらずに小西薬局の前に立った。

小田原市教育委員会文化財課の作成した資料によると、この店は次のように記されている。

「国登録有形文化財
　済生堂薬局
　小西本店」

「小西薬局は、江戸時代初期より東海道に面する現在地(旧中宿町)にあって、薬種商を営んできた老舗です。

江戸時代には、代々木小田原宿の問屋役を勤め、また、名主・町年寄りとなっていました。

店舗は、瓦葺寄棟造りの主屋の前面に銅板葺の下屋を付した端正な外観と、中央に間口四間、奥行三間の広々とした天井の造りで、その両側と背面に薬種を展示し、それらを収納する硝子戸と抽出の付いた、丈の高い珍しい陳列家具を造り付けた室内の意匠に特徴があります。

建設年代は大正十四年頃で、関東大震災で倒壊した旧店舗の材料を一部用いて建てられたと伝えられています。

現在の店舗は立ちが高く、軒出も大きく、柱など主要な部分に欅材を用いており、重厚な造りであった旧店舗の風格を継承しているものと思われます。

また、小西家には明治時代と関東大震災以前の店舗を写した写真が残っています。

前者は、明治十七年に二階建の蔵を建てた頃のもので、小田原葺・前土間式の店舗を写しています。後者は、出桁造の主屋を全面に瓦葺の下屋を付けた重厚な店舗を写しています。

これらは、明治から大正期の小田原における東海道筋の町家の推移を窺う貴重な資料として残っています」

出桁の下の硝子戸を引いてなかに入ると、カウンターのような台が置かれ、その先はまたガラス戸で閉められている。

店内にはハーブのような薬草の香りが漂っている。

大声を出すと、奥から六十代くらいの眼がねをかけた男性が現れた。

私は自己紹介をして怪しい者ではないことを告げ、ぶしつけに尋ねた。

「市内に住んでいる人たちから、このお店は、小西行長さんの末裔の方が経営していると聞いてやって来たのですが……本当ですか」

「ここには、いろんな人が小西行長の子孫と聞きつけて来るのですが、正直言って迷惑しているんですよ」

「え、なぜなんですか。それは違うからなんですか」

「いや、本当です。私の家系は小西行長の弟の家系なのです」

「それなら、何も困ることはないじゃないですか」

「それが、火事や大震災で家の家系図や資料を失くしてしまったので、はっきり言えないのです」

「そんなことは、ありません。先祖代々密かに伝えられきたことだってあるのですから……」

「だけど、前に来た人は、小西行長には弟がいなかったと言うんです」

「それも違います。行長が処刑された時に、九州の宇土では、〈小西隼人〉という弟が城を守って頑張っていたんですよ」

「それにある人は、小西行長は処刑されていない、八丈島に流されたなんて言うのです。私も頭がこんがらかって、表立っては小西行長の子孫だなんて言いたくないんです」

「でも、先祖から今日まで連綿と伝えられているのでしょう」

「小西が小田原に来たのは、寛永十年（一六三三）年です。お店の隅にそのプレートが貼ってあります」

「どこから小田原に来たんですか」

「もちろん、堺からですよ。高野山で禊をしてから、寛永十年に小田原に来たのです」

「なるほど。だんだんと、わかってきましたね。その頃の江戸は第三代将軍家光（一六〇四〜一六五一）の時代で、その乳母である春日局《かすがのつぼね》（一五七九〜一六四三）の子の稲葉正勝が小田原藩の城主です。

ところで、この店は老舗と言われているんですが、あなたで何代目なんですか」

「申し遅れましたが、私は小西正樹と言って、六十七歳です。ここに初めてやってきたのは二代目で、小西次郎左衛門です。私はそれから数えて十五代目になります。代々、ずっと次郎左衛門を名乗ってきました」

「随分長い歴史があるんですね」

「あなた、何を言っているんですか。前にあるういろうさんなんか、六〇〇年の間に五十代も続いているんですよ」

「あ、そうだ、確か……、おばあちゃんがキリスト教徒だったと聞いているんですが」

「私の家は代々浄土宗です。でも、亡くなった祖母は確かにキリスト教徒でした」

「徳川時代に、キリシタンの弾圧がひどくなったので、皆、棄教するか、宗派を変えてこっそりと信仰するしかなかったようですね。

この頃には、村ごとに『宗門改め』が頻繁に行われ、村民は仏教のどこかの宗派に属していないと当社役人から即座にキリシタンだと見なされたんです」

「そうですか。でも、たび重なる地震や津波、火事などで、裏付ける古文書などを失ってしまいました。何も資料がなくて、これだけのことでも……、いいのですか」

「全国には、たくさんの小西行長のファンがいるんです。あなたのことが書いてある本が出れば、きっと亡き行長も喜んでくれると思います。ぜひ、ご協力をお願いいたします」

「わかりました。これだけのことを書くのであれば載せても結構です」

ご主人さんは、控えめな人だが、穏やかな表情や実直な話しぶりから、小西家のゆかりのあることを誇りに思って、江戸時代から漢方の商いで懸命に生きてきたことがじっくりと伝わってきた。


現在までのところ、歴史的に見て行長の直系の系統は断たれたと伝わっている。

小西行長の家系図を見ると、行長は、慶長五年（一六〇〇）十月一日、京都の六条河原で処刑されている。

行長の兄で、一時、堺の奉行をしていた小西如清の消息は不明である。

その後、幕府により捕らえられたとか処刑された記録がないので、いわば忽然と世間から姿を消したようだ。

この人は、堺の小西家の漢方業を取り仕切っていたから、如清が小西家の当主を名乗っていたのかもしれない。

三男の小西隼人は、慶長五年、十月十五日頃まで宇土城を死守していたが、兄の死を知り、加藤清正に降伏して熊本城で切腹している。隼人の年齢はわかっていないが、行長が四十歳で亡くなっているので、死亡時は三十歳前後だったと考えられる。

問題は、堺から小田原に向かったのは、行長の弟の誰かということであるが、家系図を見ると、隼人の下に二人の弟がいる。

一人は与七郎で、その下に主殿介（ペドロ）がいて、この両名の年齢や消息もわかっていない。

この二人のうちで、洗礼名がないのが「与七郎」である。

なぜ、洗礼名にこだわるのか。

二代目の小西次郎左衛門が堺を出た後、高野山に入山して禊をしていたことなどから考えてみる。

どのくらい、高野山にいたのかはわからないが、反逆罪で処刑された行長の罪を許してもらうために、白装束を纏い、滝に打たれ、ひたすら水を浴び、身を清め祈っていたと思われるのだ。当然に、堺の小西家は断絶となっていたはずで、洗礼名を持たなかった与七郎の血筋が生き残った可能性がある。なお高野山の奥深い山麓にある九度山の修験堂に真田昌幸・幸村父子が慶長五年（一六〇〇）、関ヶ原の戦いの後、家康から蟄居させられている。

そして、小西次郎左衛門が小田原にやって来たのは決して偶然ではない。

春日の局の子、稲葉正勝は、寛永九年（一六三二）に小田原城主となったが、すぐに石垣を供えた大規模な縄張り（城の設計、改築など）を行った。

これは、徳川の重臣であるからこそできたのである。

当時は、幕府の隠密などが諸国を廻り、勝手に城の縄張りをした大名は、幕府に反逆する藩として改易の対象となっていた。

江戸を守る東海道の玄関口である幕府の息のかかった小田原に、キリスト教徒であった小西を名乗る者が来て商売をすることなどは常識的にはとても考えられない。

しかも、小田原宿の箱根口にあたる、今で言えばメインストリートの目抜き通り（東海道沿い）に、寛永十年（一六三三）の吉日、店を開いたのである。

現在の小西薬局の斜め向かいには、お菓子のういろうがある。外郎《ういろう》家は、五代目藤右衛門定治の時に、北条早雲に招かれて京都から小田原に移ってきた。六〇〇年余りも続いていて、現在は第二十四代外郎藤右衛門康祐さん一家が製造本舗ういろうの経営にあたっている。

このような名家が集まる当時の小田原藩にやってこれたのは、次郎左衛門が禊をしている間に、残された親族などが幕府の権勢を誇る春日の局などに働きかけて、キリスト教とは一切の関わりがないことを誓うことで、稲葉正勝から小田原藩が注視ができる場所を与えられたと思うのである。

これらのことから、小西薬局の一族は本家から分かれた分家であり、小西行長の弟の血筋であることは、ほぼ間違いないと思われるのだ。

小西一族の家系図から、小田原の小西家の先祖を検証する。

小西氏家系図

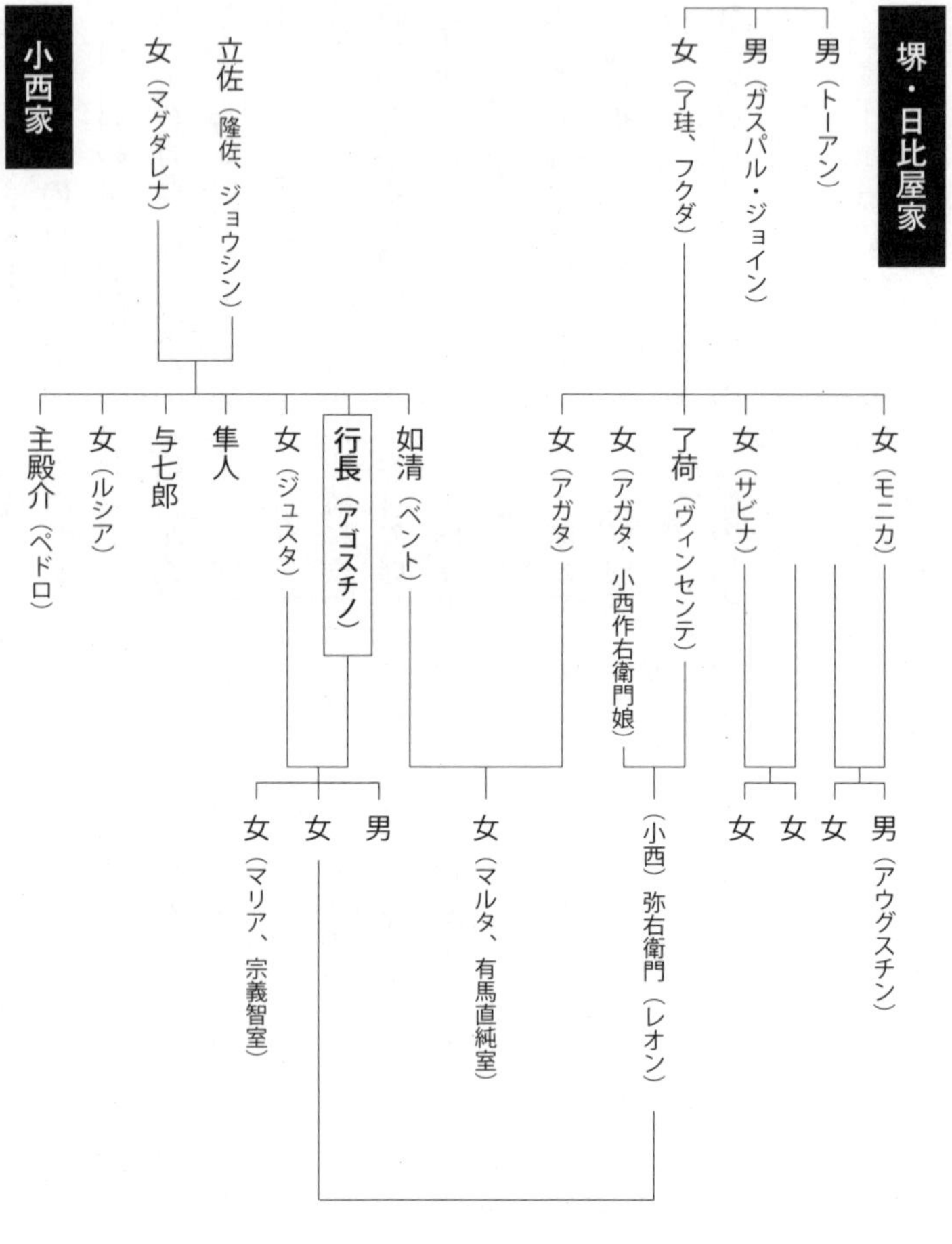

※『新宇土市史』通史編第２巻をもとに作成

小西家取り潰し、最後の状況

慶長五年（一六〇〇）九月十五日に「関が原の戦い」が始まり、西軍が総崩れとなって行長が敗走して捕らえられたのが九月十九日と言われている。

そして行長は、九月二十九日に捕縛された石田三成、安国寺恵瓊らと共に大阪および堺の町を引き廻された。そして、十月一日に京都六条河原で処刑され、その首は京都三条大橋にさらされた。その遺骸はイエズス会の教会に引き取られたと言う（享年四十二）。

その頃、九州の肥後では、清正が九月十七日に小西領に侵攻した。宇土城には行長の弟である「小西隼人」と八代城には城代として「小西末郷」（美作右衛門）がいた。激戦を展開し小西軍はよく戦ったが、行長の処刑が伝わると、十月十五日前後に降伏して開城した。

清正は開城の条件として、城代の隼人を切腹させ、残る家臣は助命を許したと伝わっている。

最後の状況がよくわかる資料がある。

「行長一族はどうなったのでしょうか。

司祭バレンチーノ・カルバリヨがイエズス会総会長に宛てた一六〇一年、慶長六年一月二十三日付の関係資料によりますと、行長の十二歳になる嫡男は毛利家に預けられていましたが、大阪に送られ、毛利輝元の命で斬首されました。その首は家康のもとに送られております。

対馬の宗義智に嫁していた一女、教会側史料ではマリアという洗礼名の女性は義智から離縁され、長崎に送られ、のち、慶長十年、一六〇五年、同地で亡くなっています。

行長にはもう一人日比屋了荷の子、小西弥右衛門に嫁した一女がいますが、弥右衛門はマカオに追放され、客死しています。

行長の直系の血統はここに断たれたといえます。

教会側史料で洗礼名ジュスタという行長の妻は、親類ともども捜索され、家康は彼女らを助命したともいわれています。ただ、行長の妻のその後の消息は不明です。行長の兄で一時堺の奉行であった小西如清について、カルバリヨは、捕らえられて死刑に処せられるであろうと述べています[*1]」


では、小田原の小西正樹さんらは、小西一族の誰の子孫なのだろうか。

上記の史料では、小西一族は家康から皆殺しにされていない。

だが、小西家が取り潰された後、その親族は行方不明であると言う。

正樹さんが先祖から伝えられてきたのは、小西行長の弟の系統であるということだった。

弟として考えられるのは、与七朗と主殿介（ペドロ）の両名がいるが両者共行方はわかっていない。

そして、正樹さんの宗派は浄土宗であると言う。

幕府のキリシタン弾圧に対しては、棄教をして、宗派を変えて生きのびるしか選択の余地はなかったと思われるのだ。

なお、日本におけるキリスト教の奇蹟と言われる「信徒発見」について、今から一五〇年前の一八六五年（元治二年二月十三日）、浦上天主堂で祈っていた神父のプティジャンは、おずおずと入ってきた十数名の人たちを見て、すぐに扉を閉めた。

明らかに、近所の見物人とは違っていて、その身なりはかなり貧しそうだった。

そのなかの四、五十年配の女性が神父のそばに来て囁いた。

「私どもは、神父様と同じ心を持ったキリスト教徒です」

二五〇年間も消息を絶っていた「カトリックの信徒発見」のニュースがローマのカトリック本部に報告された。

ミャンマーまで落ち延びていったキリシタン侍と日本国がどこにあるかもわからないマンリケの出逢いの場面を想像した。

小西家が漢方の薬種業として小田原に来たのは寛永十年（一六三三）であるので、生き残った

＊1　『シリーズ再検証・小西行長』講演会③　吉村豊雄「小西行長と関が原合戦・加藤清正の宇土城攻め・小西家の行く末」から抜粋

弟か、その親族が薬種店を堺のどこかで密かに開いていたのではないか。

小田原に来たのは二代目からだと伝わっているからだ。

いずれにしても、小西行長の家族や親族が皆殺しにはされていないので、その子孫がまだ、「信徒発見」同様、日本のどこかにいる可能性は否定できないのである。

天草島原一揆の山田右衛門

『オランダ商館の日記』によると、一揆の結末は次の通りである。

一六三八年五月（寛永十五年三月、四月）・五月二日（三月十九日）、内蔵助殿[*1]、三左衛門殿[*2]は、召使のいる前で語った。

「有馬から次の知らせと報告が来た。城中には老若三万五千人がいたが、このなか一万七千人の首を刎ね、その他は大体焼死し、捕虜になった者は一人しかいなかった。

この一人は、有馬に住む画家で、聖人、聖女の絵を模写して生計を立てていた。

彼等の隊長は、十七、八歳の無名の人で、その首は見つからなかった。

肥後の領主[*3]の兵士が彼等の領主に届け、行方不明となったものと思われる[*4]」

長政の血を引くギマー夫人（アユタヤのマドンナ）の項目に登場する
山田右衛門について（『ミャンマーの侍　山田長政』より）

「ロップリーにある教会の堂内に風景を書いた、山田右衛門のことであるが、彼は天草の乱の敗戦後、ただ、一人帆領となり、訊問の結果、彼は天草で人物画やキリストの姿を描いていた油絵師と分かった。

　本人がすすんで棄教したのと、幕府の老中らに事件の顛末を伝える生き証人として、その身柄は江戸に送られた。

　その後彼は、長崎で奉行のキリシタン狩りに協力していたが、突然消息を絶ったと言う」

その後、この人物はギマー夫人に招かれているが、シャムのロップリーにいたのである。

寛永十四年（一六三七）、「天草、島原の一揆（乱）」の頭領は「天草四朗」［ジェロニモ（一六二一

＊1　平戸侯（松浦肥前守隆信）の江戸邸及び江戸係りの第一奉行
＊2　平戸侯の妹の息子
＊3　加藤肥後守忠広
＊4　『平戸オランダ商館の日記　第二輯　一六三一五月～一六三三年一月』ニコラス・クーケバッケル著、永積洋子訳（岩波書店、一九八〇年）

～一六三八〕であるが、彼の本名は「益田四郎時貞」である。

父は益田甚兵衛《ますだじんのひょうえ》と言って小西行長の家臣であったが、小西家没落の後は江部村（熊本県宇土市飛田町江部）に引きこもり農業をしていた。

一揆のために集まったのは、島原藩と唐津藩の飛地で肥後天草の農民たちであった。息子の四郎が決起すると、小西家、有馬家の牢人たちも参集して原城に立てこもり、甲冑に身を固め、前線部隊の指揮官として幕府軍十二万とよく戦ったという。

山田右衛門は『山田右衛門作《やまだよもさく》』のことで、一揆軍の副将だったが幕府側に寝返って天草四郎の暗殺を目論んだが、そのやり取りの矢文が解読されて牢内に幽閉されていた。従って、原城陥落の時、天草四郎の軍の三万七千人は全て殲滅され、首と胴体を切断され焼き殺されたが、この右衛門作だけはどうにか助かったのである。


慶長五年、堺の小西薬種問屋にいた「おたあジュリア」

小西行長に関係する人物で流罪（島流し）になったキリスト教徒は、「おたあジュリア」（生没不明）である。

秀吉が朝鮮に出兵した文禄・慶長の役の文禄二年（一五九三）、行長軍は各地で朝鮮軍を撃破した後、五月二日に無人の漢城《ハンソン》に入城し、さらに北に向かって進撃を続けた。その戦闘の際に、平壌《ピョンヤン》付近で逃げ遅れ取り残された多くの住民を捕虜とした。

そのなかに両親を亡くした李氏王朝の両斑《ヤンパン》の幼女がいたという。

この娘は日本人の間で「おたあ」という名前で呼ばれた。

当時の朝鮮の官僚機構は、東斑《トンパン》（文官）と西斑《ソパン》（武官）からなり、これらは「両斑」と総称され、名門の官僚を輩出した家の出で、選抜されて朝鮮の「科挙」の試験に合格した後、彼らは「名門士族」として朝廷に仕えていた。

日本軍の武将たちは、軍需物資を運んできた船に、兵士、陶工の職人や僧侶、おたあを含む女子などの朝鮮人捕虜を乗せて強制的に日本へ連行した。

その数は数万人とも言われ、長崎には奴隷市場もでき[*1]、ポルトガル商人らによって海外に運ば

＊1　「奴隷市場」では、日本人も売買されたが、天文八年（一五三九）、豊臣秀吉が日本人の奴隷の売買を禁止した。だが安土桃山時代末の一五九七年に日本人が「奴隷」としてメキシコに渡っていたことが判明した。メキシコ国立文書館に残る「異端審問記録」から、東大資料編纂所の岡美穂子助教授が地元の大学教授との共同研究で発見し確認した。
『奴隷記録に残されていた日本人奴隷は〝ガスパール・フェルナンデス〟〝ミゲル〟〝ベントゥーラ〟の三人の名前が後に、ハポン〝日本〟と明記されているか、いずれも日本名の記載はなかった。ガスパールは豊後（大分県）生まれで八歳だった。一五八五年、ポルトガルの商人ペレスに長崎で奴隷として売られた。……』（読売新聞、二〇一三年五月十三日夕刊）

れ売買された。

なかには解放された者もいたが、イエズス会士たちは朝鮮人のために日本語を教え、キリスト教の教義を説いていたという。

日本に到着後、朝鮮の言葉しか喋れず、悲しみにくれていたおたあを行長は不憫に思い、その子を引き取り養女のように育てた。彼女は行長の妻である「ジュスタ」に重用され、家財を投げうって貧しい人々に布施をしたり、医療を施したりする小西一家の誠実な伝導の姿に感銘を受け、キリスト教徒になり、「宇土」で洗礼を受けた。

洗礼名を「ジュリア」と言った。

おたあは、恩を受けた行長の生家である和泉國の堺にある小西薬種問屋でしばらく働いていたという。

その後、関が原で徳川家康との戦いに敗れた行長は、捕縛され、慶長五年（一六〇〇）の十月、京都で斬首された。

この時期、おたあが堺にいたということは、小西家がこの戦いの後すぐには取り潰されずに、しばらくの間、当地で薬種業を営んでいたことになる。

やがて、おたあの比類なき美しさと書画に通じる教養の高さはあまねく天下に知れわたり、その噂を聞きつけた家康の「大奥入り」へのしつこい要望により、やがて彼女は引き取られ、「奥方ノ御物任」として、家康の居城である駿府で将軍の側室に仕えた。

家康は何度もおたあに、「キリスト教を棄教して、自分の側室になれ」と強引に迫ったと伝わっている。

だが、真からキリスト教徒である彼女は、その要請をきっぱりと拒み、逆に城下で宣教師と隠れて接触していたようだ。


当時のおたあの近況をイエズス会に報告した修道士の手紙が残されている。

その内容は次の通りである。

「彼女はまだ若い盛りにあり、大変な美貌の持ち主であるが、家康の手にかかって自分の霊魂を汚すなら自ら命を捨てる覚悟はできていると言っている」

しかも、大奥の女官のなかには、彼女の熱心な伝道に導かれてキリスト教徒になる者が続出したと言われている。

徳川幕府では、慶長十年(一六〇五)、家康の三男である秀忠が二代将軍になっている。

慶長十六年(一六一一)頃、禁教の圧力が一段と強くなるとおたあは捕らえられ、駿府城下の牢に投獄された。

慶長十七年(一六一二)、キリスト教を最後まで棄てなかったおたあらは、流罪を命じられた。

この年、幕府は「天主教」を禁じる「禁教令」を発布し、キリシタン大名の有馬晴信は切腹を命ぜられ、その他の信者も多くが刑罰を受け、キリスト教徒に対する弾圧は激しさを増した。

おたあ、クララ、ルチアは、「伊豆大島」に流罪を言い渡され、次に新島に流罪を命じられた。三人は別々に流されたが、新島では駿府時代の侍女たちと再会したと言われている。

一六一三年（慶長十八）一月十二日付のマチウス・コーロス神父のローマ・イエズス会本部宛の書簡（日本発信）によると次の通り。

「殿中の女性たちのなかにも何人かのキリシタンがいて、ジュリア、リチア、クラフの三人は、そのなかでも特別な存在である」

家康はこの三人にキリスト教の棄教を迫ったが強く拒否されたために彼女らを投獄した。棄教をさせるために、わざわざ江戸や京都から高貴な婦人たちが派遣されてきて説得にあたらせたところ、彼女らは、『キリストの教を捨てるよりは、いかなる拷問をしのぐ覚悟をしている』と答えたので、家康の激しい怒りをかったことが書かれている。

おたあはとうとう、江戸からかなり遠い「神津島」に流された。

神津島で彼女は村人に読み書きを教え、薬の知識を生かして病人の治療にあたり、多くの村民を助けたと島に伝わっている。

しかも現地では、この島で死亡したと伝わっており、墓と言われるものまで存在した。

だが、おたあは、元和五年（一六一九）頃には神津島を離れている。

流人のほとんどの人は帰還できずに島で亡くなっているのに、本土から遥か遠いこの島からなぜおたあは帰れたのか。

この間に注目すべき一大事が駿府で起こっている。

絶対的な権力者であった初代将軍であった家康が、元和二年（一六一六）四月十七日に駿府城で域を引きとる。享年七十五であった。

家康は、慶長十年（一六〇五）に将軍職を子の家忠に譲って駿府に移り、大御所となっていた。

事の真相は定かでないが、おたあに対して幕府の正式な赦免状が下付された記録が見あたらないので、島番が遠くにいる役人に彼女が急に死亡したと告知した後、信者や島民の援けによって、小舟で闇にまぎれて「島抜け」したか、幕府の権力者から内密に帰島を許されたのかはまったくわからない。

一六二二年（元和八）二月五日付のフランシスコ・バチェコ神父のローマ・イエズス会本部宛の書簡（日本発信）によると、次のように書かれていた。

「コウライジン（coraizin）のオタアジュリアは大阪にいて、密かに私の経済的な援助を受けていたが今は長崎にいる」

「島帰り」か「島抜け」の者が捕縛もされずに長崎や大阪などの日本の主要都市を自由に移動し

ていたのだ。

キリスト教の迫害が日を追って増していた時で、捕縛されて拷問を受けた後、斬首された多くのキリシタン信徒がいただけに、この彼女の大胆な行動には不思議な印象を受ける。

大奥などのなかからジュリアを慕う者が彼女に何らかの援助や保証をしていたことも一概には否定できない。

おたあジュリアは、その後、捕縛されたり処刑されたという記録はない。

ちなみに、現在のローマ教皇は、アルゼンチン出身のフランシスコⅠ世（Francesco／在位二〇一三年～）で、史上初の南アメリカ出身者だが、この人はイエズス会出身者である。

それにしても、キリスト教徒の弾圧が厳しい長崎におたあはなぜ行ったのか。

イエズス会の教会の資料では、小西一族は親類ともども全国で捜索されたが、行長の妻である「ジュスタ」の消息は、依然不明であると書かれている。

ジュスタもまた、信徒や宣教師の援助を秘かに受けていたのではないだろうか。

ジュリアはジュスタを追って、隠れキリシタンが多くいた長崎に潜伏したとも考えられるのだ。

その後、おたあは大阪に舞い戻り、貧しいキリシタンの面倒をみていたが、元和九年（一六二三）を最後に消息が途絶えたと伝わっている。

多くの殉教者や棄教者があふれでたキリシタン弾圧の時代に、最後まで教えを守ったおたあをめぐる奇跡のような信仰のドラマが日本で生まれたのである。

昭和三十三年（一九五八）、在日韓国人カトリック教徒らが神津島の丘の上に大きな十字架を建てた。

この地は「マリア展望台」と呼ばれ、「おたあジュリア」の碑となっている。

昭和四十五年（一九七〇）、全国に「ジュリア顕彰会」が組織された。

毎年、五月の第三日曜日に開催される「ジュリア祭り」には、韓国から大勢のカトリック教徒が来島し、この碑を訪れている。

「おたあジュリアは、日本に連行され、強要する将軍家康の愛人にもならず、朝鮮人女性の純潔を守り、迫害を恐れずキリスト教徒として生涯を送った『聖女』として、朝鮮の人たちから今でも尊敬されているからである」

なお、村内の交番と郵便局の間に「流人墓地」がある。そのなかに「ジュリアの墓」（宝塔）が在り、ジュリアはこの地で亡くなったと伝わっている。

女性が体の悪いところを手でさすり、その手で「宝塔様」に触れると、痛みがやわらぐと昔から言われている。

この流人墓地は今でも献花が絶えず、塔の周りはいつもきれいに清掃されていて、密かに訪れて墓の前で涙する「ジュリアファン」が後を断たない。

駿府城にいた頃におたあが作らせて、城内の寝所の前庭に置かれていた「灯篭」が、静岡県静岡市葵区常盤町二丁目にある「宝台院[*1]」に現存している。

宝台院はＪＲ静岡駅から目の前にある国道一号線を、藤枝、島田方面に向かって西に十分ほど歩いた、右側の一つ路地を入ったところにある。

境内に入ると、左手に西郷局《さいごうのつぼね》＊2（一五六二〜一五八九）の大きな墓所があり、その右下に真新しい祠が建てられていてそのなかに小さな灯篭がある。灯篭を支えている支柱に、坊主頭で顔はかなり不鮮明であるが、すっくと立ち、天主が祈祷する姿がしっかりと彫られているのである。

＊1　宝台院は永正元年（一五〇九）、開祖「祐崇」によって開かれた浄土宗の寺で山号は「金米山」である。天正十八年（一五八九）に徳川家康の側室である「西郷局」が亡くなりこの寺に葬られ墓所が建てられた。当初は「龍泉寺」と号していたが、寛永五年（一六二八）に西郷局に「宝台院殿」という称号が与えられ、寺の名を「宝台院」に改めた。後に第十五代将軍徳川家慶喜が新政府に恭順の意を表して、江戸を離れ約一年ほどこの寺で謹慎している。

＊2　西郷局は、遠江國西郷村（静岡県掛川市西郷）の名家である五本松城主の西郷正勝の孫である。母は戸塚忠善に嫁ぎ彼女を産んだ。名は「晶子」と言った。晶子は若くして結婚したが夫が戦場で戦死したために未亡人でいた。その頃に、家康と出会い見初められ、やがて側室となり「於愛の方」と呼ばれた。

家康の最愛の側室で、美人の誉れが高く性格は温厚で、極度の近視のためか盲人への施しも厚く、駿府城の家臣や侍女たちにもかなりの信望があったと伝わっている。

天正七年（一五七九）に第三子である「長丸」後の「秀忠」（一五七九〜一六三二）を産んだ。家康三十八歳の時である。翌年には、四男の「祐松丸」後の「松平忠吉」を出産した。天正十年（一五八二）、家康に従って駿府入りした。

天正十七年（一五八九）、二十七歳の若さで死去した。家康の死後、秀忠は宝台院にて盛大な法要を執り行ったという。

彼女は毎晩この灯篭の灯りの下で聖書を読み祈祷していたという。

真新しい祠に囲まれた灯篭の脇に立つ銘板には、

「この灯篭は古田織部の作で、この灯篭は『キリスト灯篭』と呼ばれ、静岡奉行所に保管されていたが、何らかの事情でこの寺に移された。

おたあが生前に信奉して祈った灯篭であると伝わっている。——静岡市」


と書かれてある。


織部焼で有名な古田織部（重然《しげなり》）（一五八一～一六二七年）は、美濃國（岐阜県南部）の武将で後に大名となった。

茶の湯に長けた文化人であると言われ、茶人である千利休の七哲の一人である。

その高弟のなかには、行長の友人でもあったキリシタン大名の高山右近や蒲生氏郷がいる。

関が原の戦いの際は東軍に味方したが、その後の大阪夏の陣で家臣が徳川方の内情を知らせる矢文を大阪城に放ったことで謀反の嫌疑をかけられ、大阪城落城後に家康から切腹を命じられた。

他の大名たちから家康に謝罪をして助命を願いでろと勧められたが、彼は過酷な処分に対して何も反論しなかったと伝えられている。

若い頃から相当な反骨精神の持ち主で、秀吉が千利休を切腹させた時、利休に茶の指導を受けたほとんどの者が災いを恐れて寄りつかなかったが、織部は処刑の際に立会い、座して利休を見送ったという。

おたあの灯篭は、織部が、キリシタン禁教令を犯して捕らえられないように、苦心惨憺して、仏教徒が祈る像に似せて作ったものと思われる。

「おたあのキリシタン灯篭が、厳重に保管されていた駿府の奉行所から、なぜ徳川家の由緒あるこの寺に移されたのかは誰も知らない……」

エピローグ

今、私は、夜中にフラフラと部屋を出て、真っ暗な御幸の浜をさんざん彷徨った揚げく、何本もの線路を跨いでいる青橋の欄干にもたれ、立ち止まり、じっと眼をこらし、小高い山にある城址公園を三〇分も眺めている。

今夜も、高く聳える小田原城の空に満月が煌々と輝いている。

城やぐらやその下の森も、銀色と薄墨色が混じった渾然とした光の輪に包まれ、アイラインのペンで眉毛を引いて、さらにアイシャドーを重ねたような、黒い輪郭のシルエットを浮かばせている。

青く冴え渡った月の光は、邪魔する雲さえなければ、世界中の人々に惜しみなく燦燦と降り注ぐ。

そう、あの八角形の回廊にブッダの壁画が巡るミャンマーの古都ミャウーのパコダにも満遍なくあたる。

なぜそんな遠い国に行くのか。日本人の侍を追いかけてどこまで行くのか。

自分に問いかけても、答えははっきりわからない。

たまに同様の質問を人に問われると、もじもじして、しばらく黙って考えてしまう。

強いて答えを探すならば、侍たちがそこに行ったからだと言うしかないのである。

また、キザな言葉で言えば、「侍が私を待っている」と、照れながら答えたりもする。

先日も、凍てつく夜明けに眼を覚まし、やたら頭が締めつけられ混乱した。

「神さま、どうか、私にサプライズのお告げをください！　それが叶えられなければ、時間を戻すパラドックスを使って、なにとぞ、一六〇〇年頃のアジアの日本人町に私を連れて行ってください！」

布団のなかから大声で叫ぶと、

「あり得ない、ナンセンス！　そんなことできるわけないでしょう。いい歳をして、何を言っているの。ばかばっかし……」

とすぐに世間様のあざ笑わらう声がどこからか漏れてきた。

歴史は変えることができないけれど、ひたむきに埋もれた歴史の解明に取り組んでいると、不意にその繁栄した時代に飛んで行けそうな気がするのだ。

こんがらがって迷宮入りしてしまったような謎を解くために、国内や海外の古文書を必死に読んだり、埋没した遺跡がある現地に行き、彼らの痕跡を丹念にたどったりしていると、その信念を持った生き様が、少しずつわかってくる。

そうすると、御朱印船が碇泊している港の日本人町の町並みが忽然と夢のなかに現れ、鉢巻をした沿岸の人たちが燃え上がる松明をかざしてぞろぞろと裸足で浜辺に出てきて、

「今日は慶長〇〇年の〇月の満月の日だから、この船は日本へ向けて明日出発するぞ。お前も仲間だ、この船に乗って俺たちのところへ早く来い。ここで、もっといろいろなことを教えてあげるから……」

と繰り返し呼びかけられるので、何百年も前の遠い昔に行けるような気がするのだ。

ときどき過酷な運命に翻弄され、泣き叫んだりわめいたりしている、滅び去った者たちの慟哭の声も聞こえてくる。

とうとう、ある日そこに、つばの広いビロードの黒い帽子をかぶった長いマント姿の大きなマンリケ教父が現れた。

悠久の時を超えて、ベトナムのフェフォ（Fai Fo）、現在のホイアン（Hoi An）の川に架かる、日本橋（来遠橋《らいおんばし》）の瓦屋根を支えるあかがね色の柱の陰から、マンリケが日本にいる私を高くすんだ声で呼んでいる。

その時、私は狭霧に包まれた風待ち港の浜辺にある小田原藩の唐人町にいて、ジャンク船を探してウロウロしているのだ。

マンリケの立っている周りの景色だけが鮮やかに脳裏に写り、意味不明な言葉も聞こえてくる。

その威厳に気圧されて声をかけた。

「まだ、日本行きの船を捜しているのですか。その顔では、無念の臍《ほぞ》を噛んでいるようですね。そこで待っていてください。間もなく、そこへ行きます。私が必ず日本へお連れしますから……」

といくら話しかけても彼は押し黙ったままで、やがて深々と頭をさげると、踵を返して乾燥した白い夜の底に消えてしまったのです。

私はそこではっきりと目覚めて、

「何だ、また夢なのか……。でも、もしかしたら、水の音なども聞こえたので、今回は、本当に過去の世にいたのかもしれない」

と思い、冷えた寝床のなかに顔をうずめて、しばらくさめざめと泣いてしまった。

侍の亡霊にとり憑かれているのだろうか。

それともナッツやピィなどの、非業の死を遂げたアジアの精霊に呪われてしまったのか。

きっと私は、斃《たお》れるまで、遠い異国への旅をするしかないのだ。

そもそも、若い頃にはキャリアアップを目指し、勝ち組の本などを愛読してきたが、歴史が伝えるのは一握りの勝者の言葉じゃないか。敗者の過去は、権力を握った勝者によって捻じ曲げられてしまうか、きれいさっぱりと消されてしまう。だから、勝利者こそ全てなのである、とずっと思っていた。

けれども、たくさんの敗者たちからこそ、本当の人間学を学ぶことができるはずだと、七十歳近くになってから、ふと考えるようになったのである。

なぜだかよくわからないが、都会では、フラストレーションを押さえ、ギスギスしながら他人と接しているのに、アジアの辺境の地を歩いていると、心がとても優しく穏やかになる。

とこしえの旅行人である自分だからこそ、海外で過酷な運命に翻弄された人たちの切ない心情がきっとわかるはずだと思うのだ。

それ故、私はまた押し潰されそうな孤独から抜け出せる、先の見えない放浪の旅に出る。ポルトガルの宣教師の後を追って海を越え、マカオやベトナムに行く。

長崎の豪商で、朱印船で渡航した荒木宗太郎の妻となって一緒に日本にやって来た、フエの王女を追って……。

先のベトナム戦争時、米軍機の爆撃で破壊されたその王宮は、今では完全に修復され、連日、観光客が世界中から押し寄せて来るそうだ。世界遺産に登録されたあの大宮殿の庭で、守り神の二頭の象がどっかりと寝そべっている姿が眼に浮かぶ。

うっとりとして、夢ごこちでこれらのことを妄想していると、遠くから、鋭い金属音が断続的に響いてきて、やがて海辺の方角に広がる果てしない夜の闇を抜け、長い石油タンクとコンテナを引き連れた貨物列車が轟音とともにトンネルのなかから現れた。

憂鬱な気分に襲われ、町をうろつき、やたらとうちひしがれていた私は、黒くて長い塊が橋の下を猛スピードで通過するのを見て、やっと我に返り、なんでこんな寒いところにいるのかと思わずクスッと笑って、朦朧としていた状態から正常な意識を取り戻した。

このところ、かなりおかしいな。今にいきずまって、折れてしまうだろう。

雑誌に出ていた心のストレスチェック表のテスト結果も最悪だった。

すました顔して恰好つけていないで、明日は必ず市内の病院に行って、心療医学の専門医のカウンセリングを受けよう。

やけに素直な気持ちが、心の内からフツフツと沸いてきた。

ふと空を見あげると、斑雲が出てきたのか、いちだんと白くなった月が天守閣の鯱瓦の上から遥か彼方に遠ざかり、銀灰色の天空の高みに、丸い顔を大きく膨らませて鈍く光っている。

「雲に聞いてもぉ～、風に聞いてもぉ～、わからなぁい～」

元気を取り戻した私は、調子はずれの奇声をあげ、下町の情緒を唄うこまどり姉妹の『浮草哀歌』の歌詞のところどころを口ずさみながら、点々と連なって薄ぼんやりと瞬く小田原ちょうちん型の常夜燈の灯りに導かれて、なだらかな石畳の坂をくだり、よたよたと歩きだした。

ほの暗い灯りの点いている城山トンネルをあえぎながら抜けると、そこにはおきまりの暗黒の冷たい無慈悲な世界が私を待っていた。

平成二十五年五月十五日　沖田英明

参考文献

綾部恒雄・石井米雄『もっと知りたい　ミャンマー』第2巻、弘文堂、1994
宮治昭『ガンダーラ　仏の不思議』講談社選書メチエ、1996
監修童門冬二、連載火坂雅志、氏家幹人「秀吉のメイク・ミラクル」『名将の決断』週刊朝日カルチャーシリーズ、2009
監修童門冬二、連載火坂雅志、氏家幹人「トップ代行三成の限界」『名将の決断』週刊朝日カルチャーシリーズ、2009
監修童門冬二、連載火坂雅志、氏家幹人「黒田官兵衛：老骨の挑戦伴」『名将の決断』週刊朝日カルチャーシリーズ、2009
監修童門冬二、連載火坂雅志、氏家幹人「大谷吉継：関が原の戦い」『名将の決断』週刊朝日カルチャーシリーズ、2009
監修童門冬二、連載火坂雅志、氏家幹人「大友宗麟の罪と罰」『名将の決断』週刊朝日カルチャーシリーズ、2010
監修童門冬二、連載火坂雅志、氏家幹人「高山右近：伴天連追放」『名将の決断』週刊朝日カルチャーシリーズ、2010
宇土史研究会『宇土市研究・第十四号』宇土市教育委員会、1993
宇土史研究会『宇土市研究　第七号』宇土市教育委員会、1986
宇土史研究会『宇土史研究・第十一号』宇土市教育委員会、1990
『新宇土市　通史編第二巻　中世・近世』宇土史編纂委員会、1999
『宇土史研究　第二十六号　小西行長基礎資料集』宇土市教育委員会、2006
『新宇土史　通史編　第二巻　中世・近世』宇土市教育委員会、2010
宇土史研究会『宇土史研究』第三号、宇土市教育委員会、2010
宇土市教育委員会『再検証・小西行長・謎の武将が今よみがえる』吉川弘文館、2010
白石一郎『海将　若き日の小西行長』新潮社、1993
遠藤周作『鉄の首枷』中央公論、1977
白石一郎『海将　上下巻』講談社、1999
遠藤周作『遠藤周作文学全集　鉄の首木加　小西行長伝』新潮社、2010
白石一朗『海のサムライたち』文藝春秋、2004
『岡山県歴史人物辞典　こにし　ゆきなが　小西行長』山陽新聞社
『吉備群書成（三）』歴史図書社
『備前軍記』歴史図書社、1907
坂口安吾『定本　坂口安吾全集　第九巻』冬樹社、1970
安藤英男編『加藤清正のすべて』新人物往来社、1993
荒木精之『加藤清正』葦書房、1989
海音寺潮五郎『海音寺潮五郎全集・加藤清正』朝日新聞社
矢野四年生『加藤清正』清水弘文堂
『アジアの現代文芸・MYANMAR・「ミャンマー」⑥

チェニイ『チェニイ短編集・漁師』河東田静雄訳・財団法人　大同生命国際文化基金、2007
吉田小五郎『日本歴史新書　キリシタン大名』至文堂、1954
ルイス・フロイス『秀吉と文禄の役：フロイス「日本史より」』松田毅一・川崎桃太編訳、中央公論、1974
松田毅一、E・ヨリッセン著『フロイスの日本覚書：日本とヨーロッパの風習の違い』中央公論、1983
松田毅一『南蛮人の日本発見』中央公論、1982年
河合正治、日本歴史学会編集『安国寺恵瓊（けい）』吉川弘文館、1959
中野等『戦争の日本史16　文禄慶長の役』吉川弘文館、2008
大庭脩『漂着船物語　江戸時代の日中交流』岩波新書、2001
田代和生『倭館　鎖国時代の日本人町』文藝春秋、2002
杉洋子『朝鮮通信使紀行』集英社、2002
『わがまま歩き5　韓国』実業之日本社、2009
岡本良知『豊臣秀吉　南蛮人の記録による』中央公論、1963
『桃山時代のキリスト教文化』岡本良知、東洋堂、1948
石原道博『文禄慶長の役』塙書房、1963
松田毅一『豊臣秀吉と南蛮人』朝文社、1992
松田毅一『ヴァリニャーノとキリシタン宗門』朝文社、1992
杉洋子『海峡の蛍火』集英社、2000
三浦朱門、増田義朗、NHK取材班『NHK　海のシルクロード　第4巻　仏陀と宝石、黄金半島を越える』NHK放送出班協会、1988
NHK取材班『NHK　海のシルクロード　第2巻　アラビア海、インド西海岸』NHK放送出版協会、1988
NHK取材班『NHK　海のシルクロード　第3巻　スリランカ、マラッカ海峡、ベトナム海岸』NHK放送出版協会、1988
エドワード・ノーマン著、百瀬文晃（監修）『図説　ローマ・カトリック教会の歴史』創元社、2007
吉永正春『九州のキリシタン大名』海鳥社、2004
谷真介『キリシタン伝説百話』新潮社書、1987
ルイス・フロイス著『回想の織田信長』松田毅一、川崎桃太訳、中央公論、1973
『地球の歩き方』11～12・ミャンマー（ビルマ）、ダイヤモンド社、2011
『地球の歩き方』09～10・ポルトガル、ダイヤモンド・ビッグ社、2010
沖田英明『ミャンマーの侍　山田長政』東洋出版、2011
三木　榮『山田長政』古今書院、1936
アジアネットワーク編『ミャンマー情報事典』ゑゐ文社、1997
小和田泰経『家康と茶屋四郎次郎』静岡新聞社、2007
岩生成一『南洋日本町の研究』岩波書店、1966
国分正岩監修、緬甸研究会編『大緬甸史』三省堂、1944
国分正岩監修、富田仁編『海外交流史事典　日緬交流略史』日外アソシエーツ、1989

『週刊　日本の100人　山田長政』75号、デアコスティーニジャパン、2007
『週刊　100人　歴史をつくった先人たち』008　ブッダ　Buddha 、デアコスティーニジャパン、2008
科野孝蔵『オランダ東インド会社の歴史』同文館出版、1988
白石凌海『仏陀南伝の旅』講談社、2010
エドワード・ノーマン著、監修、百瀬文晃監修『ローマカトリック教会の歴史』月村左知訳、創元社、2007
『平戸オランダ商館の日記　第一輯～第四輯』永積洋子譯、岩波書店

S. Manrique, "*Itinerario de las missiones del India Oriental*"（セバスチャン・マンリーク『印度東洋布教師の旅程』）Augustin monastery in London, 1669　この原本は、現在、存在しないと言われている。従って、これを写実したハーベイ（G.E. Harvey）の著書を参考とする。
フィリップ・ローソン著『東南アジアの美術』レヌカーM・永井文、白井厚子訳、めこん、2004
M.S. Collis, "*Dom Martin 1606-1643 The first Burinan to visiy Europe*" 1926
"*Lemro Period 10th century Arakan*" VOLUME:79, RAKHINE MAGAZINE, 1996
『ロンリープラネット：1997年版　黄金の都ミャウー（Mrauk-U）』
Kyow Fla Maung, Mr-Rocky, "*Arakanese Mrauk-U Rakhine State Myanmar*"（チョーラ・マウン『アラカンと言われたラカイン州の歴史』西村敏秋訳）
モーリス・コリス著『ビルマ風雲録』伊藤一郎・山口晃二訳、帝国新聞社出版部、1942
MAURICE COLLIS（モーリス・コリス）, "*THE LAND OF THE GREAT IMAGE*" Manrique in ArakanRussell 24 Square London, 1942
G.E. Harvey （ハーベイ『大緬甸（ビルマ）史』）, Exeter College.Oxford, 1942
Pen Shwe Kline（ペン・ショウ・リィン）"*The Golden City Of Mrauk-U*"〈M・A〉・Translated from Spanish, 1992
Stephan van Galen（ステファン・バン・ガレン）, "*The Serpent and King*", "The Dutch - Arakanese relationship", 〈Leiden University〉, 1999
Jacques Leider（ジャクエス・レイダー）, "*On Arakanese TerritorialExpansion: Origins, Context, Means and Practice*", 2002
Catherine Raymond（キャサリン・レイモンド）, "Ⅲ*ustrating the Kingdom Arakan in the XVIIth Century: an Arakanese perspective from the Dutch sources*", Paris, 1999
松方冬子『オランダ風説書』中公公論新社、2010
山田長政顕彰会編『山田長政資料集成』山田長政顕彰会、1974
松田毅一『天正遣欧使節』朝文社、1991
『登録有形文化財　済生堂小西薬局　小西本店』神奈川県小田原市教育委員会文化財課・ガイドブック、2007

沖田英明（おきた・ひであき）
バックパッカー兼ミステリー探検家。1942年、東京生まれ。
著書に『ビルマのサムライ』（文芸社、2008年、文芸社ヴィジュアルアート大賞審査員特別賞受賞）、『ミャンマーの侍　山田長政』（東洋出版、2010年、日本図書館協会選定書）がある。
現在も、アジアのどこかで、しつこく日本人町の痕跡を探索中！

アラカンの黄金王都《おうごんおうと》ミャウーのキリシタン侍《ざむらい》

ミャンマーの小西行長残党説《こにしゆきながざんとうせつ》

著者　沖田英明《おきたひであき》

発行日　2013年9月4日　第1刷発行

発行者　田辺修三
発行所　東洋出版株式会社
〒112-0014　東京都文京区関口1-23-6
電話　03-5261-1004（代）
振替　00110-2-175030
http://www.toyo-shuppan.com/

印刷　日本ハイコム株式会社
製本　ダンクセキ株式会社

ISBN 978-4-8096-7704-5
定価はカバーに表示してあります

ISO14001 取得工場で印刷しました